生产运营管理

朱桂平　编著

ZHEJIANG UNIVERSITY PRESS
浙江大学出版社

图书在版编目(CIP)数据

生产运营管理 / 朱桂平编著. —杭州:浙江大学
出版社,2014.4(2018.6 重印)
　ISBN 978-7-308-13038-7

　Ⅰ.①生… 　Ⅱ.①朱… 　Ⅲ.①企业管理－生产管理
Ⅳ.①F273

中国版本图书馆 CIP 数据核字(2014)第 060979 号

生产运营管理

朱桂平　编著

责任编辑	陈丽霞(clixia@163.com)	
出版发行	浙江大学出版社	
	(杭州市天目山路 148 号　邮政编码 310007)	
	(网址:http://www.zjupress.com)	
排　　版	浙江时代出版服务有限公司	
印　　刷	浙江良渚印刷厂	
开　　本	710mm×1000mm　1/16	
印　　张	20.75	
字　　数	366 千	
版 印 次	2014 年 4 月第 1 版　2018 年 6 月第 4 次印刷	
书　　号	ISBN 978-7-308-13038-7	
定　　价	42.00 元	

目　　录

第一章　生产运营管理概述

学习目标

➤掌握生产运营管理的概念

➤理解生产运营的过程

➤了解生产运营管理的特征

➤熟悉生产运营管理的历史

引例:羊老大的时尚之路[①]

2012年春天在京举办的第二十届中国国际服装服饰博览会上,当陕西羊老大服饰股份有限公司(以下简称羊老大)带着与西安工程大学合作的成果——长短相间、深浅不一、漂亮时尚的羊毛防寒服及概念服全新亮相时,记者一时还很难将它们与去年6月在羊老大生产车间看到的同类产品画上等号。羊老大总经理姜野说,以前,公司做的羊毛防寒服就是一只暖羊羊,只求让消费者暖和,不太重视时尚元素。但现在不同了,公司通过强化与专业院校的合作等,加大时尚新品的上市力度,把羊毛防寒服做成美羊羊,让它们成为20~40岁追求时尚穿着的女性的新宠,实现公司品牌创新和产品附加值的全面提升。姜野还补充说道,因为羊毛不易往外钻且更加轻薄软暖,甚至可以机洗,所以,与其他防寒服相比,在面料上可以有更多的选择,并可作为高端薄冬衣,充分展示时尚特色,特别展示女性的玲珑身材。

为了适应并满足市场不断变化升级的需求,近几年来,羊老大投入大量资金,不断强化与本省和全国其他专业机构的合作,通过联合研发,创新羊毛防寒服的设计和技术,引领行业不断发展。凭借在保暖方面的天然优势,羊毛防寒服传统的中老年市场还会进一步扩大。但在未来一段时间内,20~40岁的时尚人士特别是女性消费者,将成为消费主力,因为她们有独立的对美的审视

---

① 郑建玲.联合研发让羊老大迈上时尚之路[N].中国质量报,2012-04-09.

和选择、有对品位生活的个性化理解和对同而不类的个性品牌和生命价值的奔放追求。为吸引新的目标市场,未来5年内,羊老大将整合产业资源,建立羊毛羊绒产业集群基地,打造羊毛服装产业链;同时,加大技术攻关和产品研发投入,使纯羊毛防寒服成为市场第三代御寒产品;此外,公司还将走产业联合、资本融合、技术合作、品牌制胜的发展道路,力争使羊老大成为西部第一家上市的服装企业,并成为百年品牌。

运营管理是对企业生产、交付产品或者服务的系统进行的设计、运营以及改进。生产运营管理的根本宗旨就是提高生产率,提高企业响应市场变化的速度。顾客常从自己在品种款式、质量、数量、价格、服务和交货期等方面要求的满足程度出发,来衡量企业运营的好坏,所以企业要重视生产运营管理。

第一节　生产运营

生产运营是自有人类社会以来最基本的实践活动。在人类历史长河中,人类的生产需要共同劳动,而共同劳动需要生产管理,人们就是通过生产运营创造了一切社会财富,求得生存和发展。现今人们开始把有形产品的生产过程和无形产品即服务的提供过程都看做是一种"投入—变换—产出"的过程,这种变换过程就是生产运营。

一、生产运营概念的沿革

生产运营的概念随着社会生产力水平的提高不断延伸和扩展。在工业化时代,生产运营主要是指制造业的生产经营活动,涉及如何降低成本,提高质量,按期交货。而在当代社会,生产力不断发展的结果,使得大量劳动力转移到商业、交通运输、房地产、通讯、公共事业、金融和其他各种服务性行业,服务业得以迅速兴起和发展,在社会经济中扮演着越来越重要的角色。对于服务业来说,它一般不制造有形产品,主要提供服务,传统的有形产品生产的概念无法反映这一客观现实。为此,人们进一步提出"创造效用"说,将生产理解为是一种创造和增加物品效用的活动,从而使生产的概念进一步扩大到了非制造的服务业领域,不仅包括了有形产品的制造,而且包括无形服务的提供。

一般意义上的生产运营,是指将投入的生产要素转化为有形产品或(和)无形服务,由此创造和增加物品效用的活动。活动的产出结果无论是有形还是无形,都具有下述特征:能够满足人的某种需要,即具有一定的使用价值;需要投入一定的资源,经过一定的变换过程才能够实现;在变换过程总要投入一定的劳动,实现价值增值。

二、现代生产运营的基本特征

生产运营活动的历史经历了一个漫长的由低级向高级的发展过程,不仅生产运营的含义不断扩展,而且生产运营的表现形式和内容也发生了很大变化。顾客要求的核心服务是质量好、需要满足、运送及时以及价格合适的产品。现代企业生产运营也围绕核心服务而展开。现代生产运营具有以下几项基本特征。

1. 重视科学技术的应用

与传统生产运营相比,在现代生产运营中,科学技术的作用越来越重要,生产运营过程作为信息处理和变换过程的属性表现得更为突出,影响到生产运营系统的各个环节。知识信息、先进的生产运营工艺技术和设备,在投入要素中所占的比重越来越大。目前的3D潮流、大数据对生产运营的影响也不断显现。

2. 生产运营模式以多品种、小批量为主

当今社会已进入一个多样化的时代。20世纪初以"福特制"为标志的少品种、大批量生产运营模式,正逐渐被多品种、小批量生产运营模式所替代。为适应当代生产运营环境,采用多品种、小批量生产运营模式成为一种必然的发展趋势,其能够有效地克服大量大批生产运营模式的缺陷,更好地满足顾客个性化需求。

3. 生产运营系统的柔性化

一般认为,生产运营的多样化是和高效率相矛盾的,因此,在生产运营多样化前提下,努力搞好专业化生产运营,实现多样化和专业化的有机统一,也是现代生产运营的方向追求。为此,现代生产运营实践中努力推广采用柔性生产运营系统以提高生产效率。尤其在信息技术高速发展的当今,柔性生产实现的难度也大大降低。

4. 追求"绿色"生产

工业的发展,特别是制造业的发展,对环境影响越来越大,环境的容量也有限。众所周知,导致生态失衡、环境污染、资源枯竭的粗放式生产方式难以为继,更不利于持续发展。2012年后蔓延中国中东部的雾霾天气已经给传统的生产方式敲响了警钟。社会经济的发展应该走向人类社会与自然界的和谐,走向我国古代圣贤一贯主张的"天人合一"。制造业的产品从构思开始,到

设计、制造、销售、使用、维修，直到回收、再制造，都必须考虑环境保护。生产运营过程中资源消耗少、造成的环境污染小的"绿色生产"是不少企业的追求目标。关注生态平衡、关注生产者的社会责任的生产运营方式受到越来越多的重视。目前企业的转型升级就是为了告别粗放的发展方式。

三、生产运营系统

经济学理论告诉我们，任何社会的经济组织都面临着"为谁生产，生产什么和如何生产"三个基本经济问题。生产运营是企业、乃至一切社会经济组织的一项最基本的行动。企业正是通过生产运营来实现为社会创造和提供所需的产品与服务的基本职能。因此，在相当程度上，生产运营是企业生存与发展的重要基础。

1. 生产运营系统的含义

企业中从事生产运营活动的子系统被称为生产运营系统，有狭义和广义之分。狭义的生产运营系统，有时也称为制造系统，是指直接进行产品的生产加工或实现服务的过程，其工作直接决定着产品或服务产出的类型、数量、质量和生产运营计划与控制等子系统。广义的生产运营系统包括制造系统、研究开发系统、生产运营的供应与保证系统等。

2. 生产运营系统的职能

从本质上讲，生产运营系统是一个投入—产出系统，其职能就是将一系列投入转换为社会和顾客所需要的产出。具体可从以下两个方面进行剖析。

（1）技术和实物角度

生产运营系统体现为物质与能量的转换过程，即对投入的人、财、物、信息等各种资源进行加工转换以提供社会和顾客所需要的产品或服务的过程。

如图 1-1 所示，生产运营系统由投入、生产运营（转换）过程、产出和反馈四个基本环节构成。投入要素可分为两类：一类是加工对象，如原材料、零部件等，它们最终构成产品实体的一部分；另一类是不构成产品实体，但对生产运营系统的运行起决定作用的人力资源、设备、土地、能源、信息资源等。生产运营过程是直接进行加工、生产或服务，实现物质与能量转换的过程，处于生产运营系统的核心地位。

生产运营系统的反馈环节执行的是控制职能，即收集生产运营系统运行的输出信息，并与输入的计划、标准等信息进行比较，发现差异，分析差异及其原因，从而采取针对性的措施来消除差异。

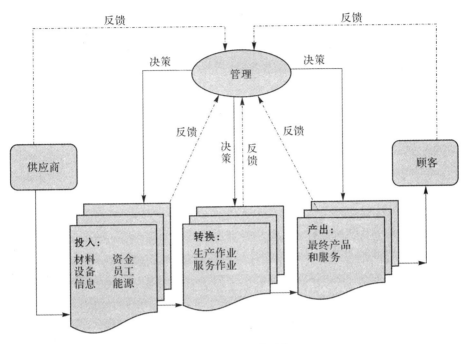

图 1-1　生产运营系统

（2）经济和价值的角度

生产运营系统体现为价值的增值过程，即技术性生产运营的结果是把低价值体的生产要素集成转换为高价值体的产出。生产运营活动关注的是抽象的"价值链"，而不是具体的"物质链"。如果以费用表示生产运营系统投入的价值，以收益表示产出的价值，那么，生产运营系统的价值附加职能应该使收益大于费用。通过"价值增值过程"而获取利润，是生产运营系统的根本目的。

3. 投入、转换和产出

生产运营活动是一个"投入—转换—产出"的过程，即投入一定的生产要素，经过一系列、多形式的转换，使其价值增值，最后以某种形式的产出提供给社会的过程。转换过程的投入中的生产要素包括人、财、物、信息，顾客、工厂或服务机构等。通过转换过程将投入资源转换成有形产品和无形服务的产出。表 1-1 展示了不同转换过程的"投入—转换—产出"的关系。

表 1-1　典型组织的投入、转换和产出

组织	主要投入	转化的内容	主要产出
工厂	原材料	加工制造	产品
运输公司	产地的物资	位移	销往各地的物资
修理站	损坏的机器	修理	修复的机器
医院	病人	诊断与治疗	恢复健康的病人
大学	高中毕业生	教学	高级专门人才
咨询公司	情况、问题	咨询	建议、办法、方案

四、生产运营过程组成

生产运营过程包括一系列相互联系的劳动过程和自然过程。劳动过程是指劳动者利用劳动工具，直接或间接地作用于劳动对象以出产产品或提供服务的过程。自然过程是指借助自然力的作用使劳动对象发生物理、化学等变化的过程。其中，工艺过程是生产运营过程的最基本部分，而工序则是其最基本的组成单位。从狭义和广义来定义生产运营过程。狭义的生产运营过程是指从原材料投入生产运营开始直至生产出成品或完成服务为止的全部过程；广义的生产运营过程是指从生产运营技术准备开始到生产出成品或完成服务为止的全部过程。这里主要是从广义来分析生产运营过程。按照性质和作用，生产运营过程一般有以下几个组成部分。

1. 基本生产运营过程

它是生产运营过程的核心部分，指将劳动对象直接加工成为企业主要产品的过程，如机械制造企业的毛坯准备、零部件加工、装配过程。

2. 生产运营技术准备过程

指产品投产前所进行的一系列生产运营技术准备工作的过程，如产品与工艺设计、工艺装备设计与制造、新产品的试制和试验等。

3. 辅助生产运营过程

指为保证基本生产运营过程正常进行而向其提供辅助产品或服务的辅助性生产运营活动过程，如机械制造企业的动力供应、设备维修、工具制造等。

4. 生产运营服务过程

指为基本生产运营和辅助生产运营提供生产性服务活动的过程，如材料供应、工具保管、理化检验等。

五、生产运营类型

生产运营类型,是按照生产运营过程的基本性质和特征对生产运营系统所作的分类。生产运营类型可按照不同的标志进行分类,常见的有如下几类。

1. 按产品生产运营工艺特征划分

以产品生产运营工艺特征为划分标志,可分为工艺过程连续的流程型和工艺过程离散的加工装配型两种生产运营类型。在流程型生产运营过程中,物料是均匀、连续地按一定工艺顺序运动的。因此,流程型生产运营有时也被称作工艺过程连续的生产运营。而在加工装配型生产运营过程中,产品是由离散的零部件装配而成的,物料运动呈离散状态。零部件作为构成产品的元件,可以在不同的地方制造,加工过程呈相对独立状态。零部件的不同组合可以构成不同的产品。因此,加工装配型生产运营有时也被称为工艺过程离散的生产运营。两者的特点比较如表 1-2 所示。

表 1-2　流程型与加工装配型生产运营的特点比较

特征	流程型	加工装配型
顾客数量	较少	较多
产品品种数	较少	较多
产品差别	有较多标准产品	有较多顾客要求的产品
营销特点	依靠产品的价格与可获性	依靠产品特点
资本/劳力/材料密集	资本密集	劳力、材料密集
自动化程度	较高	较低
设备布置的性质	流水式生产运营	批量或流水式生产运营
设备布置的柔性	较低	较高
生产运营能力	可明确规定	模糊的
扩充能力的周期	较长	较短
对设备可靠性要求	高	较低
维修的性质	停产检修	多数为局部修理
原材料品种数	较少	较多
能源消耗	较高	较低
在制品库存	较低	较高
副产品	较多	较少

2. 按生产运营组织方式划分

以生产运营组织方式为划分标志,生产运营类型可分为备货型(Make-to-stock,简称 MTS)和订货型(Make-to-order,简称 MTO)生产运营。备货型是指在没有接到顾客订单时按已有的标准产品或产品系列进行的生产运营,目的是为了补充库存,通过成品来满足顾客随时的需要。订货型是指按顾客订单进行的生产运营,顾客可能对产品提出各种各样的要求,经过协商和谈判,以协议和合同的形式确认对产品性能、质量、数量和交货期的要求,然后组织设计和制造。两者的特点比较如表 1-3 所示。

表 1-3　备货型和订货型生产运营的特点比较

特征	备货型	订货型
产品	标准产品	按顾客要求生产运营,无标准产品,大量的变型产品与新产品
对产品的要求	可以预测	难以预测
价格	事先确定	订货时确定
交货期	不重要,由成品库存随时供货	很重要,订货时决定
设备	多采用专用高效设备	多采用通用设备
人员	专业化人员	多种操作技能人员

3. 按工作地专业化程度划分

工作地的专业化程度对生产运营系统设计和运行管理的影响较大,在实际操作中常将其作为生产运营类型划分的基本形式。以工作地专业化程度为划分标准,可分为大量大批、成批和单件小批三种生产运营类型,其特点比较如表 1-4 所示。

表 1-4　大量大批、成批、单件小批生产运营类型的特点比较

特征	单件小批	成批	大量大批
产品品种	繁多、不稳定	较多、较稳定	少、稳定
产量	单件或少量	较多	大
工作地专业化程度	基本不重复	定期轮番	重复生产运营
设备	万能通用设备	部分专用设备	多数专用设备

续表

特征	单件小批	成批	大量大批
设备布置	工艺原则,机群式布置	混合原则,对象或成组生产运营单元	对象原则,流水线或自动线
劳动分工	粗	中	细
工人技术水平	多面手	专业操作(多工序)	专业操作
生产运营效率	较低	中	高
成本	较高	中	低
适应性	强	较差	差

第二节　生产运营管理的概念

有了生产运营,就必须对生产运营过程进行有效的管理,即生产运营管理。

一、生产运营管理的概念

生产运营管理,是指为了实现企业经营目标,提高企业经济效益,对生产运营活动进行计划、组织和控制等一系列管理工作的总称。生产运营管理有狭义和广义之分。狭义的生产运营管理仅局限于生产运营系统的运行管理,实际上是以生产运营系统中的生产运营过程为中心对象。从广义角度来看,生产运营管理不仅包括生产运营系统的运行管理,还包括生产运营系统的定位与设计管理,可以认为是选择、设计、运行、控制和更新生产运营系统的管理活动的总和。

如图 1-2 所示,生产运营活动体现为价值的增值过程,结果是把低价值体的生产要素集合转换为高价值体的产出。这需要加强各方面的管理。生产运营管理以生产运营系统整体为对象,实际上是对生产运营系统的所有要素和投入、生产运营过程、产出和反馈等所有环节的全方位综合管理。

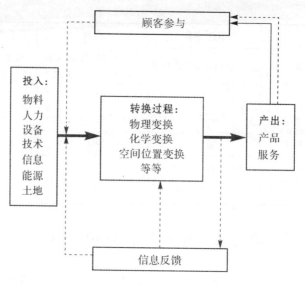

图 1-2　生产运营活动

二、生产运营管理的内容

1. 生产运营系统战略决策

从企业竞争优势的要求出发,对生产运营系统进行战略定位,明确选择生产运营系统的结构形式和运行机制的指导思想。从总的原则方面解决"生产什么、生产多少和如何生产"的问题。

2. 生产运营系统设计管理

根据生产运营系统战略管理关于生产运营系统的定位,具体进行生产运营系统的设计和建设。

3. 生产运营系统运行管理

根据社会和市场的需求以及企业的生产经营目标,在设计好的生产运营系统内对生产运营系统的运行进行计划、组织和控制。

4. 生产运营管理的任务

运用组织、计划、控制等职能,把投入生产过程的各种生产要素有效地结合起来,形成有机的体系,按照最经济的生产方式生产出满足社会需要的产品。

三、生产运营系统运行管理

生产运营系统运行管理主要包括以下三方面内容。

1. 计划

包括预测对本企业产品和服务的需求,确定产品品种与产量,设置产品交货期,编制产品出产计划、厂级生产运营作业计划和车间生产运营作业计划,统计生产运营进展情况等。

2. 组织

组织既是生产运营计划工作的基础和依据,也是实现生产运营计划的手段和保证。组织是生产运营过程组织和劳动组织的统一。过程组织主要是合理分配生产运营资源,科学安排生产运营系统和生产运营过程中各阶段、各环节,使之在时间、空间上协调衔接。合理组织生产要素,使企业生产运营系统中的物质流、信息流、价值流畅通,使有限资源得到充分、合理的利用。

3. 控制

是指在计划执行过程中,随着检查实际执行情况,一旦发现偏离计划或标准,立即采取措施进行调整。为保证最经济地准时完成生产运营计划,并不断挖掘生产运营系统的潜力,改进生产运营系统,必须对生产运营过程实行全方位、全过程控制。

生产运营系统运行管理属于生产运营管理的日常工作,最终都要落实到生产运营现场,因此,搞好现场管理是生产运营管理的一项重要的基础性工作。

第三节 生产运营管理的历史演变

有了共同劳动,就有了管理,而管理上升为科学首先要提到泰罗创立的科学管理理论。管理学的发展在很大程度上归功于生产运营管理的实践。

一、生产运营管理的发展

20 世纪初,被称为"科学管理之父"的美国工程师 F. W. 泰罗首先提倡科学管理运动,他将科学的定量分析方法引入到生产管理中。他认为提高作业效率的关键就在于为每一项工作制定出完善而又公正的标准,科学法则决定每人每天的工作量及管理人员的职责。为了制定科学的作业程序和标准,泰罗首创了将时间研究结合到工具的设计和改进中,以便提高总体效率。随着科学管理运动的普及,生产管理摆脱了经验管理的束缚,开始成为一门独立的科学。1913 年,H. 福特在自己的汽车工厂内安装了第一条汽车组装流水线。由于采用专业化分工和流水作业,极大地提高了劳动生产率,同时结合零部件的标准化生产,使生产成本大幅度降低。流水线生产方式代表了一种大批量的、规模经济的生产方式,至今,仍以其高效率、标准化和在制品库存低的优点被广泛应用。受此影响,那些小批量、多品种生产性质的企业也寻找多种途径,试图通过采用成组技术、模块制造方式或柔性制造单元,使多品种、小批量的制造车间能够接近流水作业生产方式的效率和性能。

随着经济发展、技术进步以及社会工业化、信息化的发展,一味地提高生产率,对人的经济性的定义遭到越来越多的反对。管理学家开始重视人的研究,梅奥等人的"霍桑试验"得出"人是社会人"的结论,企业在生产运营中要重视人的积极作用及人际关系的改善。与此同时,人们除了对各种有形产品的需求之外,对相关服务的需求也逐渐提高。随着社会分工的出现,原来附属于生产过程的一些业务和服务过程相继分离并独立出来,形成后来的流通、零售、金融、房地产等服务行业,使社会第三产业比重越来越大。因此,对提供无形产品的运营过程进行管理和研究的必要性应运而生。

20世纪50年代,统计质量控制技术和工人参与质量管理改进的思想传播到日本,在20世纪六七十年代的实践中,日本企业丰富并进一步发展了这一思想,并将其与日本文化相结合,创造出全面质量管理(TQC)体系,为树立日本企业在国际市场的领先地位奠定了坚实的基础。

进入20世纪70年代,计算机技术的发展使计算机开始大量进入生产过程。开始仅仅在设计和制造领域得到应用,随后被广泛地应用于生产管理。计算机软件的应用,为生产管理提供了规范化的管理模型。

到了20世纪90年代,业务流程再造、供应链管理、核心竞争力、学习型组织等管理学新的思想为生产运营管理提供了新的理论和方法,准时化生产方式(JIT)在世界范围内得到推广应用。

随着各种先进生产管理方法在全球先进制造企业中的广泛推行,各工业化国家主要制造企业的生产运营管理方式也日趋接近,并逐渐形成一种潮流,这种趋势被称为世界级制造方式(World-Class Manufacturing,WCM)。

从21世纪开始,随着电子商务和移动互联技术的发展,大数据、3D打印等技术对生产运营管理影响也逐步显现出来。

生产运营管理发展过程如表1-5所示。

表 1-5　生产运营管理发展过程中的重要概念、工具和人物

年代	概念	工具	创始人
20 世纪初期	科学管理原理	时间研究与工作研究	F. W. 泰罗（美国）
	工业心理学	动机研究	吉尔布雷斯夫妇（美国）
	流水装配线	活动规划表	亨利·福特和亨利·甘特（美国）
	经济批量规模	EOQ 应用于存货控制	F. W. 哈里斯（美国）
20 世纪30 年代	质量控制	抽样检验和统计表	休哈特、道奇和罗米格（美国）
	人际关系的霍桑试验	工作活动的抽样分析	梅奥（美国）
20 世纪40 年代	复杂系统的多约束方法	线性规划的单纯形法	运筹学研究小组和丹齐克
20 世纪50—60 年代	运筹学的进一步发展	仿真、排除理论、决策理论、数学规划、PERT 和 CPM 项目计划工具	美国和西欧的很多研究人员
20 世纪70 年代	商业中计算机的广泛应用	车间计划、库存控制、预测、项目管理、MRP	计算机制造商领导的，尤其是 IBM 公司，约瑟夫·奥里奇和奥里弗·怀特是主要的 MRP 革新者
20 世纪80 年代	制造策略图	作为竞争武器的制造	哈佛商学院教师
	JIT、TQC 和工厂自动化	看板管理、计算机集成制造 CAD/CAM、机器人等	丰田的大野耐一、戴明和朱兰以及美国工程师组织
	同步制造	瓶颈分析和约束理论	高德拉特（以色列）
20 世纪90 年代	全面质量管理	波德里奇奖、ISO9001、价值工程、并行工程和持续改进	国家标准和技术学会、美国质量控制协会（ASQC）和国际标准化组织
	业务流程再造	根本变化图	哈默和钱皮（美国）
	电子企业	因特网、万维网	美国政府、网景通信公司和微软公司
	供应链管理	SAP/R3、客户/服务器软件	SAP（德国）和 ORACLE（美国）
21 世纪	电子商务、移动互联技术	因特网、移动通讯	亚马逊网、易趣网、雅虎网、淘宝网

二、生产运营管理的发展趋势

从以英国经济学家亚当·斯密（Adam Smith）的劳动分工理论为代表的早期"放任性管理"，到以美国泰罗的生产作业管理为代表的"科学管理"，再到主要围绕大量大批生产运营模式开展的以"标准化、简单化、专业化（Standardization，Simplification，Specialization，简称'3S'）"为内容的"最高效率、最低生产成本管理"，随着时代的变迁和生产运营系统本身及其环境的改变，生产运营管理的理论和方法有了很大发展。在全球经济一体化的时代，国与国之间的经济交往和联系更加密切，市场范围扩展至全球市场，造成激烈的国际化竞争。企业不能只考虑低成本竞争，目前更要注意产业链的提升，加强企业的转型与升级。

1. 现代生产运营管理正成为一种战略化、综合化管理

在 20 世纪，生产效率和单位成本最小化是竞争优势的核心驱动力。生产运营管理正被作为一种新的竞争优势的战略武器而日益受到重视。在这种思想指导下，一方面，生产运营管理的范围从历来的生产运营系统的内部运行管理向"外"延伸，决策范围包括了新产品的研究开发和生产运营系统设计的内容；另一方面，企业的生产运营活动与其他经营活动、生产运营管理与经营管理之间的界线越来越模糊，相互之间的内在联系更加严密，并相互渗透，朝着一体化方向发展。所以，现代生产运营管理只有从战略高度分析问题，综合企业的优势，制定系统化的管理方案，才能收到满意的效果。

2. 新的生产运营管理理论体系的建立和发展

与大量大批生产运营模式下依靠增大批量降低成本的思维方式不同，多品种、中小批量生产运营模式通过优化管理而不断改善，并逐步解决低效率、高成本的问题。例如，成组技术、独立制造岛、CAD/CAM、计算机集成制造系统、准时生产制、物料需求计划和制造资源计划、精益生产、敏捷制造等。这种新的生产运营管理理论体系已有了一定基础，不断与实际合拍。当然，不断从理论上和实践上继续发展、完善这一新体系，仍是未来相当长时期的中心议题。现代的制造技术就是集成的技术，先进制造技术就是制造技术、信息技术、管理科学与有关科学技术的集成。而新的生产运营管理理论体系离不开管理与技术的集成。

3. 生产运营和管理一体化格局进一步强化

20 世纪 80 年代以来，运营和管理之间开始出现新的融合趋势，这和信息技术、尤其是计算机技术的迅速发展密不可分。30 多年来，建立在计算机技术基础上的 CAD/CAM、柔性制造系统、管理信息系统、计算机集成制造系统等的推广应用,给企业的生产运营和生产运营管理带来了惊人的变化。信息技术的发展,使运营和管理不断融合,不少企业推行数字化制造,有的是以设计为中心的,有的是以控制为中心的或以管理为中心的"数字化"贯穿与渗透制造的全过程中;目前的"云计算"大数据技术的发展必将导致制造技术的重大发展与变革。随着生产运营和管理一体化格局的进一步强化,建立如何选择与之相适应的管理体制,妥善处理计算机介入前提下的生产运营和管理的关系,有效发挥两种职能的作用,是一项重要研究课题[①]。

4. 重视在生产运营管理中建立、发展社会营销观念

市场环境的这些变化,要求企业生产运营更多地转向多品种、小批量生产运营,重视新产品开发,不断提高适应市场需求变化的速度和能力。社会营销观念则是市场营销观念的进一步发展,认为在满足顾客需求时,应综合考虑企业实际情况、顾客满足和社会利益,因此,更准确地体现了可持续发展的思想。这些指导观念有助于企业摸准顾客需求的脉搏,履行应承担的社会责任,向节能型、环保型生产运营和绿色化企业方向发展,从而顺利通过 ISO14001 认证,在未来竞争中获取战略竞争优势,为实现良好的效益创造条件。

5. 网络化与智能化是新的发展道路

"网络化"是信息技术(特别是数字技术)与通信技术的交融。网络化既是制造业信息化、集成化必需的基础,又是制造业信息化、集成化的进一步发展的需要,这将使制造企业走向全球化、整体化、有序化,资源互补共享。在"网络化"中,企业有无自己具有竞争力的核心业务,是企业能否成功走向网络化的关键所在。所以,"网"是先进制造技术发展的"道路"。"智能化"将使制造过程具有处理大量信息与不完整信息、错误信息的能力,具有强大的自诊断、自修复和自组织能力、主动协调与协同能力以及非逻辑处理能力;它将是数字化、自动化、集成化、网络化的有机交融与高度发展。但是,"智能化"决不意味完全取代人,而是"人"与"机"的高度协调与有机一体。所以,"智"是先进制造技术发展的"前景"。

6. 更加重视对服务系统的生产运营管理研究

有形产品生产和提供服务的服务之间的某些差异,会影响到服务系统从设计到运行管理决策的许多方面。由于历史的原因,传统生产管理对此关注较少。随着服务性企业越来越多及其在社会经济发展过程中作用越来越大,服务系统的生产运营管理将成为未来相当长一段时期的重要研究课题之一。

[①] 王世良. 生产与运营管理教程[M]. 杭州:浙江大学出版社,2002.

本章小结

生产运营是自有人类社会以来最基本的实践活动。一般意义上的生产运营,是指将投入的生产要素转化为有形产品或(和)无形服务由此而创造和增加物品效用的活动。

现代生产运营具有以下基本特征:重视科学技术的应用、生产运营模式以多品种、小批量为主、生产运营系统的柔性化、追求"绿色"生产。

生产运营过程一般分为以下几个组成部分:基本生产运营过程、生产运营技术准备过程、辅助生产运营过程、生产运营服务过程。

生产运营管理,是指为了实现企业经营目标,提高企业经济效益,对生产运营活动进行计划、组织和控制等一系列管理工作的总称。生产运营系统运行管理主要包括计划、组织和控制三方面内容。

生产运营管理发展离不开管理学家的贡献。随着时代的变迁和生产运营系统本身及其环境的改变,生产运营管理的理论和方法有了很大发展。

案例分析:国产面板要打质量战

相比三星等国际巨头,我国的面板企业还显得比较弱小,在技术、产品上受制于人,因此我国彩电业一直有"缺芯少屏"之说,意思是说尽管我国已经逐渐成为全球最大的彩电生产制造和消费国,但在彩电业的上游最为核心的芯片和面板上,我国仍然有着明显的差距,无论是在数量还是质量上,我国一直都在扮演着追赶者的角色。

国产面板目前在良品率、显示清晰度、画质以及 3D 显示效果、超高清程度以及面板可视角等多个质量核心指标上,与国外高品质产品相比,仍然存在差距,这样的差距是整个技术、品质上的全方位差距。

统计数据显示,韩国面板企业市场占有率超过 50%,我国台湾地区面板企业的占有率达到 30%,日本企业接近 10%。中国大陆与韩国、日本和中国台湾地区一起,形成了"三国四地"的产业竞争格局。要知道在全球产量占比,2005 年我国在 5 代线建成之初所占比例还不到 1%,2011 年到了 6%,预计我国所有生产线建成以后有可能会突破 20%。

今后面板行业的竞争将从价格战转向质量战、专利战,国内面板企业要深练"内功",更加重视知识产权保护,不断提升生产品质,增强综合竞争力。

据了解，我国面板产业经历了从无到有、从小到大的过程，从产业布局上完成了从南到北、从东到西，形成了环渤海地区、长三角、珠三角、中西部4个比较大的产业聚集区。目前4、5代线以下的生产线有8条，5到8代线建成投产有8条，正在建设和拟建的也是8条，共有24条，诞生了京东方、TCL、华星光电等一批较有实力的企业。

液晶面板的代线越高，说明其生产出的液晶面板越有经济性、合理性尺寸。尽管我国在面板的生产线上已经能够与国际基本同步，但在整个产业规模和数量上，与国外有着明显的差距，因此需要国家出台更多的政策，帮助企业扩大规模、提高技术质量，最终提升品质竞争力。

（徐建华：《中国质量报》，2013-01-31）

问题：我国液晶面板企业如何做好生产运营管理以提高产品市场竞争力？

复习与讨论题

1. 何谓 MTS？它与 MTO 有哪些差异？
2. 如何认识生产运营管理的定义？
3. 生产运营过程的组成有哪些？各起什么作用？
4. 现代生产运营的基本特征有哪些？
5. 从生产运营管理的历史演变谈谈生产运营管理的重要性。

第二章　生产运营战略

学习目标
➤掌握生产运营战略的概念
➤熟悉生产运营战略的形成
➤了解生产运营战略的类型
➤理解竞争优势要素的均衡

引例：电商价格战还能撑多久

国内借奥运契机所开展的营销活动早已是硝烟弥漫，特别是视 2012 为生死之年的电商企业，其促销策略不断加码，一轮接一轮的促销狂潮风起云涌。很多消费者不禁要问，如此疯狂的血拼与降价，电商企业还能撑多久？

2012 年 7 月 9 日至 8 月 12 日，亚马逊中国推出"游伦敦，看世界，亚马逊奥运专场"活动，打响了国内电子商务公司奥运营销的第一枪。电商新贵苏宁易购也不甘落后，于 7 月 21 日推出了"吹响奥运集结号"的活动。

面对激烈的竞争，京东在史上最强店庆月活动之后，未做任何喘息，立即启动"奥运装备，京东齐备"的促销活动，而且还打出金牌折上折活动，将与奥运冠军有关的产品，如泳衣、冠军家乡的特产等都标上了奥运促销价。京东官网发表声明称，2012 年 7 月 28 日—8 月 13 日，中国奥运健儿当日拿到多少金牌，京东折上折专区就会降价几折。在清一色奥运概念下的营销，这一别出心裁的策略迅速脱颖而出。

京东的强势表现，极大地刺激了竞争对手。2012 年 7 月 29 日，苏宁易购联合多个商家再次推出了"精兵强将出击 手机梦之队"大型手机奥运专场活动，全场活动全国免运费配送。同样，在天猫网上，以奥运为主题的促销活动也不少。

面对京东的价格战略，天猫、苏宁易购以及亚马逊中国等电商也开始了与其价格竞争上的较量。

惨烈的价格战让如何盈利渐成电商的难解之谜。在热闹的市场背后,如果减掉物流费、营业成本、退货成本、营销成本等,多数电商的结局只能是亏损。近日的发展态势恰恰印证了这一观点。佳品网大裁员,裁员人数超过总员工数的一半。而美丽说、蘑菇街高速增长一年后,增速也有所放缓。奢侈品电商,除一些不知名小网站相继关门外,新浪等奢侈品频道也陆续倒下,走秀网破产,尊酷 CEO 离职。

虽然说前期电商竞争的关键是价格战,但是资本投入真金白银,注定是要获取回报的。一位不愿透露姓名的电商行业观察人士表示,电商行业已开始进入规模吃盈利的血拼通道。未来两年是电商行业的生死之战,只有在成本控制能力、品牌价值、营销技术、分销渠道等各方面具有较强能力的企业才有可能最后存活下来。

(何可:《中国质量报》,2012-08-08)

企业的竞争从一定程度上来说是战略的竞争,而生产运营战略在企业战略中起到关键作用,相当多的公司由于生产运营战略的失误而导致企业战略的失败。

第一节　生产运营战略的概念

生产运营战略侧重于生产运营资源和流程的长期开发,以便能够形成可持续的竞争优势。生产运营战略是在企业战略指导下制定的,是企业总体战略顺利实施及成功的基础。生产运营战略应关注外部竞争环境的变化,以及运营部门应对当前的和未来的挑战所必须完成的任务。

一、生产运营战略的概念

就企业生产运营管理而言,必须对生产运营系统的许多重大问题作出决策。应选择什么样的生产运营目标比较合适?应该提供标准化产品还是顾客定制的特殊产品?产品线的宽度和深度有多大?厂址应该靠近目标市场还是原材料产地?应选择多大生产运营规模及何种扩大模式?是建一个大厂还是几个小厂?采用什么样的工艺技术?选择通用还是专用性质的设备?使用的原材料是外部购买还是自己提供?达到怎样的质量标准?使用具有哪种专业知识和技能的工人?怎样进行生产运营成本和库存控制?等等。所有这些,都属于生产运营战略要加以认真研究解决的问题。

在这种环境下，企业必须有一个长期发展的指导性计划，要能够预测未来的发展，不至于迷失发展方向。围绕如何利用企业资源支持企业长期战略并制定各项政策和计划，于是就提出了生产运营战略问题。

生产运营战略，是企业根据目标市场和产品特点构造其生产运营系统时所遵循的指导思想，以及在这种指导思想下的一系列决策规划、内容和程序。生产运营战略主要就是决定企业在产品、生产过程、生产方法、制造资源、质量、成本、生产周期、生产计划等方面的选择。

作为一系列决策的总和，生产运营战略较少关心单个流程，而是更多地考虑整个企业的总体变换过程。生产运营战略是对如何开展企业生产运营活动所作的具有全局性的谋划，是用以指导企业的生产运营活动的行动纲领，形成的是关于生产运营系统如何成为企业立足市场、获得竞争优势、追求持续发展的有力支持和保证的战略性计划。作为一系列决策的过程，生产运营战略为实现生产运营系统在企业运营中的有效性作出明确规定，诸如决策内容、程序、原则和模式。可见，生产运营战略的基本任务和作用是使企业在其生产运营领域内为企业获得竞争优势，如快速响应市场、引领时尚潮流、提升运营能力等，以保证企业战略的实现。

二、生产运营战略与企业战略的关系

根据决策内容的特点，一般将企业的战略体系分为三个层次：公司级战略、部门级战略和职能级战略，如图 2-1 所示。生产运营战略属于职能级战略。

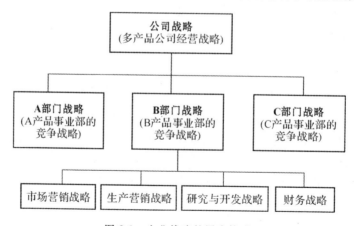

图 2-1　企业战略的层次构成

公司级战略是企业最高层次的战略，是有关整个企业经营内容、从事何种事业、具有什么使命，采用何种发展模式、如何调配资源的总体经营战略。部门级战略是企业中间层的战略，是各个不同产品事业部或具有相对独立的经济利益的经营单位的竞争战略，它要对部门的经营内容及其在市场上如何取得竞争优势进行战略分析与规划。职能级战略是企业职能层次的战略，一般包括市场营销、生产运营、研究与发展、财务和人力资源战略，是对职能范围内的战略问题进行分析与谋划。各职能级战略在战略体系中虽属同一个层次，但由于企业情况不同，如所处环境、发展阶段、发展模式等的差异，其在企业中的地位和作用并不相同。例如，在市场导向型企业中，市场营销战略居于优先地位；在高科技企业中，研究与发展战略居于优先地位。应该说明的是，有些企业只是单一产品经营，没有事业部划分，此时部门级战略不再以独立形式出现，而是将有关内容合并到公司级战略中。

生产运营战略和企业战略呈一种相互依存、相互制约的关系。一方面，公司级战略统领企业经营的全局，为企业的经营与发展确定目标，指明方向。而生产运营战略作为企业生产运营方面的行动纲领，必须与企业战略协调一致。因此，在制定生产运营战略时，必须将企业战略作为一种重要的制约因素，服从企业战略的总目标和总要求，以是否有利于实现企业战略和总目标为标准衡量生产运营战略的优劣，并依据企业战略的变化来对生产运营战略作出相应的调整。

另一方面，企业战略固然重要，但制定企业战略仅仅是工作的开始，更重要的是如何有效地实施企业战略，这就需要看企业的长远、总体发展，因此不可能对企业经营全局的各个方面做非常细致、周全的考虑。相反，尽管企业战略具有粗线条、轮廓化、笼统化的特点，通过生产运营战略等职能级战略，可以对企业战略进行分解，导出企业战略实现的途径和政策，将企业总体战略思想和目标加以精确化、具体化，规范人们的决策和行为标准，指导各方面的活动。其次，企业战略只是规定了企业发展方向和目标，而要实现这一点，不仅需要每个人、每个职能部门的努力工作，还需要相互间的协调与配合。通过职能级战略，可以促进企业战略思想在企业内部的良好沟通，为相互之间协调一致的配合创造条件。从这个意义上讲，生产运营战略是实现企业战略不可缺少的重要环节和保证。

三、生产运营战略的特征

确定企业开发利用生产资源或能力的广泛性的政策和计划，以支持和保

证企业战略的实现,是企业长期成功的一个重要竞争武器。生产运营战略必须以企业战略为前提或约束,并与其所属公司内的其他战略相关,应与市场营销战略、财务战略等相互协调、相互配合。同时,生产运营战略还与企业外部的商业环境有着密切的关系。生产运营战略具有以下几项基本特征。

1. 从属性

是指生产运营战略是企业战略的一个重要组成部分,必须服从企业总体战略的要求,从生产运营角度考虑如何有效实现企业整体目标。

2. 贡献性

主要指生产运营战略的意义并不是体现在直接参与市场争夺活动方面,而是强调通过构造卓越的生产运营系统来为企业获得竞争优势、作出贡献,为企业的长期稳定发展提供坚实的基础。

3. 一致性

生产运营战略不仅要和企业的整体要求相一致,而且生产运营系统内部的构成要素也要协调一致,使生产运营系统的结构形式和运行机制相匹配。

4. 可操作性

指生产运营战略作为实现企业战略的途径之一,在强调战略作为一种指导思想的同时,也要注意战略实施的有关问题,即注重各个决策之间的目标分解、传递和转化过程,以形成各级人员的共识和参与,指导进行方向一致的具体决策和生产运营行为。

第二节　生产运营战略的形成

在市场竞争日趋激烈的今天,现代生产运营管理正日益发展成为一种战略化、综合化的管理,这意味着生产运营战略极大地影响着企业的竞争力,其和企业战略之间的界线也越来越模糊。

一、竞争优势要素

价格、质量、品种、服务、时间和环保是影响顾客对产品和服务需求的六大因素。对企业来说,成本、质量、速度、柔性和服务是企业赢得竞争的主要因素,如图 2-2 所示。

1. 成本

对于直接靠价格参与竞争的企业来说,很显然,成本是主要的绩效目标。企业生产产品和服务的成本越低,向顾客出售产品和服务的价格就越低。即

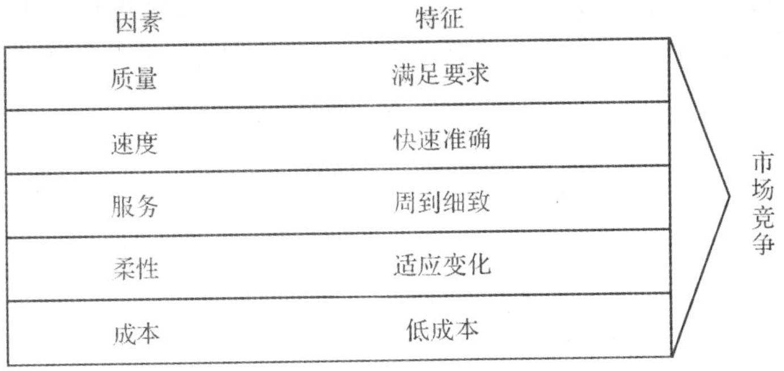

因素	特征	
质量	满足要求	
速度	快速准确	
服务	周到细致	市场竞争
柔性	适应变化	
成本	低成本	

图 2-2　市场竞争的主要因素

使是那些主要以非价格要素参与竞争的企业,也会竭力保持低成本。低成本的企业在竞争中往往比较主动,在价格战中胜算的概率大。对于这类企业来说,降低生产成本是生产运营管理的重要目标,只有按低于社会平均劳动消耗的成本水平在市场上销售,企业才有可能赢利。企业能否以最低的成本向顾客提供产品和服务,取决于对生产过程的运营管理水平的高低。生产成本不是在最终核算出来的,而是在生产过程中形成的。

2. 质量

质量是指一组固有特性满足要求的程度。提供优质的产品或服务是企业生存发展的前提。随着社会生产力的发展,质量的含义也不断丰富和扩展,从开始的实物产品质量发展为产品或服务满足规定和潜在需要的特征和特性之总和,再发展到今天的实体,即可以单独描述和研究的事物(如某项活动或过程,某个产品,某个组织、体系或人以及他们的任何组合)的质量。在同样情况下,质量高的企业竞争力强。所以企业要取得竞争优势就需要努力提高产品质量。

3. 速度

速度主要是指市场的响应能力,这是基于时间的竞争战略。如果一个企业能够快速、顺畅地并以低成本响应市场,满足顾客需求,说明速度好。快速生产产品或者提供服务,产品生命周期缩短,同时要求开发周期也要压缩。这是企业生产运营系统运行的优势体现。

4. 柔性

柔性指的是采取不同状态的能力——从事不同的工作或做不同的事情。也表示在几种不同的可能状态之间转换的难易程度。柔性可以表述为两个方面:企业为顾客提供多种产品的能力和企业快速转换工艺生产新产品的能力。

在许多市场上,企业对需求增减变化的反应能力是重要的竞争能力,主要考虑系统适应外部环境变化和适应内部变化两方面的能力。系统的柔性对系统的生存越来越重要。表2-1是一家银行的柔性能力的表现。

表2-1　一家银行运营中的四种整体运营柔性的范围柔性及其响应柔性的衡量尺度

整体运营柔性	范围柔性	响应柔性
产品和服务柔性	一个拥有设计、采购和运营能力的公司所创造的产品和服务范围:"我们擅长将各类不同的金融交易组合起来,满足客户广泛的需求。"	开发或改进产品或服务,以及使产品或服务的创造进入正式开始的过程所需要的时间和成本:"我们可以快速组合客户化的金融服务套餐。"
组合柔性	既定时期内公司所创造的产品和服务的范围:"我们的标准服务范围很广,足以满足大多数潜在客户的需求。"	调节产品和服务的组合所需花费的时间和成本:"客户需要的任何时间,我们都能提供标准化的服务。"
产量柔性	对于既定的产品或服务组合,一个公司所能达到的总产出水平:"通常,随着服务需求的变化,我们的活动水平必须做出相应的调整。"	改变总产出水平所需花费的时间和成本:"快速响应市场需求的变化是很重要的,这样我们的服务响应时间不至于变得越来越糟糕。"
交付柔性	交付日期可能提前的程度:"如果市场条件变化了,我们有时必须将甚至最复杂的金融套餐的完成日期尽量提前。"	为了重新计划交付日期而重新组织运营所需花费的时间和成本:"尽管改变一项金融套餐服务的到期日会导致内部混乱,但我们的多面手团队能够以快速而有效的方式采取行动。"

5.服务

现在很多制造企业在生产产品的同时也提供服务,通过服务提高产品的竞争力。售前、售中、售后的各类服务是企业赢得顾客的关键。如注意顾客信息的反馈,通过售后服务的信息反馈来改善产品的质量,改进产品设计等。确保交货期,在承诺的时间内送达也是服务的体现。在企业的生产经营活动中,企业的有关职能部门都有其相应的交货期要求。交货期除考虑产品生产周期外,还应考虑运输条件、中转时间等因素。时间要素对竞争力的贡献日益明显,所以新的运营战略往往将其作为主要的战略要素来考虑。

二、制定生产运营战略应考虑的关键要素

制定生产运营战略,必须从生产运营职能的特有角度出发,综合考虑企业内外部环境各种因素的影响。但对特定的企业而言,制定生产运营战略时必须具体问题具体分析。

1.企业战略

衡量企业战略是否成功,其标准就是生产运营战略是否支持企业战略和企业使命,因此,制定生产运营战略时必须将企业战略作为重要的约束条件。企业战略关心的是企业应发展哪些特色能力,并将其发展成为竞争优势。当采用不同的企业战略时,生产运营战略也会存在很大差别。例如,当采用成本领先策略时,生产运营系统往往减少产品品种和工艺的多样化,批量集中生产运营某一产品或某一工艺阶段,生产运营系统的灵活性较差;当采用产品差异化战略时,生产运营系统的产品创新、技术领导、质量管理等方面能力增强,灵活性好,但在成本方面能力有所削弱。

2.市场需求

市场需求直接决定着企业的产品品种、数量、质量、价格、服务、交货期等各个方面。通过对目标市场顾客的需求内容、趋势、特点及其消费心理和行为的全面分析,可以确定产品的订单资格标准 OQC(order-qualifying criteria)和赢得订货标准 OWC(order-winning criteria)的具体内容,进而明确生产运营系统功能目标的具体要求,为制定生产运营战略提供重要依据。

3.生产运营类型

根据生产运营过程的基本性质和特征划分的生产运营类型,实际上在很大程度上代表了生产运营系统结构,是生产运营系统结构的具体表现形式。生产运营系统结构决定生产运营系统的功能目标,也可以得出生产运营类型决定生产运营系统的功能目标。另外,生产运营类型决定生产运营流程。

4.技术因素

技术进步既可以为企业提供发展机会,也会给企业带来威胁。技术进步从两方面影响企业的生产和运营:一方面是对新产品和新服务的影响,另一方面是对生产方法、生产工艺、业务组织方式本身的影响。随着技术进步的发展,生产运营战略必须作相应的调整,制定生产运营战略的一项重要内容就是进行技术选择。生产运营技术由生产运营工艺技术和生产运营工艺设备两部分组成,其中,生产运营工艺技术是指生产运营产品的方法,包括加工路线、方法、知识、工艺参数、质量标准等。

5. 产品生命周期

产品生命周期是指一种产品从研制开发成功投入市场开始，到其因不再能很好满足顾客需要而退出市场的整个过程，包括投入期、成长期、成熟期和衰退期四个阶段。产品生命周期阶段不同，在竞争焦点、产销量、生产运营工艺过程和设备等基本特征方面也不相同，从而对生产运营系统的要求也不同。

三、生产运营战略的决策过程

生产运营战略的过程是一系列程序，这些程序能够用于制定组织应该采用的生产运营战略。过程决定了运营机构在实践中如何实现市场需求和运营资源之间的相互协调。作为生产运营管理人员来说，在制定生产运营战略时，必须全面细致地对各方面因素加以权衡和分析。

1. 生产运营战略的决策过程

如图 2-3 所示，以生产运营战略的竞争优势理论为指导，生产运营战略的核心决策过程由两部分组成。

第一，生产运营系统功能目标决策，包括根据顾客的需求特性和企业的竞争战略来定义产品的功能，再由产品将这些功能转换为对生产运营系统的功能目标；

第二，生产运营系统结构的决策，它是根据既定的系统功能目标和生产运营系统固有的结构-功能特性，进行生产运营类型的"匹配"，这种匹配过程是通过调整系统结构与非结构化要素实现的。

通过以上两个关键步骤便可实现生产运营系统对产品市场竞争优势的保证。可见，生产运营战略围绕着竞争和获取竞争优势，强调了通过目标优先级决策来实现生产运营系统的竞争优势，进而实现产品竞争优势，保证产品竞争力；还强调生产运营系统各要素间在生产运营类型结构框架下的协调性。

生产运营系统的功能目标保证着生产运营系统的有效性。由于它只是产品立足订单资格标准 OQC 的赢得订单标准 OWC 的反映，应与产品应具备的功能完全一致。生产运营系统的功能目标决策可转化为识别、定义产品的功能特性的问题。生产运营系统在其结构上能保证其功能符合立足订单资格标准 OQC 的赢得订货标准 OWC 的要求，只有这样生产运营系统才能完成它所担负的基本使命。当然，确定立足订单资格标准 OQC 的赢得订货标准 OWC 时，必须对市场需求、企业战略、行业和竞争对手情况、产品所处生命周期等众多因素进行全面分析。由于许多情况下改善某一产品功能的同时，伴随着其他产品功能特性的劣化，因此，应加强综合平衡，突出重点，将订单赢得要素转

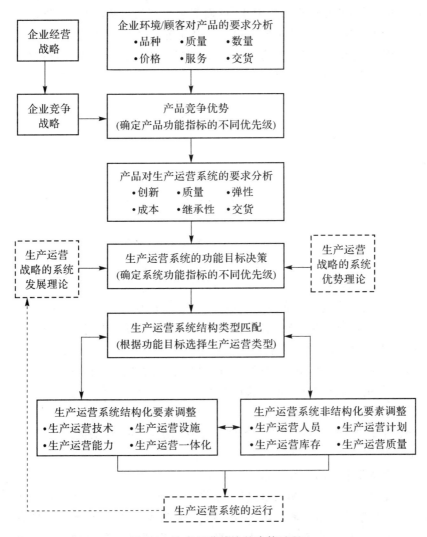

图 2-3 生产运营战略的决策过程

化为特定的运营绩效要求。

当明确生产运营系统的功能目标后,就可以选择相匹配的生产运营结构。由于运营系统结构和生产运营系统功能目标之间关系特点的规律性,使得人们分析和选择的范围很小,从而这一决策过程十分明确。应当注意的是,随着对生产运营系统的相悖功能目标(如生产运营效率和应变能力)要求的同步提高,这种匹配关系很难维系。为解决这一问题,可实施"制造集中化",通过目

标市场集中化,使企业产品集中化,进而实现生产运营集中化,以防止生产运营系统的相悖功能目标要求同步提高。企业也可以通过对经典的生产运营系统进行创新,建立"世界级制造系统",如 CIMS、JIT 等,来积极迎接这种挑战。

2. 生产运营战略的内容

一般来说,生产运营战略应考虑以下主要内容:

(1)产品或服务的选择——对象决策。每一种产品和服务的特征都直接影响生产运营决策;产品或服务对象设计完成后,所有结构上的细节特征也就随之确定下来了。

(2)厂址(连锁店、仓储、配送中心)选择——生产运营网络及布局决策。从价值链增值观点出发,以供应链管理为基点,确定最适宜的企业生产运营系统。

(3)产品/服务—流程矩阵——生产类型和流程决策。确定构造何种类型的生产运营系统、需要开发什么样的产品生产技术和工艺流程,以及生产产品或提供服务所应遵循的作业流程等具体内容。

(4)物流系统规划与布置——(实物/服务)过程组织决策。它又包括:①企业内部物流系统(生产物流)设置与加工对象移动方式决策;②企业间物流系统(供应物流、分销物流)布置。

顾客要求的质量、价格、服务、交货期水平,可直接用来指导生产运营系统的成本、质量控制标准;顾客需求量的发展变化模式,直接影响着生产运营规模、生产运营技术和生产设备的选择。特别地,OWC 的展开分析强调了产品无功能目标的优先级,从而可明确生产运营系统功能目标的优先级,突出主要矛盾。

3. 竞争要素中的两大要素

一种决定竞争要素相对重要性(或至少是不同特点)的方法,是将所谓的订单赢得要素和资格要素加以区分。虽然这不是新的概念,却是特别有用的方法。不同的作者有不同的叫法,因此订单赢得要素有时也被称为竞争前沿要素、关键因素或重要因素、动机因素、强化因素,等等,而资格要素有时也可能叫做保健因素或失败预防因素。

(1)订单赢得要素和资格要素

订单赢得要素(order-winning factors)是对赢得业务有直接而重要的影响的因素,它们被客户认为是购买产品或服务的关键原因。因此,订单赢得要素是企业在确定竞争策略需要考虑的最为重要的方面:提高其绩效就会带来更多的业务或增加赢得更多业务的机会。

资格要素(qualifying factors)也许不是获得成功的主要竞争决定因素,但从另一方面来说,它也是非常重要的。资格要素是指竞争中运营机构的某些绩效必须达到能被客户接受的特定水平。如果资格要素没有达到这一水平,许多客户是根本不会考虑的。客户会考虑资格要素达到最低要求水平以上的公司,但也主要是根据订单赢得要素方面的绩效来考虑。在资格要素达到某一水平后再对其进一步改善,是不大可能赢得太多的竞争利益的。

除订单赢得要素和资格要素之外,还有一些次要因素,它们不会以非常明显的方式影响客户,但可能对运营活动的其他部分是重要的。

(2)订单赢得要素和资格要素所带来的收益

订单赢得要素和资格要素之间的区别阐明了一个重要观点,即竞争要素之间不仅相对重要性不同,而且其特点也不同。这就促使我们考虑,由竞争要素所产生的竞争收益是如何随运营机构的绩效而变化的,也就是说,它指出了运营机构由于擅长不同的绩效方面而获得的利益。图 2-4 表明了在不同的绩效水平下,订单赢得要素和资格要素所获得的利益。一个组织无论其资格要素多么好,都不会获得很高的竞争收益——通常所能获得的最好结果也只是中等的。毕竟客户会预期到这些事情,因此即使获得了这些资格要素的服务,客户也不会特别满意,因为这些要求是理所当然的。但是,如果组织在资格要素上没有获得满意的绩效水平,很可能会导致客户极大的不满,这在图 2-4 中表现为负的竞争收益。实际上,资格要素的收益函数具有不连续性,这一点与订单赢得要素是不同的。订单赢得要素依其绩效可以获得正的或负的竞争收益,它的收益函数是线性的。订单赢得要素的优势(也是它被称为订单赢得要素的原因)在于高的绩效水平可以获得正的竞争收益,进而获得更多的订单。次要因素只是在其收益函数具有连续性这一点上和订单赢得要素十分相似,但是在竞争方面却不那么重要。

(3)对订单赢得要素和资格要素概念的不同看法

将竞争要素分为订单赢得要素和资格要素,有两种不同看法:

第一,订单赢得要素和资格要素的思想是建立在潜在的产品和服务的购买者只考虑单独一次交易时的行为方式的基础上。然而,越来越多的消费品以及服务的购买者并不只是考虑一次交易,而是考虑建立长远的合作关系。一些客户也愿意接受订单赢得要素或资格要素偶尔的下滑,因为客户希望与其供应商保持长期的关系。因此,这种关系本身超过了订单赢得要素和资格要素的思想,而成为赢得订单的主要竞争要素。

第二,对订单赢得要素和资格要素概念的最初解释是基于过去的销售数

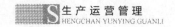

据,包括个别客户对个别订单的反应,而一个更传统的、基于市场的方法会在每一个市场细分阶段面对大得多的客户群体。

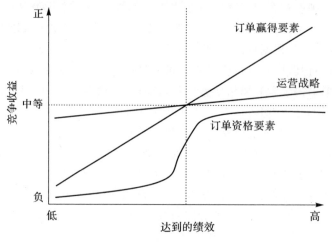

图 2-4　订单赢得要素和资格要素

四、企业生产运营战略的系统发展理论

企业生产运营战略的形成有一个不断完善、提高的过程,尤其在实施过程中,要根据生产运营系统运行的实际情况,针对暴露出的问题,调整生产运营系统的构成要素及其相互关系,从而不断改善生产运营系统的功能水平,使生产运营系统始终处于具有很强竞争力的优势地位。生产运营战略的系统发展理论就是指导生产运营系统自我学习、动态完善、全面优化功能目标的一种思想或过程模式。

从系统发展的角度看,生产运营系统功能目标水平的提高过程可分为四个层次阶段:第一,缺乏竞争力。管理者将注意力更多地集中在生产运营以外的竞争手段方面,在生产运营系统内更多的是在应付各种突发事件或问题,意识上只是想消除生产运营环节中的矛盾,而不寄希望于通过生产运营系统为竞争创造有利条件。此时,生产运营决策处于被动地位,产品处于仅能保证最低要求的水平。第二,形成竞争对峙阶段。尽管管理者仍未将生产运营系统视为企业的重要资源,但为了消除系统中的矛盾和隐患,管理者希望系统能够达到本行业的平均水平。此时,产品基本能够达到立足订单资格要素水平。第三,赢得竞争优势阶段。管理者对生产运营系统的认识有了巨大转变,认为它能够对竞争优势的形成提供巨大的支持和保证。这时生产运营系统的构造已纳入生产运营战略的指导之下,其结构和机制都被产品的竞争战略所驱动。此时,产品达到订单赢得要素水平,具有竞争优势。第四,世界级制造系统阶段。在赢得并保持了竞争优势的基础上,企业部门竞争战略的制定在很大程度上要依赖于生产运营系统,生产运营系统的优异性能使其成为企业产品竞争的关键资源,在部门发展中起着巨大的作用。此时,不仅产品在世界范围内具有很强的竞争力,深受顾客信赖和推崇,而且生产运营系统具有很强的创新能力,在运行中自我学习、动态完善,不断消除功能目标悖论的制约,实现生产运营系统功能目标的全面优化,始终使生产运营系统保持突出的竞争优势。

在整个发展过程中,赢得竞争优势阶段是呈现波动的状态。在激烈的市场竞争中,企业如果安于现状,已建立起的优势会很快消失殆尽,从而使生产运营系统倒退至形成竞争对峙阶段。为防止这种情况的发生,企业应以系统发展理论为指导,提高核心竞争力,向世界级制造系统阶段发展。

系统发展理论认为,生产运营系统是企业竞争的重要资源,企业要想长期赢得竞争优势,必须将保持有效的生产运营系统结构和提高生产运营系统运行效率有机地统一起来,提高生产运营系统的效益(做正确的事)和效率(正确地做事)。因此,企业应当在生产运营系统运行过程中有意或强制揭露存在的问题、缺陷,并积极加以解决,使生产运营系统得到动态改善,不断突破功能目标悖论关系的约束。相反,容忍、默认系统缺陷存在将会对企业长远利益造成损害。为此,企业必须树立追求尽善尽美、永不满足的思变观念。由于该理论和生产运营系统运行密切相关,因此,对生产运营系统的非结构化要素和系统运行效率更为关注。

五、服务战略要素

对服务企业而言,除考虑上述要素外,还必须关注服务系统本身的特点。例如,服务地点尤为重要,所以选择一个好的厂址是战略成功的关键之一;进入障碍小,因为通常所需资本投资少,且服务产品是非特权的,难以申请专利保护,难以建立优势技术;在以人为基础的服务企业中,关键人员的作用比设备更重要,企业的生存和发展始终会因关键人员可能出走而面临很大风险;提高服务柔性是获取竞争优势的关键,因为服务的个性化因素较为突出,而且其所需成本难以计量,使得价格合理性的基础不明确,降低了价格竞争的效果,如邮政特快专递业务尽管邮资比普通邮递高几十、甚至上百倍,但仍在迅速发展,等等。服务战略阶段及其特点如表2-2所示。

表 2-2　服务战略阶段

竞争阶段	坐等服务	上门服务	优势服务	世界级服务
主要特点	顾客不得已光顾,运营只是一种反映	顾客被动接受,运营平庸,没有激情	顾客根据声誉选择企业,企业自行优化运营系统	不仅满足顾客要求,而且提供竞争对手能力以外的服务
服务质量	处于次要地位	部分满足顾客要求	超过顾客需要	提高顾客期望值
新技术应用	只在危及企业生存时才采用	只在可以减少成本时才采用	当承诺提高服务质量时才采用	被认为是超过竞争者的根源
员工管理	消极约束	按工作需要约束	允许双向选择	培养创新精神
现场管理	监督控制工人	控制工序	倾听顾客意见	引导工人改进工作

第三节　生产运营战略的类型

关于生产运营战略的类型,因分析角度不同而有不同的结果:有人分为产品集中战略和工艺集中战略两类;也有人分为产品模仿生产战略和产品创新生产运营战略两类。本章将生产运营战略分为生产率战略、响应性战略及两者的混合战略三类。

生产率战略以提高生产运营系统的生产率为关键目标,将高生产率作为生产运营系统的优势竞争能力;响应性战略以提高生产运营系统的响应能力为关键目标,将快速响应作为生产运营系统的优势竞争能力;而混合战略在创建生产运营系统时,把提高生产率和响应性共同作为目标,追求在生产率和响应性上具有全面超越竞争对手的优势。

在生产运营系统的功能目标上,成本反映生产率水平,创新、弹性和交货期从不同侧面揭示响应性程度。大量大批生产运营系统在成本上表现优异,单件小批生产运营系统在创新、弹性和交货期上表现良好,而 CIMS、JIT 生产运营系统被公认在成本、创新、弹性、交货期等各方面均表现优秀。这为不同生产运营系统战略选择合适的生产运营系统提供了明确的答案。除此之外,生产运营战略还必须研究如何引入和应用生产运营系统创造条件、提供保证的有关问题。

一、生产率战略

生产率战略的实质在于不断追求生产运营系统的规模经济性,即单位产品成本随生产运营系统规模的增加而下降的技术经济特性,故生产率战略一般对应于大量大批生产运营系统。该系统采用高效率的专用设备和专用工艺装备,按对象专业化原则进行布置,以生产线和流水线的形式组织生产运营,从而提高了工作的专业化程度,保证了生产运营效率。由于只有当生产运营系统加工的产品具有大量、稳定的需求时,大量大批生产运营系统才能有效地发挥作用,因此,努力创造条件,使产品在较长时期有大量、稳定的需求是必要的。

生产运营集中就是一种行之有效的生产率战略形式,即企业针对特定的较窄范围的目标市场,集中生产运营某一种产品或产品的某一部分,以减少品种和工艺的多样化。学习曲线效应表明,企业生产某制品的累计产量每增加一倍,其单位直接生产成本将下降一定的百分比。累计产量越大,单位直接成本按此百分比下降越多。这是因为生产运营集中后,企业的工艺技术、设备、辅助支持系统等可以更加有针对性地为有限的生产运营目标服务,从而能够提高效率和质量,降低成本。美国著名生产运营管理专家斯金纳(Wickham Skinner)提出的"集中工厂"理论,也强调了这种思想。所谓集中工厂,也称"厂中之厂"(plant within plant),是指在传统工厂生产运营系统中划分出一部分设备、工序和人员,进行集中配置和管理,专门生产运营针对特殊细分市场的相对狭窄的产品组合。

此外,选择的产品应位于成长期,市场预测前景比较乐观,而且标准化程度较高。如果企业的产品具有竞争对手难以模仿的独到功能,或者企业拥有生产产品的专利技术或技术诀窍,或者企业拥有生产产品的特殊物质资源的专有权,都将大大削弱企业面临的竞争强度,降低企业采用集中的风险。

二、响应性战略

响应性战略的实质在于追求特色和差异,一般对应于单件小批生产运营系统。该系统采用通用设备和工艺装备,按工艺专业化原则进行设备布置,从而能适应顾客不同要求的产品生产运营。在这里,提高单件小批生产运营系统适应外部环境变化的能力,是问题的关键所在。具体可考虑以下途径。

1. 实行产品多样化

指企业产品线的宽度和深度范围较大,即同时进行多产品生产运营,从而

能更好地满足不同顾客的需求。产品多样化必须以企业卓越的市场研究能力和强大的研究开发、引进创新能力为基础条件。只有这样,企业才能紧随、甚至超前于市场的变化,不断进行产品创新,开发生产出各种新型产品。当然,产品多样化也应有企业自身的特色,以顾客首肯为评价标准,不能片面地为了多样化而多样化。

2. 建立与顾客密切接触和沟通的机制

和顾客接触程度高,是服务性运营的特点之一。实际上,与顾客密切接触和沟通是响应性战略的重要组成部分,因此,也应该是包括制造性生产在内的所有生产运营的努力方向之一。通过加强与顾客的接触和沟通,可以更清楚地认识和理解顾客的需要,指导企业调整自己的决策,最终能更好地满足顾客需要。例如,进行新产品开发时,"顾客也是创新者",将顾客作为产品创新设想的重要来源;顾客直接参与产品图纸的设计;由顾客对试制出的产品进行评价;加强售后产品的跟踪和维修服务等。

3. 选择较高的生产运营能力和库存水平

适应不同产量需求变化、按时交货、快速交货也是响应的重要内容,意味着要求生产运营系统具备按时完成不同任务量的能力,以及应尽量减少产品的研究开发时间、加工时间和交货时间。一般而言,生产运营任务产量总是处在变化之中,有时达到高峰,有时位于低谷,有时处于两者之间,而生产运营能力不可能随时随地进行调整,从而使生产运营能力和生产运营任务需求之间呈现绝对的不平衡。显然,如果按照生产运营任务需求的平均值或低谷值确定生产运营水平,虽然可提高生产设施的利用率,降低成本,但当出现生产运营任务需求高峰时,企业只能延长产品交货期或拒不接受部分订货,将导致生产运营系统的响应性变差,而选择较高的生产运营能力水平能很好地解决这一问题。这样的生产运营系统出现富裕的生产运营能力时,一方面可用来生产运营库存产品,起缓冲作用;另一方面也可有计划地进行来料加工或对外转让。

4. 建立聚焦工厂的战略

基于权衡的观念,斯金纳提出了聚焦战略,即"厂中厂"。主要步骤为:①根据产品组将市场细分;②确认产品要求、需求形式和每一产品组的边际利润;③确定每组的订单赢得要素和订单资格要素;④将订单赢得要素转化为特定的运营职责要求。

三、混合战略

混合战略的目标是为了同时提高生产运营系统的生产率和响应性,所对应的生产运营系统为世界制造系统,CIMS、JIT 为其代表。

世界级制造系统是个相对的概念,满足下列属性:第一,是本行业中,至少在某一方面,属于最强有力的竞争者,能比其他对手具有更迅速的增长和更丰厚的利润;第二,其产品无论在性能、功能或竞争优势、受信赖程度等方面都具有一流水平,并能够对市场的条件变化作出最灵敏、有效的反应;第三,能够吸引、保持、并造就本行业中最杰出的人员,因此能够吸收、应用、并创造新的生产运营与管理技术,乃至观念、思想。世界级制造系统的核心是顾客和质量,并通过绩效评定、制造战略、生产运营技术、组织系统、人力资源、管理方法和制造能力等七个要素的动态运转,实现系统的自我完善。其中,生产运营技术主要由先进制造技术(advanced manufacturing technology,简称 AMT)构成。

本章小结

生产运营战略,是企业根据目标市场和产品特点构造其生产运营系统时所遵循的指导思想,以及在这种指导思想下的一系列决策规划、内容和程序。生产运营战略具有以下基本特征:①从属性;②贡献性;③一致性;④可操作性。

生产运营战略和企业战略呈一种相互依存、相互制约的关系。制定生产运营战略应考虑的关键要素有:企业战略、市场需求、生产运营类型、技术因素、产品生命周期。

生产运营战略的核心决策过程由两部分组成:①生产运营系统功能目标决策;②生产运营系统结构的决策,其根据为既定的系统功能目标和生产运营系统固有的结构-功能特性。

生产运营系统的功能目标保证着生产运营系统的有效性。当明确了生产运营系统的功能目标后,就可以选择相匹配的生产运营结构。生产运营战略的系统发展理论是指导生产运营系统自我学习、动态完善、全面优化功能目标的一种思想或过程模式。生产运营战略分为生产率战略、响应性战略及两者的混合战略三类。

案例分析:春秋航空公司

春秋航空总裁王正华的办公室设在上海航友宾馆二号楼。与其他航空公司老总宽大气派的办公室相比,这个不足 10 平方米的空间显得十分简陋,里面仅摆放着两张办公桌和一张长沙发。唯一能显示其身份的,是文件柜上醒目地站立着的几个飞机模型。

这间简陋的办公室,是王正华花费10年时间打造的"廉价模式"的一种体现。在春秋航空内部,有一个专门琢磨廉价的团队,研究如何从各环节降低成本。最近春秋甚至提出"站着乘飞机"的设想,被外界称为"廉价疯子"。

加强成本管理,打造竞争优势

春秋航空是如何发动增长的引擎,从而实现逆市飞扬的?外界普遍将其归功于廉价模式,但在同样打着廉价招牌的同行们纷纷陨落的现实之下,这样的结论未免太过简单。2008年4月,传统的海南旅游淡季来临,许多航空公司开始减少开往三亚的航班,春秋航空却反季节而行,从4月23日起开通三亚始发全国10个城市的航线,给当地带来了大量的客流。

春秋航空开拓淡季市场的勇气并非凭空而来,靠的是对当地市场的深耕。早在2004年,其母公司春秋国旅已经建立海南春秋国旅分公司,对三亚当地的旅游市场和客源有深度的认识。春秋航空在2007年又成立了三亚基地,到2009年已先后引进三架空客A320飞机,形成了三亚飞往全国21个城市的航线。航线增加以来,每天均有1800多名游客到海南旅游度假,全年旅游淡季期间向海南增开千余架旅游包机。淡季不淡,在春秋航空人的努力下,这个市场的开拓获得了客户的认可。2009年上半年春秋航空输送旅客161.5万人次,同比增长40%,实现利润4000多万元。

在缝隙市场里,春秋航空善于反其道而行,而在竞争激烈的主流市场,廉价则为春秋航空带来商机。

自重过高会导致飞机身躯庞大,不光浪费燃油,还会影响飞行速度。对于航空公司来说,成本就相当于公司的自重,只有尽可能地减轻自身负重,航空公司才能轻盈起飞。

2008年第三季度,春秋航空专门建立了七个委员会,从飞机、航油、人工成本等七个方面降成本。以节油为例,一般航空公司飞机每小时耗油为3吨,2009年1—11月,春秋航空的这个数字是2.719吨,比去年同期下降2.75%,以飞行43305小时计,共省出1000多万元。

网上直销系统也成为低成本战略的生命线,因为网上直销不用受制于代理。2006年春秋航空推出网上直销系统通过直销,这块成本由原来的8%降到只有3%左右。2005年春秋航空刚建立时,网上直销只占总出票量的20%左右;采用多种促销手段鼓励顾客进行网络购票后,2008年网上直销上升到80%。网上直销大大减少了销售成本,仅此就省下了上亿元的票务代理费。

春秋航空的飞机统一采用空中客车 A320,以减少因为不同机型带来的额外的地面设施、维修和飞行员培训费用。春秋航空还利用高的客座率和飞机利用率,降低了单位飞行时间内的飞机租赁成本。春秋航空的飞机上取消头等舱,统一设置经济舱,座位由原来的 160 座增加到 180 座,平均客座率高达 95%,而且每天比其他航空公司多飞两个小时,这样在低票价的情况下,春秋航空依然实现了盈利。

"降成本,我们除了 60% 从自己内部降,旅客不供餐等占到 10%,政府、机场还给予 20%~30% 的支持,否则就会经营不下去。"王正华分析说。

"我们始终关注降低运营成本,但在三个方面不降:第一是安全方面,该投入的一定要投入;第二是员工的工资尽可能不动,宁愿在困难的时候,干部和股东们减薪,员工的薪水也要有保证,同时也不裁减员工;第三是培训不减少投入,因为培训代表着春秋航空的明天,这一块也不能省。"王正华说到春秋航空有所为有所不为的时候,语气异常坚定。

在控制运营成本的同时,王正华在人才引进和培养上却称得上是大手笔。2008 年 11—12 月金融危机最严重的时候,春秋航空耗资 1 亿元引进 30 多名飞行员,2009 年还投入 5000~7000 万元引进更多飞行员。他表示,飞行员的储备需要提前进行,以便飞行员到来之后有时间适应飞机,适应春秋的工作环境。

在人才培养上,除了引入成熟飞行员外,春秋航空还加大了自主培养的力度。公司现在每年从中国各地的航校招聘 100 多名优秀毕业生,对他们进行半年的业务培训,然后充实到公司开辟的主要航线上。同时随着国际航线的开辟,春秋航空也启动了在国外航校招聘飞行员的工作。这些储备人才为公司未来 3~5 年的扩张打下了坚实的人才基础。

始终关注服务,提升高度

春秋航空一心为客户,但谈到服务客户,王正华感到既苦恼又欣慰。苦恼的是,随着客户整体数量的增加,客户的新问题不断产生;欣慰的是,春秋航空的旅客满意率高达 97%,旅客投诉万人率居行业优良水平。关注服务让春秋将自己提高到了一个与仅关注成本的航空公司不同的高度。

王正华利用各种方式与客户交流。"我们经常出门和旅客坐在一起聊的,有时候坐飞机他们能认出我,他们也不放过我,我也不放过他们。"王正华幽默地把旅客当做是自己的朋友。这从王正华的博客文章中也能略知一二,"重视客户意见,提高服务水平"成为他每月必做的博客主题之一,如 11 月的旅客评论数达到 180 条,他还细心地进行归类和整理。他在博客里非常坦诚,并不讳言旅客提出的投诉意见。

春秋的服务创新，如空中演讲服务、跪蹲式服务、客舱服务舱健身操等独特的服务项目，受到了旅客的欢迎。对于旅客争议机上购物服务，是世界廉价航空普遍使用的一种销售方法，王正华强调应该在可能的条件下，尽可能为旅客营造有序的客舱环境。他要求，机上销售要在确保安全的前提下，并且应该"轻"、"柔"，尽可能减少对旅客的影响。

据介绍，目前春秋航空已经加大了对空乘人员扣分扣奖金的力度，"每个航班都会对前、中、后舱旅客进行回访调查，只要有旅客投诉抱怨，空乘就会被扣分"。春秋航空的空姐是世界上最繁忙的空姐，她们既要做服务员，又要做销售员和清洁员，公司更是加强对员工关于"心中要永远装着旅客"的教育，即使是部分旅客，哪怕是少数旅客的意见，也应该尽可能地去解决、去满足。

"我们经常说一句话，没有困难没有矛盾，要春秋人干什么？如果国有航空公司做得好好的，老百姓满意，中央满意，就不会有春秋航空了。肯定有些问题，有些矛盾，我们才有机会。"王正华朴实的话语中，透露出春秋人创业的精神与干劲。

春秋航空未来三年将引入 15 架飞机充实到国内、国际航线中。王正华带领着春秋航空人，正在发动增长的引擎，推动春秋航空重回增长之路。然而，前路多艰，其未来如何腾飞，还需拭目以待。

（选编自 http://www.ceconline.com/strategy/ma/8800054414/03/）

问题：1. 请分析春秋航空公司的生产运营战略。
2. 春秋航空公司如何提高在航空客运市场的竞争力的？

复习与讨论题

1. 世界级制造系统应满足哪些属性？
2. 响应性战略的实质是什么？
3. 生产运营系统的结构-功能目标关系的特点。
4. 生产运营战略具有哪些基本特征？
5. 论述制定生产运营战略应考虑的要素。
6. 如何认识订单赢得要素和资格要素？

第三章 产品/服务计划

学习目标

➤ 掌握新产品开发的过程

➤ 了解并行工程的思想

➤ 理解工艺计划内容

➤ 熟悉服务过程的特点

引例:奇正藏药产品创新

西藏奇正藏药股份有限公司董事长雷菊芳在一次接受采访时说:"想让藏药的作用体现出来,首先就需要让藏药这个概念得到人们的认同,这也正是我们现在正在做的:把藏药和现代生活结合起来。"

雷菊芳认为,这么好的民间药用资源,却因制作方式落后而被西藏以外的消费者拒绝实在可惜。

让公众接受藏药最好的方法就是产业化,引进生物制剂技术,制造出所有消费者都能接受的药物。于是,雷菊芳和奇正藏药集团开始了藏药的研发。

奇正藏药通过研发创新与制造技术的创新,从而追求持久、强劲的产品力。雷菊芳董事长敏锐地捕捉到处于原生状态的藏医药巨大的市场。她毅然投身于藏药事业,并创建了奇正藏药。它致力于依靠现代科技传承、发展藏医药,在保持藏药优秀特质的基础上,积极应用新科技,在生产技术创新方面多年持续投入,实现了传统藏药生产和现代先进制药技术的融合。

奇正藏药核心专利产品消痛贴膏荣获国际发明金奖,获得"国家科技进步二等奖",入选"国家中药保护品种"。2006年入选"国家保密品种"。凭借产品力,奇正藏药带动了医学专家乃至市场对于藏医药文化的认知。

在对藏医药文化深刻理解和东方文明潜心学习的基础上,奇正藏药形成了企业"向善利他,正道正业"的文化体系,积淀了独有的企业内涵。据奇正藏药生产总监朱荣祖介绍,"'向善利他,正道正业',可以说是奇正藏药产业的核

心价值观"。

十几年来,在绵延的高原山路上,奇正藏药融合民族情谊,传承智慧文化,探寻生存法则,形成特色经营之道。在创业的过程中,奇正藏药不断创造并完善了"传承力、创新力、品牌力、营销力、执行力、文化力"的内在核心竞争力体系,奠定了企业持续发展的产业能力和基础。

依靠长期的努力沉淀,在变化莫测的市场中,拥有以西藏企业特有的、差异化的核心竞争能力,是奇正藏药得以发展的根本要素之一。

(选编自:中国经济新闻网,2012-10-11)

对现代企业来说,加强新产品的研究与开发已经是一项经常性的工作。因为在当今市场需求迅速变化、技术进步日新月异的环境下,新产品的研究与开发能力和相应的生产技术是企业赢得竞争的根本保证,产品/服务设计是决定成本大小、质量好坏、产品上市时间快慢、柔性大小和客户满意程度的重要因素,产品/服务设计良好的组织将更好地实现它的目标。

第一节　产品计划

在激烈的市场竞争中,那些能够不断开发出新产品/服务并快速推向市场的企业,将凭借先入为主的优势抢占更多的市场份额,在竞争中处于主动。

一、产品计划

一个企业,要充分认识到产品在市场竞争中的作用,而科学的产品计划有利于企业更好地做好产品生产与营销。

1. 产品计划的概念

所谓产品计划,是指对企业应当生产和提供什么产品进行定义的活动。它是一个不断深化的循环过程,包含产品的引入、改型、终止等所有活动。

2. 产品计划的影响因素

除企业战略外,产品计划还应认真考虑以下影响因素。

(1)市场需求

通过市场研究,挖掘顾客真正的需求,可以为产品计划提供科学依据。

(2)产品生命周期

顾客在产品生命周期的不同阶段对产品的需求是不同的,产品功能指标的具体内容和产品的销量、利润也随之变化,同时影响着企业如何进行产品改型和产品进入与退出市场的时机选择。

（3）企业内部条件

产品计划不能脱离企业的内部条件。首先应当充分发挥企业的财力、人力、物质、技术和管理等内部资源优势；其次，认真考虑企业的历史与文化，不仅弄清企业适合发展哪些产品，而且更要弄清不适合发展哪些产品。

（4）产品的经济效果

分析掌握每种产品的生产运营成本、盈亏平衡点价格水平、销售收入利润率、对企业整体经济效果的影响等重要资料，并在此基础上选择使企业长期获利最大的产品组合。

二、产品生命周期

产品生命周期是一切工业产品从完成试制到投放市场，到最后被淘汰退出市场，所要经历的类似人类生命模式的周期规律，一般包括投入期、成长期、成熟期、衰退期四个阶段（表3-1）。

1. 产品生命周期的各个阶段

第一阶段：投入期

新产品投入市场，便进入了投入期。此时顾客对产品还不了解，除了少数追求新奇的顾客外，几乎没有人实际购买该产品。在此阶段产品生产批量小，制造成本高，广告费用大，产品销售价格偏高，销售量极为有限，企业通常不能获利。

第二阶段：成长期

当产品进入投入期，销售取得成功之后，便进入了成长期。这是需求增长阶段，需求量和销售额迅速上升，生产成本大幅度下降，利润迅速增长。

第三阶段：成熟期

经过成长期之后，随着购买产品的人数增多，市场需求趋于饱和，产品便进入了成熟期阶段。此时，销售增长速度缓慢直至转而下降，由于竞争的加剧，导致广告费用再度提高，利润下降。

第四阶段：衰退期

随着科技的发展、新产品和替代品的出现以及消费习惯的改变等原因，产品的销售量和利润持续下降，产品从而进入了衰退期。产品的需求量和销售量迅速下降，同时市场上出现替代品和新产品，使顾客的消费习惯发生改变。此时成本较高的企业就会由于无利可图而陆续停止生产，该类产品的生命周期也就陆续结束，以致最后完全撤出市场。

表 3-1　产品生命周期各阶段的经营特点与注重方面

	市场引入期	成长期	成熟期	衰退期
公司战略	研究开发是关键；扩大市场份额的有利时机	市场销售是关键；调整价格；提高质量；树立产品形象；强化市场能力	低成本变得更关键；难以扩大市场份额；促销	成本控制是关键
生产运营战略	产品设计与开发是关键；产品和工艺过程设计改动频繁；生产能力富裕；试生产阶段人员技能要求高；生产成本较高；产品规格有限；设计改进迅速	销售预测是关键；重视产品和工艺流程可靠性；选择与提高产品竞争优势；增加生产能力；开始批量化生产；提高经营能力	产品区域标准化；产品更新速度减缓；达到最佳市场能力；生产过程趋于稳定；人员技能要求不高；大批量生产；改进生产作业；降低生产成本	产品差异化小；使成本最低；行业生产能力过剩；停业生产非盈利产品；削减生产能力

2. 企业进入、退出市场的时间模式

从系统的观点看，企业的发展史也就是产品更新换代的历史。要保证企业稳定地发展，必须选择合适的进入和退出市场的时机，一般划分为三种代表性模式。

（1）投入期进入、衰退期退出模式

这是一种最自然的模式，企业在产品投入期开始产品的生产运营和销售，直到产品生命周期到达衰退期结束才停止产品的生产运营和销售。该模式要求生产运营系统在整个过程中，应逐渐地从灵活性好的单件小批生产运营系统向低成本的大量大批生产运营系统发展，这将是对企业的一个严重挑战，因为两者在很多方面完全不同。

（2）投入期进入、成熟期退出模式

在该模式中，企业在产品投入期开始产品的生产运营和销售，到达成熟期后，一旦边际利润下降就停止产品的生产运营和销售，并转向其他的新产品。和上一个模式比较，不需变革企业生产运营系统，自始至终维持灵活性好的单件小批生产运营系统。

（3）长期进入、衰退期退出模式

在该模式中，新产品由领先的创新型企业引入市场后，只有当产品销售迅速增长、且被证实具有良好的市场前景的情况下，企业才开始产品的生产运营和销售。大型企业较多采用这种模式，一般其生产运营系统开始时就采用适合大规模生产运营的自动化高效生产设备装置,以提高生产运营效率,降低生产运营成本,确立争夺市场份额的价格优势。

不断生产新的产品投放市场,对企业竞争能力的提高是非常重要的。为了获得成功,企业必须对不断变化的顾客需求和竞争对手的行动作出反应。把握机遇、加快发展力度以及为市场提供新产品和新工艺的能力是至关重要的。由于新产品和新工艺的数量增加,产品生命周期缩短,企业必须比以往开发出更多的项目,同时大幅削减每个项目的成本。

第二节　新产品开发

新产品开发是企业生存和成长的重要保证,是企业不断满足消费者需求的重要手段。作为企业提高竞争力的重要因素,新产品开发能够提升企业活力,促进企业生产技术水平的提高。

一、新产品的分类

新产品是指采用新技术原理、新设计构思研制生产的科研型(全新型)产品或在结构、材质、工艺等某一方面或几方面,比老产品有明显改进,从而显著提高了产品性能或扩大了使用功能的产品。具体地说,新产品应具备在结构、性能、材质、技术特征等某一方面或几方面有显著改进、提高或有独创性;具有先进性和实用性,能提高经济效益,具有推广价值,在一定区域范围内是第一次试制生产的新产品。新产品可按不同的标准予以分类。

1. 按产品的新颖程度划分

(1)全新型产品。指采用科学技术的新发明所生产的产品。它具有新原理、新结构、新工艺、新材料等特征,有明显的技术经济优势,但其研制要有基础研究和应用研究的配合,要花费较长的时间以及较多的人力、物力和财力才能奏效。

(2)仿制型产品。这是指根据外来样机或技术专利制造的产品。有时在仿制时也可能有局部的改进和创新,但基本原理和结构是仿制的。

(3)换代型产品。指在原有产品基础上,部分采用新原理、新技术、新材料、新结构,使产品性能有重大突破的产品。换代型产品的开发难度较全新型产品小,是企业进行新产品开发的重要形式。

(4)改进型产品。指在原有产品基础上,根据顾客的需要,局部改进产品性能,增加型号、规格、花色品种,但在基本原理、技术水平和产品结构等方面

并无突破性改变的产品。改进型产品的开发难度不大,是企业经常采用的一种形式。

2. 按新产品的地域特征划分

(1)国际新产品。指在世界范围内第一次生产和销售的产品。

(2)国内新产品。指国外已有而国内第一次生产和销售的填补空白的产品。

(3)地区新产品或企业新产品。指国内已有,但本地域或本企业第一次生产的产品。

二、新产品开发的方式

新产品开发的方式主要有下列四种。

1. 独立开发方式

这种方式主要由本企业独立进行产品的全部开发工作,包括从基础研究到应用研究,再到产品开发研究,它一般适用于技术、经济实力雄厚的大型企业。另外也有利用社会上基础研究的成果,企业只进行应用研究和产品开发研究;还有就是利用社会上应用技术的研究成果,企业只进行产品开发研究。一般说来,中小型企业多采用后两种开发方式。

2. 科技协作开发方式

科技协作方式是由企业、高等院校和(或)科研机构协作进行新产品的开发,包括共同研制、共同攻关,组成不同形式的科研生产联合体,共同开发新产品,或签订技术合同,转让科技成果等。这种方式应用十分广泛,不仅为众多中小企业所利用,许多大企业也很重视这种方式。协同创新有利于新产品的出现。

3. 技术引进方式

技术引进方式是通过与外商进行技术合作、购买专利等知识产权,引进国外已成熟的技术,从事新产品开发。这种方式的优点是企业投资较少,掌握新技术较快,投产期较短。它对研究开发能力较弱而制造能力较强的企业最为适宜。其缺点是:如果引进技术所生产的产品在市场上已失去竞争能力,而且转让价格又很昂贵,就会给新产品开发带来困难。

4. 自行研制与技术引进相结合方式

这种方式是企业在引进技术或样机的基础上加以消化和吸收,从中吸取先进的技术,并加以创新,研制出先进可行的新产品。这是一种较佳的方式,因为一方面可以达到花钱少、见效快、产品先进的目的;另一方面又能使企业的技术力量得到锻炼提高,增强自行研究的能力。

新产品的研究和开发能力以及相应的生产技术是企业赢得竞争优势的根

本保证。快速推出新产品的益处可以扩大市场份额、溢价、快速响应竞争和制定行业标准。

三、新产品开发面临的压力

产品开发是提高企业经济效益的重要途径。新产品开发成功率较低且风险大(图 3-1)。国内不少产品靠模仿进入市场,尽管成本低,但企业很难获得长远发展。目前,新产品开发面临着费用高、风险大、成功率低、回报下降等压力。新产品失败主要可归纳为三个关键原因:①没有潜在的顾客和需求,新产品是按照设计人员的想象开发出来的;②新产品与当前的需求不匹配,要么不能满足需求,要么功能过剩;③在营销方面,特别是在产品推广方面不得力。

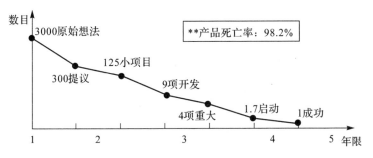

图 3-1　产品开发的成功曲线

据统计,产品设计时间占产品开发时间的近 60%(如图 3-2)。因此,为缩短产品上市时间,必须缩短产品设计时间,产品设计和工艺设计影响着产品的创新速度。

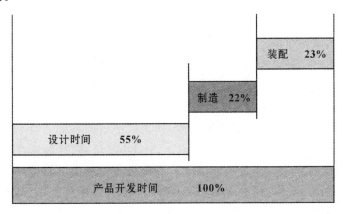

图 3-2　产品开发时间

产品的寿命周期越来越短,革新换代越来越快。实践证明:若产品寿命周期为 5 年,产品开发时间每延长 6 个月,利润就损失 1/3。一般产品成本的70%以上由设计阶段决定,而这一阶段本身所占用的费用仅为产品成本的6%以下(如图 3-3)。

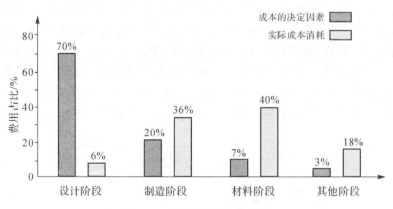

图 3-3　产品开发阶段和费用

四、新产品开发的动力模式

企业不断开发新产品,形成新产品开发的良性循环,向市场提供新的产品和服务,既有利于企业实力的提升,也为社会创造更多财富。新产品开发的关键是创造需求,适合需求,用技术实现需求。新产品开发的动力模式有技术导向型和市场导向型两种。

1. 技术导向型

从最初的科学探索出发开发新产品,技术创新带动需求,以供给的变化带动需求的产生和变化。企业要获得竞争的优势,就必须开发出其他企业所没有的核心技术与能力,而且还必须进行持续的投资以进一步改良和完善这一技术,以适应生产与市场的要求。

2. 市场导向型

从市场需求出发进行新产品开发,即通过市场调查来了解市场需要什么样的新产品,然后对其作为商品来说在生产技术、价格、性能等方面的特性进行研究,进而再通过该新产品商品化后的销售预测来决定是否开发。市场导向型产品是以"市场—研发—生产—市场"的模式出现的,即把市场需求作为各项工作的基础。

五、新产品开发程序

新产品开发,一方面是企业生存和发展所必需的;另一方面它又是一种风险较大的投资。企业对于动态的、不确定的市场环境不易把握是风险产生的重要因素。许多新的影响因素也增加新产品开发的风险。另外,社会的压力和观念的转变,新产品开发周期的延长和产品生命周期的缩短,以及通货膨胀和风险的承担,都使新产品开发的难度进一步增加。

企业在开发新产品过程中,面对这种进退两难的境地,如果为避免风险而完全放弃开发新产品,可能会导致更大的损失。因此,企业应采取的政策是,在开发新产品过程中慎重从事,在力图将风险降至最低程度的同时,开发适销对路的产品。为此,按照一套科学程序来进行此项工作是很有必要的。

由于产品及其选用的开发方式不同,开发程序也不尽相同。下面就新产品开发的一般程序作一介绍。新产品开发的程序一般包括:创意、筛选、产品概念形成和检验、经营分析、产品发展、试销和商业性投产等七个阶段。

1. 创意

每一种新产品都始于创意,虽然并非每种创意都会变成产品,但是从众多的创意中总是可以比较容易挑选出可行的几个。因此,创意在新产品开发过程中居于极为重要的地位。创意来源于各个方面。

2. 筛选

收集到足够的创意之后,就要对这些创意进行评估,研究其可行性,选择出可行性较高的创意,这就是筛选。由于并不是所有的创意都可付诸实施,也并不是所有的创意都能符合企业的目标,所以,对所形成的新产品创意进行筛选是必需的。筛选的目的就是要淘汰那些不可行或可行性低的创意,使企业有限的资源能用于若干种成功率较高的创意,从而提高企业的经济效益。创意筛选过程如图3-4所示。

3. 产品概念形成和检验

这个阶段就是要把产品创意变成一个具体的建议方案,进行生产可行性分析和接受市场检验。产品概念形成的涵义就是将产品创意转换成具体目标顾客的产品效益和印象。产品概念可以用文字图形或模型表示出来,以便征询消费者的意见和建议。

当产品概念形成后,即可进行概念的检验。通常采用的形式是邀请各类消费者组成小组讨论和评价产品概念,并根据他们反映的意见和提出的问题,与相似产品的属性进行比较,以便得出正确的结论。

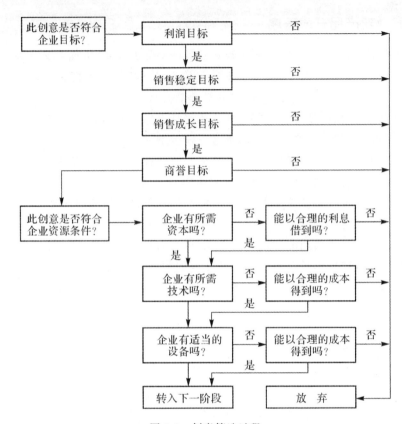

图 3-4　创意筛选过程

4.经营分析

这一阶段的目的就是建立一个新产品在某一段时间内成本、销售量与利润的模式。经营分析实际上应贯穿于新产品开发的全过程。随着有关产品和市场新信息的获得,企业要适时修改未来的销售量、成本和利润的模式。

在新产品开发的早期阶段就应估计其市场潜力和市场占有率。随着产品概念和目标顾客愈来愈明确,新产品的市场前景就会越清晰。如果新产品是取代老产品进行销售的,那么开始时可以以老产品的销售水平及其重复购买的程度来进行估计。

5.产品发展

新产品经过经营分析,如果判断是有前途的产品,那么就要将这个产品创意进一步转变为可以进行生产的实体样品。这个阶段的工作分为两部分:一方面由工程部门来进行工程分析,其内容主要包括外形设计分析、材料与加工分析、价值分析等;另一方面由销售部门来进行消费者偏好分析,包括包装设计、厂牌设计、商标设计和产品颜色的研究等。这两方面的活动,统称为产品发展。产品发展主要是进行综合工程制造,并取得实验结果。它是对产品创意加以修改,使其更加适合生产制造和市场需要的过程。

如果新产品经过发展阶段被保留下来,生产就可以开始了。可以先生产足够数量的试销产品,也可以越过市场试销阶段直接投放市场。

6.试销

产品发展之后,一般都先行选择一个较小的市场,做一次或一次以上的试销,试销的结果可作为是否全面上市的参考。

试销的目的在于将新产品及与其有关的营销策略首次付诸实施,以观察顾客的反应。因此,试销工作是产品大量上市前的一项实验,其成败对日后该种产品的命运有决定性的关系(图 3-5)。按常理,试销结果如果好,则该种产品应全面上市;如果试销结果不佳,则企业有多种策略可采用。例如,可以停止上市,也可以重新试销或再度修改产品;如果试销结果不明确,则可再次试销,直至结果明显为止。

有些企业为了减少新产品开发费用和超越、战胜竞争对手,采用了加速新产品开发,跃过试销阶段的策略,把力量集中用于产品概念和用途试验阶段,并用电子计算机模拟概念形成和产品试验资料,预测销售趋势。

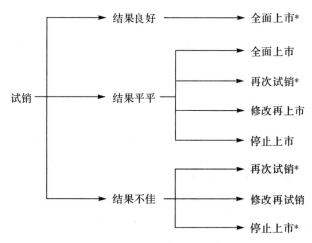

图 3-5　试销结果与可能策略

(注:＊为最佳策略)

7. 商业性投产

这是新产品开发的最后一个阶段。

新产品正式投产需要大量的投资。企业应根据预测的销售量来决定新产品的生产方式、生产规模以及一次建成还是分期建设。在新产品如何投入市场的问题上,企业还要在以下三个方面作出决策。

(1)新产品投入时间

用新产品接替老产品时,新产品投放市场的时间应适当,不能太早,也不能过晚。

(2)新产品投入地区

通常应先在主要地区的市场投放,以便占有市场,取得立足点,然后扩大到其他地区。

(3)销售对象的选择

为了尽快提高新产品的销售量,企业应以下列潜在消费者作为销售对象:最先使用者、大量购买者、能影响别人购买的带头人,以及对价格敏感的购买者。

第三节　并行工程

面向产品的全生命周期的设计是一种在设计阶段就预见到产品的整个生命周期的设计,是具备高度预见性和预防性的设计。正是基于这种预见性,现代产品设计才能做到"运筹于帷幄之中,决胜于千里之外"。使产品设计具备高度预见性和预防性的技术就称作"并行设计"或"并行工程"。

一、并行工程的定义和特点

并行工程实质就是集成地、并行地设计产品及其零部件和相关各种过程的一种系统方法。这种方法要求产品开发人员与其他人员共同工作,在设计一开始就考虑产品整个生命周期中从概念形成到产品报废处理的所有因素,包括质量、成本、进度计划和顾客的要求。

从上述定义可以看出,并行工程具有如下特点。

1. 强调团队工作

一个人不可能同时精通产品从设计到售后服务各方面的知识,也不可能掌握各方面的最新情报。因此,必须将产品寿命循环各个方面的专家,甚至包括潜在的顾客集中起来,形成专门的工作小组,大家共同工作,随时对设计出的产品和零件从各方面进行审查,力求使设计出的产品便于加工、装配、维修、运送,外观美、成本低且易于使用。在设计过程中,要定期组织讨论,大家都畅所欲言,对设计可以"横加挑剔",帮助设计人员得出最佳化设计。团队工作方式可以采取定期碰头的方式,或由设计人员单独向某方面的专家咨询。设计人员还可通过网络向各方面专家咨询,专家们亦可通过网络随时调出设计结果进行审查和讨论。

2.强调设计过程的并行性

并行性有两方面的含义:其一是在设计过程中通过专家把关同时考虑产品寿命循环的各个方面;其二是在设计阶段可同时进行工艺(包括加工工艺、装配工艺和检验工艺)过程设计,并对工艺设计的结果进行计算机仿真,直至用快速原型法产生出产品的样件(图 3-6)。

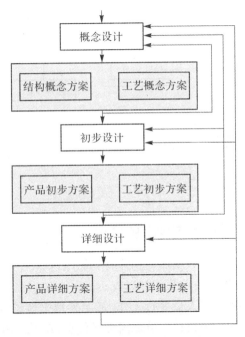

图 3-6　并行设计过程

3.强调设计过程的系统性

设计、制造、管理等过程不再是一个个相互独立的单元,而要将它们纳入一个整体的系统来考虑,设计过程不仅要生成图纸和其他设计资料,还要进行质量控制、成本核算以及产生进度计划等。这种工作方式是对传统管理机构的一种挑战。

4.强调设计过程的快速反馈

并行工程强调对设计结果及时进行审查,并及时反馈给设计人员。这样可以大大缩短设计时间,还可以保证将错误消灭在"萌芽"状态。并行工程的组成及信息流如图 3-7 所示,图中未画出计算机、数据库和网络,但它们都是并行工程必不可少的支撑环境。

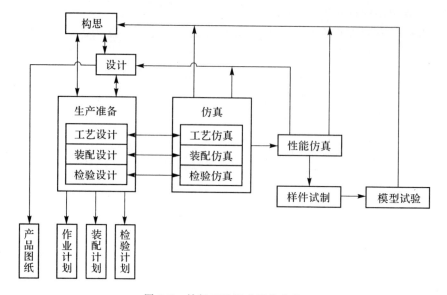

图 3-7 并行工程组成及信息流

二、并行工程在技术支撑上的要求

第一,一个完整的公共数据库,它必须集成并行设计所需要的诸方面的知识、信息和数据,并且以统一的形式加以表达。

第二,一个支持各方面人员并行工作、甚至异地工作的计算机网络系统,它可以实时、在线地在各个设计人员之间沟通信息、发现并调解冲突。

第三,一套切合实际的计算机仿真模型和软件,它可以由一个设计方案预测、推断产品的制造及使用过程,发现所隐藏的问题。此问题是实施并行工程的"瓶颈"。

三、并行工程的效益

并行工程的效益主要有:①缩短产品投放市场的时间;②降低成本。可从三个方面降低成本:一是可以将错误限制在设计阶段;二是强调"一次达到目的";三是由于在设计时就考虑到生产过程中的各种因素,产品在上市前的费用就会降低,上市后的运营费用也会降低。③提高质量。并行工程能够缩短产品制造时间,有利于产品质量管理,发现问题及时处理,保证了功能的实用性,更好地贴近顾客。④增强市场竞争能力。由于并行工程可以较快地推出适销对路的产品并投放市场,提高了企业的生产柔性,因而企业的市场竞争能力将会得到加强。

第四节　工艺过程设计

工艺过程是劳动者按照产品设计图纸,利用劳动工具对各种原材料、半成品进行加工或处理,使之成为产成品的生产运营程序和方法的总体安排。

一、工艺过程设计的要求

工艺过程是工艺路线和工艺方法的总和。前者解决原材料、半成品按照什么路线、经过哪些工序转变为产成品的问题;后者解决用什么生产运营手段和操作方法实现各工序的功能的问题。因此,工艺过程作为成品加工制作的总纲,原则上决定了生产运营的路线和所用方法及设备。

1. 工艺过程设计原则

(1)优先采用先进的工艺。采用先进的工艺,有利于保证产品质量,提高生产运营效率,降低原材料消耗,提高经济效益,而且对保护生态环境也有重要意义。

(2)从企业实际情况出发。工艺过程设计要把确保产品质量符合要求及产品成本最低作为一个重要原则,既要考虑企业当前生产运营的实际情况,充分利用企业现有资源和技术力量,又要考虑企业今后的发展,为采用先进的工艺过程创造条件。

(3)控制工艺路线倒流。工艺路线不合理,特别是工艺路线倒流,不仅会增加搬运费用,而且会大大增加生产运营过程的复杂性,应该尽量减少或消除。

(4)突出经济性。工艺过程在满足产品生产运营的数量、质量要求基础上,必须认真进行工艺过程的经济性分析,以努力提高经济效益。

(5)注意人-机协调。利用人机工程学进行分析,使工艺过程满足人-机关系最佳协调的要求,保证工人安全、工作舒适,减少人-机不协调而出现的时间浪费和质量问题,降低成本。人-机协调包括很多方面,如操作时尽量利用脚、动作应连续并符合人的习惯等等。

2. 工艺过程设计的程序

工艺过程设计可分成以下几个环节来进行。

(1)产品分析。从产品的装配图入手,明确产品的零部件组成及其相互关系,明确零部件何时、何地、以何种方式结合到整个产品中去。与此同时要做好工艺性分析与审查工作,对零部件几何形状是否合理、加工是否方便、精度是否合适、所用材料能否替代、能否改用标准件或通用件等方面认真考虑,并在此基础上对产品设计进行修改。

(2)各个零部件工艺方法的拟定。根据零部件的产量和产品设计中规定的尺寸、公差、材料等具体要求,选择拟采用的工艺方法。

(3)零部件自行生产运营分析。对本企业的生产运营能力进行调查分析,明确有哪些零部件目前尚不具备生产运营条件或生产运营成本过高,比较本企业创造条件自行生产运营和外协、外购供应的经济性及其他方面影响,正确决定自行生产哪些零部件,通过外协、外购途径解决哪些零部件。

(4)各个零部件工艺路线的拟定。分析零部件的不同工艺路线并进行优化选择,将有关工作归结为工序。

(5)工序设计。规定工序的加工对象、所用设备名称及型号、工艺装备、加工质量要求、工时定额、所包括的工作内容及操作程序、注意事项等。工序设计的结果是形成工序卡和工艺守则。

(6)工艺过程分析。考虑进行产品生产运营的所有活动,包括从准备原材料开始到加工完成进行装配整个过程的全部工作。因工艺过程分析中可借助网络计划技术或计算机辅助设计来确定产品工艺路线,适当安排各工序的先后顺序。

(7)工艺过程的优化。对工艺过程进行系统评价,考虑企业具体条件的影响,应用正交试验、价值工程等方法进一步修改和完善工艺过程。在此基础上可编制工艺规程。工艺规程是指导工人操作的技术文件,也是生产运营过程组织的主要技术依据,包括过程卡、工艺卡和工序卡。

二、工艺准备工作

工艺准备工作的任务是如何制造产品。任何产品设计方案的执行,都必须经过工艺准备过程,工艺准备是保证产品设计阶段所规定的各项要求得以实现的一个主要准备阶段。

在生产技术准备工作中,工艺准备工作占很大比重。从设计产品的试制到正式投产,都需要解决一系列生产工艺问题。通过工艺准备,完成对产品设计图纸的工艺分析和审查,拟定工艺方案,制定工艺规程,设计并制造工艺装备,确定产品质量控制等任务。这些工作的内容将直接影响产品质量、劳动生产率、资源消耗、流动资金占用量和产品成本,以及安全生产、环境保护等方面指标的水平。

1. 产品图纸的工艺分析和审查

产品图纸是指导产品加工和装配的依据,因此,在设计过程中,要考虑生产过程中的工艺性。但是,由于分工和专业知识的局限,产品图纸还必须由工艺人员进行工艺性分析和审查,其目的是按工艺要求、企业设备能力、协作关系等来审查产品结构的合理性和经济的可行性,并尽可能利用本企业的生产工艺条件,完成制造任务。

工艺分析和审查的主要内容有:图纸标示的精度及技术要求的经济合理性;加工件、装配件的结构形状的工艺可行性及结构继承性;工艺基准面的选择;结构的标准化和规格化程度;材料的加工性和经济性;生产设备和运输工具可否适应加工、装配及运输的需要;现有工具和标准工具可否利用。

工艺性审查工作要与设计人员和生产人员密切配合,工艺难题需共同研究解决。为了使设计图纸具有良好的工艺性,工艺性审查工作应随同设计工作进行。未经工艺审查的图纸不得制作和使用。

2. 工艺方案的制订

工艺方案是工艺准备工作的纲领性文件,它规定了全部工艺工作应遵循的基本原则以及产品试制中的技术关键和解决方法。

工艺方案的主要内容有:规定设计产品试制及过渡到批量生产或大量生产的质量标准;规定工艺规程的编制原则及形式等;制定关键性工艺的解决方案,选定试验研究的课题;规定工艺装备的设计原则和工艺装备系数;确定生产组织形式和工艺路线;分析工艺方案的经济效益;估计工艺装备工作量,规定工艺工作计划。

工艺方案的编制依据主要有两个,一是产品设计工作的类型和产品性质。二是正式投产所规定的生产特点、生产规模、生产类型等。工艺方案的编制,要在工艺负责人领导下,拟定若干初步方案,并组织有关人员进行会审,经过对工艺方案的技术分析、审定、择优后,报总工程师批准执行。

三、工艺方案的经济效益分析

工艺方案的经济效益分析的目的在于选择最优工艺方案。比较工艺方案优劣,大致可分为两阶段进行。第一阶段是对各工艺方案进行技术经济指标

分析,它是从各个侧面考察工艺方案的优劣;第二阶段是对各工艺方案的工艺成本进行分析,它是从综合、整体的角度判断工艺方案的优劣。

四、工艺文件编制

工艺文件主要包括:工艺规程、检验规范、工艺装备图纸、劳动定额表、原材料消耗定额表等。对大批量生产类型的产品,还需有设备平面布置设计、运输方案设计以及劳动组织和工作地布置设计等所有工艺过程有关的设计、计算。它是企业计划、生产、质量、供应等管理工作的重要技术依据。工艺文件中最主要的是工艺规程,它是指导制造过程和工人操作的技术规定。工艺规程有四种主要形式。

1. 工艺过程卡(工艺路线卡片)

它是规定加工对象在生产过程中的路线及有关工艺技术的概略性卡片。在工艺过程卡片中,按零件加工顺序编制车间、工序名称、加工方法、使用的设备、工装以及工时定额等内容。

2. 工艺卡片

它是按加工对象所经过的每一工艺阶段编制的较详细的工艺路线卡片。工艺阶段一般是以车间为单位。在工艺卡片中要按顺序列出各道工序及工序内各操作所使用的设备、工艺装备和加工规范等。如表 3-2 是一家企业的注塑工艺卡。它是车间组织生产和工人操作的技术依据。

表 3-2　注塑工艺卡

年　　月　　日　　　　　　　　　　　　　　　　卡编号:

规格及名称	机台编号		开腔个数		产品重量		理论班产量(12 小时)		
注射	压力	速度	时间	终止位置	中子	压力	速度	时间	终止位置
一					中子 A 进				
二					中子 A 退				
保压	压力	速度	时间	终止位置	温度	设定温度		实际温度	
一					一段				
二					二段				
关开模	压力	速度	终止位置		三段				
关模块					四段				

续表

关模低			托模	压力	速度	位置	
关模高			托模进				
开模一			托模退				
开模块			储前冷却时间				
开模二			冷却计时				
储料	压力	速度	终止位置	全程计时			
储料一				编制人	时 间	审批人	时 间
储料二							

3. 工序卡片(操作卡片)

它是以加工对象的每一道加工工序为单位编制的更详尽的工艺规定。在工艺卡片中,规定一道工序的每一个操作的加工草图、工步、走刀、操作方法、技术要求、注意事项等。它具体地指导操作工人在一道工序内的加工活动。

4. 工艺守则(操作规程)

它规定了操作的要领和基本注意事项。一般是根据同类工艺操作制订,不受工厂具体生产条件限制。对重要的和关键的工序都应制订工艺手则。

企业应根据生产类型制定工艺规程。单件小批生产及产品试制,除个别关键零件外,只需采用工艺过程卡的形式;单件小批生产的重要零件和成批生产的全部零件,都需编制工艺卡片;大量生产的全部或绝大部分零件,都要编制工序卡片。

第五节 服务计划

服务型生产又称非制造性生产,其基本特征是不制造有形产品,但有时为实现服务而必须提供有形产品。有效的服务计划需要拥有对市场营销、人力资源管理以及运营的充分了解。

一、服务计划与产品计划的差别

1. 服务过程具有较大的不确定性

大多数服务无法像有形产品那样实现标准化,每次服务带给顾客的效用、顾客感知的服务质量都可能存在不确定性,即使同一服务人员提供的服务在

质量上也可能会有差异。由于顾客的因素,也直接影响服务的质量和效果。由于服务人员与顾客间相互作用的原因,在服务的不同次数的购买和消费过程中,即使是同一服务人员向同一顾客提供的服务也可能会存在差异。

2.服务不具有非常明确的特性

有形的工业品或消费品在从生产、流通到最终消费的过程中,往往要经过一系列的中间环节,生产和消费过程具有一定的时间间隔。而服务则与之不同,它具有不可分离性的特点,即服务的生产过程与消费过程同时进行,也就是说服务人员向顾客提供服务时,也正是顾客消费服务的时刻,二者在时间上不可分离。服务的这一特性表明,顾客只有而且必须加入到服务的生产过程才能最终消费到服务。

3.服务强调服务者的公关能力

在购买服务之前,大多数服务都非常抽象,很难描述,顾客一般不能确定他能得到什么样的服务。在接受服务后顾客通常很难察觉或立即感受到服务的利益,也难以对服务的质量作出客观的评价。

4.选择服务等于选择提供服务的具体方法

产品是有形的,因而可以贮存,而且有较长的使用寿命;服务则无法贮存。理发、外科手术、酒店住宿、旅游、现场文艺晚会以及其他任何服务,都无法在某一年生产并贮存,然后在下一年进行销售或消费。

二、服务矩阵

以销售机会与顾客和服务者的接触度分别为纵坐标和横坐标,可形成服务体系矩阵图(图 3-8)。按照服务制造过程中和顾客接触的程度来分类,与顾客接触度高低不同的服务业,在作业上差异较大,从而对管理者的意义也各不相同。

从图 3-8 中可看出,与顾客接触度高的服务业作业管理同接触度低的服务业作业管理差别很大。对作业管理者而言,顾客接触度的高低往往影响到他们的各个不同层面的决策。在高接触度服务业中,顾客也会妨碍到需求时效,同时其服务系统在应付各种需求上,较难均衡其产能;高接触度服务业比较难以合理化,比如用技术取代人力;高接触度服务业比较难以控制,因为顾客往往成为服务过程中的一种投入,甚至会扰乱过程;高接触度服务业的工作人员,对顾客的服务印象有极大影响。

由图 3-8 可产生矩阵使用策略:①从左边来看,与顾客接触的机会越多,销售的机会越多,对工作者的公关能力要求越高;②从右边来看,与顾客接触

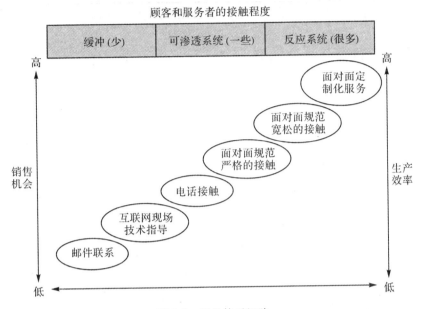

图 3-8　服务体系矩阵

的机会越少,生产效率越高,越容易实现标准化服务。

　　在进行服务系统设计时,企业应认真倾听顾客的意见。事实上,由于许多服务与日常生活密切相关,使得顾客有机会经常参与服务实践,从而对许多服务产品的属性有较深刻的把握,对服务过程中的每个细节也比较熟悉。因此,顾客在服务过程中的角色,既是顾客,也是专家;而顾客的想法也已经将两方面的思想很好地融合在一起——不仅反映了顾客的意见,也代表了专业人员的观点。

三、服务业的类型

　　根据顾客的接触程度以及劳动的密集性程度对服务业的类型进行划分,Roger W. Schmenner 于 1986 年提出了一个服务流程矩阵(图 3-9),将服务型企业划分成四大类。

　　(1)服务工厂(service factory):这类服务的资金投入较多,因而劳动密集性程度低,顾客接触和顾客化服务的程度也低,航空公司、运输业、饭店、休假地等属于这类服务。

　　(2)服务车间(service shop):当顾客的接触程度增加时,服务工厂变成了服务车间(相当于多品种小批量生产的车间),如医院和各种修理业。

59

		顾客接触程度	
		低	高
劳动密集性程度	低	服务工厂 • 航空公司 • 运输公司 • 饭店 • 健康娱乐中心	服务车间 • 医院 • 汽车修理 • 其他修理业
	高	大量服务 • 零售 • 批发 • 学校 • 商业银行的分店	专业型服务 • 医生 • 律师 • 会计师 • 建筑设计师

图 3-9　服务流程矩阵

（3）大量服务（mass service）：劳动密集性程度较高，顾客化服务程度较低，如学校、批发、零售业等。

（4）专业型服务（professional service）：当顾客接触程度提高时，大量服务就变成了专业型服务，如医生、律师、咨询专家等都是针对不同的顾客提供完全不同内容的服务。

由于服务业员工需要与顾客接触，因此服务业员工必须对顾客热情、有礼貌，还要有较好的人际交往技能。对于矩阵中服务车间和服务工厂的服务业，由于不需要专门技能，服务企业能够自己培训员工。对处于服务工厂中的企业，由于服务的复杂程度和顾客化程度都低，可以开发一种标准的工作程序，使每个员工都能可靠地、始终一致地工作，即使员工更换，也能保证服务质量。在服务车间中服务的员工需要有较广泛的技能，并能对顾客的指示作出灵活的响应。而对于专业型服务中服务的员工，则需要接受来自企业外的专门训练；解决问题和提供劝告是他们服务中的重要组成部分，因此需要员工要有好的悟性和诊断能力。对于大量服务中的活动，一般需要较大的投资购买设施和设备，并需要对员工作专门训练。

四、顾客的参与

1. 顾客参与的影响

（1）顾客参与影响服务运营实现标准化，从而影响服务效率。顾客直接与服务员工接触，会对服务人员提出各种各样的要求和发出各种各样的指示，使得服务人员不能按预定的程序工作,从而影响服务的效率。同时,顾客的口味各异也使得服务时间难以预计,导致所需服务人员的数量难以确定。

(2)为使顾客感到舒适、方便和愉快,也会造成服务能力的浪费。为了满足顾客某种需求,会导致时间不可控。使顾客感到舒适和有趣的代价是损失了服务人员的时间。

(3)对服务质量的感觉是主要的。纯服务是无形的,难以获得客观的质量评价。服务质量与顾客的感觉有关。某些顾客如果感到自己不受重视或者某些要求不能得到及时的回答,就会感到不满,尽管他们所得到的纯服务与其他顾客一样多,也会认为服务质量差。

(4)顾客参与的程度越深,对效率的影响越大。不同的服务,顾客参与的程度不同。邮政服务中,顾客的参与程度低;饭馆中,顾客参与程度较高;咨询服务中,顾客参与程度更高。顾客参与程度不同,对服务运营的影响就不同。表3-3 列出顾客参与对生产运营活动的影响。

表 3-3 对参与程度不同的系统的主要设计考虑

生产活动	顾客参与程度高的系统	顾客参与程度低的系统
选址	生产运营必须靠近顾客	生产运营尽可能靠近供应商,选择便于运输或劳动力易获的地方
设施布置	设施必须满足顾客的体力和精神需要	设施应该提高生产率
产品设计	环境和实体产品决定了服务的性质	顾客不在服务环境中,产品可规定较少的属性
工艺设计	生产阶段对顾客有直接的影响	顾客并不参与主要的加工过程
编作业计划	顾客参与作业计划	顾客主要关心完工时间
生产计划	存货不可存储,均衡生产导致生意损失	晚交货和生产均衡都是可能的
工人的技能	第一线的工人组成服务的主要部分,要求他们能很好地与公众交往	第一线工人只需要技术技能
质量控制	质量标准在公众的眼中是易变的	质量标准一般是可测量的、固定的
时间定额标准	服务时间取决于顾客需求,时间定额标准松	时间定额标准紧
工资	可变的产出要求计时工资	固定的产出允许计件工资
能力计划	为避免销售缺货,能力按尖峰考虑	通过库存调节,可使能力处于平均水平
预测	预测是短期的、时间导向的	预测是长期的、产量导向的

2.减少顾客参与影响的方法

顾客接触程度高低将影响服务机构的效率,作为服务机构要注意接触程度的区别,采取有效的措施减少不利于组织的影响。表3-4是银行中高度接触与低度接触系统的主要差别。由于顾客参与对服务运营的效率造成不利的影响,就要设法减少这种影响。有各种方法使服务运营在提高效率的同时也能提高顾客的满意度。

（1）通过服务标准化减少服务品种。顾客需求的多样性会造成服务品种无限多,服务品种增加会降低效率,服务标准化能以有限的服务满足不同的需求。饭馆里的菜单或快餐店食品都是标准化的例子。

表 3-4　银行中高度接触与低度接触系统的主要差别

设计决策	高度接触系统（分支机构）	低度接触系统（检查中心）
设施位置	必须在顾客近处运营	可在接近供应、运输或劳力的地方运营
设施布局	服务设施应该满足顾客的生理、精神需求以及顾客期望	服务设施应把着眼点放在生产效率上
产品设计	环境及有形产品决定了服务的性质	顾客不在服务环境中,这样的产品由较少的因素决定
流程设计	顾客对生产过程的各个阶段具有直接而迅速的影响	顾客没有介入流程的主要部分
排程	在排程中必须考虑顾客的影响	顾客关心的主要是完成时间
生产计划	订单不可存储,均衡生产将导致经营亏损	储备充足及生产流畅是可能达到的
工人技能	直接的劳动者组成了服务生产的主要部分,因此必须与公众有良好的交流	直接劳动者仅仅需要技能
质量控制	质量标准常常是由顾客掌握的,因此会发生变化	质量标准一般是可以测量的,因此是固定的
时间标准	服务时间依赖于顾客的需求,因此时间标准是宽松的	工作是在顾客的替代物上进行的（例如表格）,这样,时间标准是相对固定的
工资支付	变化的输出要求基于时间的工资体制	固定的产出允许基于产量的工资体制
服务能力计划	为了避免服务跟不上,必须根据高峰时的需求制定服务能力	适当储存以使服务能力保持在平均需求水平上

（2）通过自动化减少同顾客的接触。有的服务业通过操作自动化限制同顾客的接触，如银行使用自动柜员机，商店的自动售货机。这种方法不仅降低了劳动力成本，而且限制了顾客的参与。

（3）将部分操作与顾客分离。提高效率的一个常用策略是将顾客不需要接触的那部分操作同顾客分离。如在酒店，服务员在顾客不在时才清扫房间。这样做不仅避免打扰顾客，而且可以减少顾客的干扰，提高清扫的效率。另一种方法是设置前台和后台，前台直接与顾客打交道，后台专门从事生产运营，不与顾客直接接触。前台服务设计可以建在交通方便、市面繁华的地点，这样可以吸引更多的顾客，是顾客导向。相反，后台设施可以集中建在地价便宜的较为偏僻的地点，设置一定量库存。纯服务是不能库存的。但很多一般服务还是可以通过库存来调节生产活动，例如批发和零售服务，都可以通过库存来调节。

五、提高服务效率的服务系统策略

制定服务系统策略首先要确定运营的核心（优先考虑的部分），这些核心就是服务企业竞争的焦点，友好地对待顾客并为他们提供帮助。服务的速度和质量、服务的价格和服务的可变性都需要加以考虑。一般有以下三种策略。

1. 标准化服务策略

此策略通过提供标准化服务来限制顾客的选择范围，降低顾客提出特殊要求的可能性，从而提高服务过程的效率。如标准化的快餐店，专业医院的门诊等。

2. 技术内核分离策略

技术内核分离就是技术内核保持相对独立运行，一般较少与顾客接触。此策略在宾馆、银行和连锁店运用较多。宾馆划分前台和后台，前台与顾客接触较多，倾向于提供友好、舒适的环境，如旅客登记、行李搬运等；后台主要是设施维护、物品采购、用品清洗消毒等。

3. 服务人员替代策略

可采用自动化服务策略，用以替代人工服务。如银行里自动取款机、宾馆里的自助餐等。

本章小结

产品计划，是指对企业应当生产和提供什么产品进行定义的活动。它是

一个不断深化的循环过程。产品计划的影响因素有多种。除企业战略外,产品计划还应认真考虑市场需求等影响因素。

产品生命周期是一切工业产品从完成试制到投放市场,到最后被淘汰退出市场,所要经历的类似人类生命模式的周期规律,一般包括:投入期、成长期、成熟期、衰退期四个阶段。

新产品开发的方式主要有下列四种:①独立开发方式;②科技协作开发方式;③技术引进方式;④自行研制与技术引进相结合方式。

新产品开发的程序一般包括:创意、筛选、产品概念形成和检验、经营分析、产品发展、试销和商业性投产等七个阶段。

并行工程实质就是集成地、并行地设计产品及其零部件和相关各种过程的一种系统方法。具有如下特点:①强调团队工作、团队精神和工作方式;②强调设计过程的并行性;③强调设计过程的系统性;④强调设计过程的快速反馈。

工艺过程设计要注重原则,工艺过程设计要按一定的程序进行。

服务计划与产品计划有一定的差别。利用服务矩阵可以提高服务的有效性。要注意顾客参与对生产运营活动的影响。提高服务效率的服务系统设计策略有三种。

案例分析:王星记"扇"变

2013年3月里的小雨淅淅沥沥,下个不停。杭州市长板巷的尽头,王星记创业产业园内,董事长孙亚青起身送走法国知名化妆品牌巴黎欧莱雅的客人。楼下车间里,制扇师傅正在为另一个法国大牌迪奥订单打样。

长长的办公桌上,静卧着一方白底黑字书有"禅荷影思"的雅致木礼盒。《禅荷影思》是去年风靡一时的平遥国际摄影大展获奖画册、首部微博创意图文书。孙亚青告诉记者,王星记和出版方合作订制了这样的礼盒。打开来看,一把扇子绘着浓彩重墨的荷花,和精美的影像集一道静静地诠释着生活之禅。案头,一副考究的乌漆扇架上摆着上下两把线条简洁的孔雀扇,这是王星记和浙江工业大学工业设计研究所的智慧结晶。这个灵感来自孔雀开屏的设计,去年获得"中国优秀工业设计奖"。

一、时尚、新潮、现代

138岁的王星记,处处透着新意。

老产品有新扇粉。扇粉是王星记的粉丝们给自己的"昵称"。3月7号,扇粉"姜花那么肥"在百度贴吧和新浪微博发起征集帖,向王星记团购500把订制的刻花团扇。召集令一呼百应,发出后的第二天上午,已有超过450位扇粉报名参团,王星记官方微博即刻和粉丝互动,赶制了一批特订的刻花团扇由天猫商城发往全国各地。

"姜花那么肥"表示,这把偶遇之后勾起她团购欲望的刻花团扇,和以往所见都有所不同,"扇面形状趋于椭圆,刻花和用色也比较大胆和现代",她在召集令中形容为"很萌很萌"。由于王星记天猫商城店可售的同款扇子印有上海世博 logo,不符合"姜花那么肥"追求的个性化,她思来想去,发起"这辈子第一次团购",把热爱"沉淀物"的人召集起来,向王星记买扇。这把既非名贵材料制作、也没有名家大师题字的团扇,冲破传统与岁月的隔阂,迅速虏获众多80后、90后。

二、老字号有新设计

"老派"的王星记能如此吸引年轻人,孙亚青并不感到意外。今天的王星记,扇已非扇。它可以是名人书画、精工细雕的艺术雅集,也可以是与杭派女装相映成趣的时尚搭配,更可以是风雅先生手上养身养心的把玩之物。

"情人节送巧克力,几年之后或许就想不起当时的味道;何不换成王星记的情侣扇,将那份美好凝固下来?"孙亚青告诉记者,这几年王星记就在不停地做一件事:在设计上下功夫,从传统文化挖掘新元素,从新时尚里延展扇文化。王星记的情侣扇,正是讨好了年轻人的信物情结;而婚庆扇,依据的是老底子的风俗"新娘子,扇扇子,荣华富贵一辈子",在其中融入现代设计后大受市场欢迎。

"要对市场主动出击,王星记就不能倚老卖老。"孙亚青说。

2008 年开始,王星记在全国范围内开展扇子设计大奖赛。"不断创新才能持续发展。合作的院校提供了不少新元素,信息多、变化快,产量提升。"孙亚青告诉记者,她希望传统手工艺与现代工业设计能发生更深层次的碰撞,比如新型材料的运用、功能上的拓宽等。

浙江工业大学工业设计研究所与王星记的深度合作从 2011 年开始。年轻的朱昱宁老师和他的团队提出把扇子作为一种文化的载体去卖,分为高端和普通礼品两类,然后根据不同的文化主题进行全方位的策划和设计。"我们的团队通常用一周进行文案调研,再用一周画草图和效果图,然后是和厂方交流、修改、打样,同时进行推广、包装、策划。每一个文化主题,都会设计一整套的礼品,连扇架、包装盒、吊坠等配套环节都会一一折射主题设计的印记。"朱昱宁说。

现代工业设计理念给素来强调"工"的王星记带来一阵新风。朱昱宁团队最近研发成功的扇面图案智能化辅助设计系统,令新产品上市速度不断加快。

三、越民族越世界

越民族,越世界。孙亚青说,王星记要做扇子世界中的大牌。

王星记正式和国际品牌牵手是 2011 年。其时,要从诸多竞争者中赢得迪奥青睐,有人提议,"要么适当降低报价?"孙亚青反问:"为什么?难道我们有什么问题?"最终,尽管报价最高,迪奥最终还是选择了时尚与内涵兼具的王星记,订制 10 万把扇子以配合当时新推出的女士系列香水。合作之初,有人发憷那一叠厚厚的合同"太多要求,难保万一"。孙亚青不允许退缩:"我们等的就是这样的机会。"她将机会描述为"就像一把梭子,两头尖、中间大,刚来时会有刺痛,它要走时却是飞快"。

截至目前,圣罗兰、迪奥等多家国际大牌都用上了王星记的扇子。巴黎欧莱雅也特地赶来杭州洽谈合作事宜。"大牌卖的是文化、是理念、是故事,塑造品牌、培育消费者,策划是重点。"被孙亚青请到公司的国际文化创意产业大师、英国经济学家约翰·霍金斯一语点金,"和一般企业比,老字号的文化底蕴是无尽的宝藏,王星记完全可以走得更远。"孙亚青深以为然。2012 年,王星记举办了中国首届扇艺节,挖掘各地扇文化,让更多人了解、懂得继而欣赏。

从 12 年前的负资产到今天固定资产数千万元、年销售额 2300 多万元,藏品更是价值连城的新王星记,面对更大的市场却选择开始做减法,走量的外单逐渐减少。"今后要越做越精。机会给你了,跑得太快也会摔。"孙亚青说。时至今日,王星记扇子仍坚持手工制作,最繁琐的黑纸扇88道工序全部由师傅们合作完成。

展开手边一把扇子,孙亚青伸出手指在扇柄和扇骨上快速来回滑动:"你看,它是多么光滑、细腻,你甚至能感受到师傅们制作时的温度。"孙亚青坚信,这些有灵魂、能承载记忆的有生命力的活的艺术品,一定会在市场上绽放日益稀缺的高附加值。

(吴妙丽、姚珏:《浙江日报》,2013-03-29)

问题:1. 王星记是如何进行产品创新的?

2. 为什么王星记目前还是坚持手工制作?

复习与讨论题

1. 说明新产品的含义和特点。
2. 试述产品生命周期各阶段的市场特征。
3. 可供企业选择的新产品开发方式有哪些？
4. 新产品开发的程序是什么？
5. 如何对新产品开发方案进行评价？
6. 工艺设计的程序。
7. 你是如何认识服务体系矩阵的？
8. 减少顾客参与影响的方法有哪些？

第四章 生产运营能力决策

学习目标

➤理解生产运营能力的定义

➤掌握生产运营能力的计算

➤了解学习曲线的基本原理

➤熟悉生产运营能力的策略

引例：新飞冰箱

研究机构中怡康 2011 年数据显示,新飞市场份额已跌出国内品牌前五位;奥维咨询研究报告称,2012 年上半年新飞销量同比下降达 37%;而来自新飞内部的消息指出,今年上半年新飞电器利润为－1.18 亿元,同比大幅下滑194.89%,其位于河南新乡的三个生产基地大部分生产线已经停产,其中产能达到 200 万台的新飞冰箱一部将关闭工厂。

对于号称拥有 1300 万台冰箱产能的新飞来说,随着政策红利退出,其市场规模已经萎缩到 300 万台以内,这意味着严重的产能过剩。而连续两年的亏损也让其无法改善员工工资,这也是此次新飞员工停工中提到 10 年没涨工资的重要原因。

新飞业绩节节下滑,丰隆集团仍在不断地进行新投资。入股后丰隆集团派驻的张冬贵为首的管理层为了改变新飞过于"乡土"的品牌形象,曾投入巨资赞助珠海赛车等很多项目,但是这并没有树立起与海尔、西门子对垒的高端品牌形象。随着其在三四级市场的渠道萎缩,新飞从昔日的全国性品牌成为仅仅在河南、河北、山东以及东北有一定影响的区域性品牌。与此同时,丰隆集团今年 6 月 6 日宣布,已从欧威尔的以色列母公司 ELCO 手中收购欧威尔亚洲 80% 的股份,耗资 2.4 亿元。与此同时,丰隆亚洲还将美国飞达仕空调品牌揽入怀中,而对新飞电器承诺的 4 亿元投资迟迟不能到位,这让新飞在冰箱行业的升级大战中处于落后者的局面。

由于冰箱行业正在向变频、多门等领域升级,海尔、美的、美菱、海信科龙等国内品牌都完成了高端冰箱生产线的布局,而新飞则依然在原地踏步。

（郎朗:《21世纪经济报道》,2012-10-12。原标题:新飞电器员工大面积停工要求涨薪 公司尚未回应）

生产运营能力是资源消耗投入行动所达到的最终结果,反映企业把资源转变为产品和服务的最大产出率或转变能力,企业的生产运营能力直接关系到企业的发展,如何进行科学决策又是衡量企业竞争力高低的表现。

第一节　生产运营能力

生产运营能力对企业竞争非常重要,企业的运营在很大程度上是基于生产运营能力作用的发挥。

一、生产运营能力及其影响因素

生产运营能力说明的是将人和设备结合起来的预期结果,通常是以单位时间的产出量来表示的;产出量的大小与企业的技术组织条件有关,并受到企业投入的资源的数量与质量制约。正确认识生产运营能力及其影响因素,有利于企业生产运营活动的顺利开展。

1. 生产运营能力的概念

生产运营能力是在一定的时期内和一定的组织技术条件下,一定的资源投入所能获取的最大产出量。因为生产运营能力本身就是资源消耗投入行动所达到的最终结果,因而它反映着一个企业把资源转变为产品和服务的最大产出率或转变能力,它使企业各种经营资源生产率的概念具体化。生产运营能力的测定与分析是测定生产运营计划的基本依据之一,生产运营能力的利用程度及效率的发挥是评价生产计划的主要标准,它决定着企业未来的经营成效。

2. 影响生产运营能力的因素

企业的生产能力大小受到多种因素的影响,如产品品种、产品结构的复杂程度、质量要求、零部件标准化、通用化水平;生产设备和生产面积的数量、生产率及有效利用率;企业生产专业化程度、工艺加工方法、生产组织方式和劳动组织形式;劳动者业务技术水平、劳动技能的熟练程度和劳动积极性;企业所能运用的物质资源的数量、企业的经营管理水平等。但起决定作用的主要

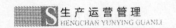
有以下三个因素。

(1)设备的数量。指企业在计划期内拥有的全部能够用于生产的设备数量。

(2)设备的工作时间。指按企业现行工作制度计算的设备全部有效工作时间。

(3)设备的生产效率。指单位设备的产量定额或单位产品的台时定额。

二、生产运营能力的种类

1. 按不同的用途分类

(1)设计能力

设计能力是指设计任务书和技术设计文件中所规定的生产运营能力。它是按照设计任务书中规定的产品方案和设计数据来确定的,是投入资源在充分利用和完善的技术组织条件下应达到的最大生产运营能力。这种能力是假定产品生产过程中所需要的劳动者和劳动对象,都能按规定的质量和数量得到充分保证的前提下,通过配备必要的固定资产而形成的。它是新建、改建和扩建后企业达到的最大生产能力。显然,这只是一种潜在的能力。

(2)查定能力

查定能力是按实际状况调查核定的生产运营能力。企业查定生产能力时,应以现有固定资产等条件为依据,并考虑到查定期内可能实现的各种技术组织措施或技术改造取得的效果。

(3)计划能力

计划能力是指计划期内实际可以达到的生产运营能力。它是企业在计划期内,充分考虑了现有的生产技术条件,并考虑到计划年度内能够实现的各种技术组织措施的效果来计算的。这种能力才是作为生产计划基础的现实的生产能力。

以上三种生产运营能力各有不同的用途。设计能力、查定能力是确定企业的生产规律,编制长期计划,确定扩建、改造方案和进行技术改造的依据;计划能力是编制企业年度(季度)计划的依据。

2. 按不同的投入分类

(1)人员生产运营能力。是指按人员有效工时计算的生产运营能力。

(2)设备生产运营能力。是指按设备有效台时计算的生产运营能力。

(3)面积生产运营能力。是指按有效作业面积计算的生产运营能力。

3. 按生产工艺分类

（1）工序生产运营能力。是按设备或设备承担某产品（零件）工序的加工能力。

（2）工艺阶段生产运营能力。是产品（零件）的工艺阶段各工序能力平衡后得出的生产运营能力。通常是以最小的或瓶颈工序能力计算的。

（3）产品生产运营能力。是产品各工艺阶段生产运营能力平衡后得出的生产运营能力。产品生产运营能力是综合生产运营能力，其制约因素较多，通常是按瓶颈工艺阶段能力计算的。

三、生产运营能力的计量单位

生产运营能力以实物指标作为计量单位，一般分为以下三种。

1. 以具体产品的实物单位为计量单位

如数量单位：件、个、台、辆、米、千瓦；重量单位：吨、公斤、克，等等。

2. 以代表产品作为计量单位

是从许多产品中选择一种在结构、工艺和劳动量构成上相似的产品作为代表，以代表产品计算生产运营能力。

3. 以假定产品作为计量单位

在产品品种较多，各产品结构、工艺和劳动量构成差别较大的情况下，用假定产品作为计量单位。假定产品是按各种产品计划产量比重构成的一种假想产品。

四、生产运营能力的计算方法

1. 单一品种产生条件下生产运营能力的计算方法

（1）单台设备生产运营能力的计算

单台设备生产运营能力（台、件）＝单台设备有效工时（小时）/单位产品台时定额（小时）

$$(4-1)$$

（2）设备组成生产运营能力的计算

设备组生产运营能力（台、件）＝设备数量（台）×单位设备有效工时（小时）/单位产品台时定额（小时）

$$(4-2)$$

（3）作业面积生产运营能力的计算

生产面积生产运营能力（台、件）＝（生产面积（m²）×生产面积有效利用时间（小时））/（单位产品占用生产面积（m²/台、件）×单位产品占用时间（小时））

$$(4-3)$$

(4)流水生产线生产运营能力的计算

流水生产线生产运营能力(台、件)=流水生产线有效工作时间(小时)/节拍

$$(4-4)$$

2. 多品种生产条件下生产运营能力的计算方法

(1)以标准产品计算生产运营能力的方法

标准产品是对具有不同品种或规格的同类产品,进行综合计算时所用的一种实物量折算单位。这种计算生产运营能力的方法是把企业不同品种的产品折算为标准产品,然后按单一品种生产条件下计算生产运营能力的方法来确定设备组(或工作地)的生产运营能力。

(2)以代表产品计算生产运营能力的方法

这种方法是选定代表产品,按单一品种生产条件下计算生产运营能力的方法,先计算出以代表产品为计算单位表示的设备组(或工作地)的生产运营能力,然后通过换算系数计算各具体产品的生产运营能力。

具体计算步骤如下:

第一步,选定代表产品。确定代表产品的原则是:该产品反映企业专业方向,并且产量较大,占用劳动量较多,产品在结构和工艺上具有代表性。

第二步,计算以代表产品为计算单位表示的生产运营能力。计算公式如下:

$$M_0 = F \cdot S / t_0 \qquad (4-5)$$

式中:M_0—以代表产品为计算单位表示的生产运营能力;

$\qquad$ F—单位设备有效工作时间;

$\qquad$ S—设备数量;

$\qquad$ t_0—代表产品的单位产品台时定额。

第三步,计算产品换算系数。计算公式如下:

$$k_i = t_i / t_0 (i = 1, 2, \cdots, n) \qquad (4-6)$$

式中:k_i—第 i 种产品换算系数;

$\qquad$ t_i—第 i 种产品的单位产品台时定额;

$\qquad$ t_0—代表产品的单位产品台时定额。

第四步,计算各具体产品的生产运营能力。

①将各具体产品计划产量换算为代表产品产量。公式如下:

$$Q_0 = K_i Q_i (i = 1, 2, \cdots, n) \qquad (4-7)$$

式中:Q_0—代表产品数量;

$\qquad$ Q_i—第 i 种产品计划产量。

②计算各产品占全部产品产量的比重(d_i)。

③计算各具体产品的生产运营能力(M_i)。

例 4-1 某厂生产 A、B、C、D 四种产品,其计划产量分别为 150、100、200 和 50 台;各种产品在机械加工车间车床组的计划台时定额分别为 50、70、100 和 150 台时,车床组共有车床 12 台,两班制,每班工作 8 小时,设备停修率为 10%。试求车床组的生产运营能力。

解 首先,根据确定代表产品原则确定 C 产品为代表产品,并依公式(4-5)求出以 C 产品为计量单位在车床组的生产运营能力为:

$$M_0 = [(365-111) \times 2 \times 8 \times (1-0.1) \times 12]/100 = 439 \text{ 台}$$

然后按第三、第四步骤,计算换算系数和各具体产品的生产运营能力。如表 4-1 所示。

表 4-1　以代表产品计算生产运营能力

产品名称	计划产量 Q	单位产品台时消耗 t（台时/台）	换算系数 k	换算为代表产品数量 Q_0（台）	各种产品占全部产品比重 d（%）	以代表产品为单位生产运营能力 M_0（台）	各具体产品生产运营能力 M（台）
甲	(1)	(2)	(3)	(4)=(1)×(3)	(5)	(6)	(7)=(5)×(6)/(3)
A	150	50	0.5	75	17		158
B	100	70	0.7	70	17		106
C	200	100	1.0	200	47	439	206
D	50	150	1.5	75	18		53
合计				420	100		

(3)以假定产品计算生产运营能力的方法

在企业产品品种比较复杂,各品种在结构、工艺和劳动量差别较大,不易确定代表产品时,可采用以假定产品计算生产运营能力。计算步骤如下:

第一步,计算假定产品台时定额(t_m)。

$$t_m = \sum t_i d_i \tag{4-8}$$

式中:t_i——第 i 种产品单位产品台时消耗;

d_i——第 i 种产品占假定产品总产量的百分比。

第二步,计算设备组假定产品的生产运营能力。

$$M_m = F \cdot S / t_m \tag{4-9}$$

第三步,计算设备组各具体产品的生产运营能力。

$$M_i = M_m d_i (i = 1, 2, \cdots, n) \tag{4-10}$$

例 4-2 某厂生产 A、B、C、D 四种产品,其计划产量分别为 100、50、100 和 150 台;各种产品在机械加工车间车床组的计划台时定额分别为 200、250、100、50 台时,车床组共有车床 15 台,两班制,每班工作 8 小时,设备停修率为 10%,试求车床设备组的生产运营能力。

按照以假定产品确定生产运营能力的计算步骤和方法,计算结果如表 4-2。

表 4-2 以假定产品计算生产运营能力的计算表

产品名称	计划产量 Q	单位产品台时消耗 t_i（台时/台）	各产品占产量总数的比重 d	单位假定产品台时消耗 t_m（台时/台）	以假定产品为单位生产运营能力 M_0（台）	各具体产品生产运营能力 M（台）
甲	(1)	(2)	(3)	(4)=(2)×(3)	(5)	(7)=(5)×(6)/(3)
A	100	200	25	50		158
B	50	250	12.5	31		106
C	100	100	25	25		206
D	150	50	37.5	19		53
合计	400		100	125	439*	

* (365−111)×2×8×0.9×15/125=439(台)

五、生产运营能力测定的步骤

1. 收集各种数据资料

生产运营能力测定工作需要收集的资料是十分广泛的,包括市场预测资料、计划期内的生产品种和数量;计划产品的工时、台时定额;设备资料、工艺资料;人力资源的数量与技术水平;能源及原材料供应状况;库存能力;公司的管理政策及经济投入能力。

2. 计算工序生产运营能力

在单一品种生产条件下,按设备或设备组(作业小组)计算生产运营能力的方法进行计算;在多品种生产条件下,按假定产品或代表产品计算生产运营能力的方法计算出各具体产品的生产运营能力。

3. 测定工段、车间的生产运营能力

工段生产运营能力由各工序的能力所组成,因而是通过工序能力经平衡

后得出的,通常是以最小工序能力,即瓶颈工序能力作为工段生产运营能力。车间生产运营能力是由工段能力构成的,它是经过平衡后,以瓶颈工段的生产运营能力作为车间生产运营能力。其他超出工序、工段最低能力的能力为富余能力。

4. 测定企业生产运营能力

企业生产运营能力是对各车间生产运营能力平衡后的综合生产运营能力,通常以其最终产出能力表示。影响企业生产运营能力的因素较多,有技术的,也有经济的;既受到基本生产过程能力的影响,又受到辅助生产过程的能力制约;而且更多的还要受到企业投入能力的限制。在平衡过程中,通常是先拟定若干个方案,然后根据市场需求和企业的投入能力,最终确定企业生产运营能力。

第二节　学习曲线

在制造行业中,随着同类产品重复生产次数的增加,单位产品所耗工时必然呈下降趋势,且有其规律性。这种现象是由于熟能生巧,积累了大量经验后导致行为改变所形成的,称之为学习曲线效应。第二次世界大战期间,美国航空工业为了赶制飞机满足战争需要,迫切要求缩短工时。经研究发现,任何一种单纯的重复性手工操作,都存在学习效应现象,其产生原因主要有两方面:①每个动作单元在操作初期被分开,缓慢而不可练习,动作连贯简捷加快,有些动作免去,导致耗时减少;②当多种动作发生组合重叠时,初学者会左右手依次分开操作,而有经验又用心思的熟练者则会两手同时操作或手脚并用,或将动作次序重新巧作安排,从而也可缩短工时。

一、学习曲线的含义和影响学习效应的因素

将学习效果数量化后绘制在坐标纸上,横轴代表练习次数(或产量),纵轴代表学习效果(单位产品所耗时间),这样可绘出一条曲线,即学习曲线。在工业上,学习曲线是指随着工作循环次数的增加,每个循环的平均生产时间或平均成本下降,生产效率提高。

学习曲线有广义和狭义之分。狭义的又称人员学习曲线,是指直接作业人员个人的学习曲线,反映出由于工作熟练程度提高而得到的学习效果。广义的也称为生产进步函数,是指某一工业或某一产品,在某产品生命周期内的学习曲线,是融合技术进步、管理水平提高等包括许多人努力成效的学习曲线。

　　学习曲线的原理是建立在以下 3 个假设基础之上的：①完成一项任务或一件产品所需时间，随着工作循环次数的增加而逐渐减少；②各单位产品所需加工时间，按一定递减率随连续总产量的增加而减少；③加工时间的减少，将遵循一个特定的数学模型，例如一个指数模型。以上假设适合于每个工业行业，只是减少比率的大小因行业而不同。将学习效果与练习次数的关系以函数形式表现的数学模型很多，其中最能说明二者关系的是对数线性学习曲线。

　　学习效果受许多因素的影响，主要有：

　　(1)操作者的熟练程度，这是最基本的因素；

　　(2)管理技术的改善，正确的培训指导，充分的生产技术准备与服务，工资奖励政策等；

　　(3)产品设计上的改善进步；

　　(4)生产设备与工具上的改善，手工操作减少；

　　(5)原材料及辅料供应及时，材质有保证；

　　(6)专业化分工程度的提高；

　　(7)信息反馈及时，如学习目的与效果的宣传传达，意见能及时沟通等；

　　(8)操作者个人的学习动机与工作职责、责任心等。

　　总之，既有操作者方面的影响，也有管理和技术方面的影响。

二、对数线性学习曲线分析

1. 对数线性学习曲线

　　二战期间，美国航空业通过对飞机生产架次与单位平均生产时间的研究发现，生产第二架飞机时其累计平均时间为第一架所需时间的 80%。生产第四架的累计平均时间又为第二架所需时间的 80%。如此继续下去。假设第一架耗用 10 万小时、第四架耗用 6.4 万小时……这个累计产量和单台产品工时消耗之间关系的函数曲线习惯上称为 80% 学习曲线(见图 4-1)。因此有如下函数关系式：

$$Y = a \cdot (c)^n \tag{4-11}$$

　　式中：Y——学习效果或生产第 x 架产品所需直接人工工时；

　　　　　a——生产第一件产品所需直接人工工时；

　　　　　c——工时递减率或学习率；

　　　　　n——倍增次数。

　　再设 X 为累计生产台数，则有 $X = 2^n$

　　两边取对数，有 $n \cdot \lg 2 = \lg X$，　$n = \lg X / \lg 2$

对式(4-11)两边取对数,则 $\lg Y = \lg a + n \cdot \lg c$

得 $\lg Y = \lg a + b \cdot \lg X$,其中 $b = \lg c / \lg 2$,表示学习系数。

因此得 $Y = a \cdot X^b$ (4-12)

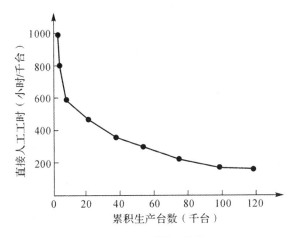

图 4-1　80％学习曲线

2. 学习系数和学习率

式(4-12)就是对数线性曲线的数学模式,式中 Y 表示学习效果,X 表示练习次数,b 为学习系数。$Y = a \cdot X^b$ 表示学习效果随着练习次数的增加而呈指数变化,在双对数坐标纸上,表现为一条直线。图 4-1 表示的是 80％学习曲线,图 4-2 是 80％对数学习曲线。

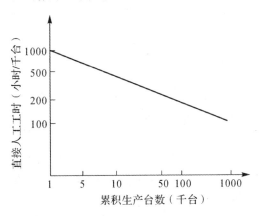

图 4-2　80％对数学习曲线

由于 $b=\lg c/\lg 2$，因此对于任何一个给定的学习率 c，可很快算出学习系数 $b=\lg c/\lg 2$。为了方便查用，将学习率 c 与学习系数 b 列表 4-3。这样，在已知第一台产品工时和产品学习率的情况下，可以推算任意台产品的直接人工工时。这对时间研究来说，无疑是一个巨大的进展。

表 4-3 学习率与学习系数对照

学习率(%)	学习系数	学习率(%)	学习系数
51	-0.97143	76	-0.39592
52	-0.94341	77	-0.37706
53	-0.91593	78	-0.35845
54	-0.88896	79	-0.33007
55	-0.86249	80	-0.32192
56	-0.83650	81	-0.30400

3. 学习率的确定

在运用学习曲线时，学习率的确定十分重要。学习率大，说明随着累计产量增加，工时下降缓慢；反之学习率小，工时下降迅速。影响学习率的因素主要取决于产品的结构及其制造工艺，即取决于手工作业在加工作业中占的比重。手工作业比重大，随着生产重复程度的增加，工人熟练程度就容易提高，学习率就小；反之，学习率就大。此外，学习率还受企业管理水平、设备状况等因素的影响。

对于学习率的估算，可采用多种方法。目前多采用以下三种方法。

（1）历史资料法

此法是根据过去的统计资料来加以分析、整理和计算，从而得出结果。这种方法虽然有一定的误差，但较方便易行。

（2）时间研究法

此法是指对没有历史资料可借鉴的新生产系统，运用秒表或其他测时器，在工作开始时，连续观测作业时间，加以记录整理，求出 A 与 b 值，再运用学习曲线回归方程模型，算出 $Y=A+bx$。

（3）经验估计法

此法是利用过去的经验来判断学习率，或利用同行业其他企业同工种或相似作业的学习率，参照本企业的实际情况，如宽放率、工人熟练程度，生产组织加以适当的改进，从而确定学习率。

三、学习效应与学习曲线

在考虑生产运营能力大小的决定时，往往要考虑到学习效应这一决定产能大小的重要因素。所谓学习效应是指当个人或一个组织重复地做某一产品时,做单位产品所需的时间会随着产品数量的增加而逐渐减少,然后趋于稳定(图4-3)。

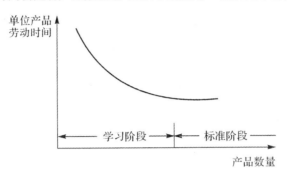

图 4-3　学习效应曲线

由图 4-3 可以看出,学习效应包括两个阶段:①学习阶段,单位产品的生产时间随产品数量的增加逐渐减少;②标准阶段,学习效应可忽略不计,可用标准时间进行生产。图 4-3 中的曲线称为学习曲线,它所表示的是单位产品的直接劳动时间和累积产量之间的关系。常见的学习效应有两种:个人学习和组织学习。所谓个人学习,是指当一个人重复地做某一产品时,由于动作逐渐熟练,或者逐渐摸索到一些更有效的作业方法后,做一件产品所需的工作时间(即直接劳动时间)会随着产品累积数量的增加而减少。组织学习是指管理方面的学习,指一个企业在产品设计、工艺设计、自动化水平提高、生产组织以及其他资本投资等方面的经验累积过程,也是一个不断改进管理方法,提高人员作业效率的过程。比如图 4-3 所示的学习曲线,既可以是组织学习的结果,也可以是个人学习的结果,还可以是两种学习结果的叠加。

四、学习曲线的应用

学习效应指导企业生产运营能力决策的一般原则是:学习效应越显著,扩大企业生产运营规模就越有利,因为可以加速提高产品的累计产量,缩短学习过程,尽早发挥效果;反之,适宜选择较小的生产运营规模。学习曲线的应用主要为以下几个方面。

1. 工时预测

工时预测是学习曲线最基本也是最重要的用途。它既可以用于预测产品的累计平均工时,也可以预测任何一件产品的单件工时,以及某一生产批量的总工时。

2. 成本估算

利用学习曲线可估算出由于产量增加，使得单位产品中工时（包括工资）含量的降低以及单位产品固定成本下降导致的成本下降的额度。

3. 销售报价

由于单位产品工时消耗随产量增加而递减，使得总成本下降，产品销售报价也随之下降。在原材料价格等其他因素不变的情况下，学习曲线可供企业接受订货时报价上的参考。

4. 对新职工工作考核

新职工进厂或调换新岗位时，有一个熟练的过程，对其工作进行考核时，应根据学习效果，建立一个动态的考核标准。此标准既不能太高，以使学习者经过努力可以达到，又要具有激励作用，鼓励他尽快达到工作所规定的产量标准。

5. 考查生产系统的稳定性，进行有效的生产控制

企业应注重生产运营系统的平稳运行，制定科学合理的生产计划，做好生产调度工作。

第三节　生产运营能力战略

生产运营能力战略是对生产运营能力进行规划和长期安排，必须结合市场需求和企业实力统筹考虑。企业没有必要一味地提高生产运营能力，可以采用先进的管理达到所需的运营能力。另外也要注意产业的发展和竞争。

一、生产运营能力决策的程序

生产运营能力决策必须遵循一定的程序，主要如下：

（1）估测未来的生产运营能力需求。从市场和未来方向进行分析，估算出未来的需求。

（2）识别生产运营能力供需缺口。分析企业目前的生产运营能力，客观评价企业的实力，能够达到多少生产能力，缺口是多少。

（3）开发设计生产运营能力建设和调整方案。根据分析，初步拟订方案。

（4）方案评价。进行科学评价，要有预测水平。

二、生产运营能力战略

1. 生产运营能力余力战略

100％减去生产运营能力负荷率的差值,被定义为生产运营能力余力。它主要用来说明生产运营系统留有的生产运营能力余地,直接揭示生产运营能力的弹性程度。

具体决策时,应认真研究以下几个方面因素的综合影响:

(1)企业战略。

(2)市场需求的不确定性。

(3)企业的技术经济特点。

(4)资源供应状况。

2. 生产运营能力扩大的时机与规模战略

(1)扩张主义者战略

规模经济和学习效应特别明显时,企业可通过这种战略有效地降低成本,在产品价格和交货期上获得突出的竞争优势。企业将扩张主义者战略作为先发制人、抢先占领市场的一种手段。

(2)等看战略

这种战略一般总是会导致存在一定的生产运营能力需求缺口,需要依靠加班、雇佣临时工、工作转换等短期调整措施来弥补。

(3)跟随战略

这是介于上述两种战略之间的一种战略,指企业生产运营能力跟随其他企业生产运营能力的扩大而扩大。它意味着当其他企业扩大生产运营能力的决策正确时,跟随企业的决策也同样正确,但没有一个企业可从中获得竞争优势;当其他企业决策错误时,跟随企业也同样错误,但所有企业要共同分担决策失误造成的损失。

三、变更生产运营能力的战略

1. 短期变更战略

现有生产运营能力与需求量取得平衡以后,在年度计划期内,很少启动新的和撤除现有的主要设施,但是由于企业经营环境的变化,仍有可能进行必要的调整,增加或减少生产运营能力。这种变更战略取决于生产系统是劳动密集的还是资本密集的,也取决于产品能否储存起来。

资本密集的生产系统主要是依据机械设施、厂房和设备等投入要素来实

现生产的作业,因此,通过改变上述要素运转的强度,就可以变更生产运营能力。例如,需求淡季,可以暂时关闭某些生产系统,或减少开动班次;在需求高峰期,开动被关闭的系统,或增加开动班次。用这种方式变更生产运营能力费用较高,它会增加生产系统的组织安装、变更和维护,以及原材料采购、人力招聘、生产进度安排和库存管理方面的费用。

劳动密集的生产系统主要取决于人的数量和技艺,而不是厂房和设备等物质资源的投入。在劳动密集的生产系统中,根据订单多少的变化来决定雇用或者解雇雇员,使生产率和订单数量相匹配。这种策略能否成功取决于在需求量上升的时候是否具有受过简单培训的应征者储备可供雇佣。也可用加班加点和减少劳动时间的办法来改变生产运营能力。利用柔性生产时间安排或者加班来改变工作小时数,并由此改变产出,可以实现生产数量和订单之间的匹配。这种战略的成本也是较高的,这是因为这样做必须支付招聘和解雇费,也必须支付加班工资,同时还增加了丧失仅有的熟练工人的风险。

改变生产运营能力的战略,也取决于产品可储存的程度。这是一种平准策略。保持稳定的劳动力水平以及稳定的产出水平,通过改变库存水平来消除短缺和过剩。可以储存的产品或有储存价值的产品,可以通过增加库存或减少库存来改变生产运营能力;但易于腐烂的产品,非标准化的产品则不宜库存,无法利用库存的功能来调节生产运营能力。

2. 长期变更战略

如果产品需求量持续增长就应当扩大生产运营能力,以获取规模效益。扩大生产运营能力的方案很多。一般来说,生产运营能力扩大最好是分期分批地进行,而不要集中于一次投资,以减少由于增加生产运营能力所带来的风险。

长期计划减少生产运营能力最常用的办法是卖掉现有的设施、设备、存货和解雇员工;当然,也可以对某些产品在即将进入衰退期时,将其所占用资源撤出,投入新产品开发或其他需要增加能力的产品。生产运营能力的减少战略,通常是提出几种方案,研究各种方案的费用、利益和风险,因为减少生产运营能力也要投入一定的资金,所以应当使用经济分析的方法来指导生产运营能力决策。

四、服务能力战略

服务企业的生产运营能力,通常称之为服务能力。服务能力战略,实际上研究的就是服务企业的生产运营能力战略的选择。

常见的服务需求均衡战略有以下几种：

（1）维持一个固定的服务时刻表。如银行的开门闭门时间。

（2）采用预约制度。如银行的大额取款。

（3）推迟交付。

（4）在非需求高峰时提供经济优惠。

五、生产运营能力决策的分析方法

1. 盈亏平衡分析

（1）生产运营能力规模的选择。盈亏平衡点对生产运营能力规模的选择是一个非常重要的参考标准。所谓盈亏平衡点，是指企业盈利与亏损的分界点，即通常所说的保本点。一般地，当产品的产量小于盈亏平衡点产量 Q 时，企业处于亏损状态；当产品的产量大于盈亏平衡点产量 Q 时，企业处于盈利状态，而且企业的盈利随着实际产量高出盈亏平衡点产量 Q 的增大而增大。显然，企业选择的生产运营能力规模必须高出盈亏平衡点产量 Q 一定的程度，这样才能为企业实际的产销量高出盈亏平衡点产量提供必要的空间，为企业盈利创造条件。

（2）不同生产运营能力规模方案的对比分析。生产运营能力规模选择是和生产运营系统的设计工作密切联系在一起的。为了获得理想的经济效益，生产运营系统设计需要考虑采用不同的生产运营工艺和设备的技术方案来实现不同的生产运营能力规模。

2. 决策树法

决策树方法可以有效地帮助解决生产运营能力决策问题。例如，企业拟规划建厂生产新产品，由于市场需求具有很大的不确定性，故新产品上市后存在既可能销路好，也可能销路差的情况。

决策树是确定生产能力方案的一条捷径。决策树不仅可以帮助人们理解问题，还可以帮助人们解决问题。决策树是一种通过图示罗列解题的有关步骤以及各个步骤发生的条件与结果的一种方法。

决策树是由决策结点、机会结点与结点间的分枝连线组成。通常，人们用方框表示决策结点，用圆圈表示机会结点，从决策结点引出的分枝连线表示决策者可作出的选择，从机会结点引出的分枝连线表示机会结点所示事件发生的概率。

在利用决策树解题时，应从决策树末端起，从后向前，步步推进到决策树的始端。在向前推进的过程中，应在每一阶段计算事件发生的期望值。需特

别注意,如果决策树所处理问题的计划期较长,计算时应考虑资金的时间价值。

计算完毕后,开始对决策树进行剪枝,在每个决策结点删去除了最高期望值以外的其他所有分枝,最后步步推进到第一个决策结点,这时就找到了问题的最佳方案。

例 4-3 某公司正在考虑扩大生产能力。它可以有以下几个选择:什么也不做;建一个小厂;建一个中型厂;建一个大厂。新增加的设备将生产一种新型的产品,目前该产品的潜力或市场还是未知数。如果建一个大厂且市场较好就可实现 1500000 元的利润;如果市场不好则会导致 900000 元的损失。但是,如果市场较好,建小型厂将会获得 400000 元,市场不好则损失 50000元。市场好的话建中型厂可实现 600000 元利润,不好会导致损失 100000 元。当然,还有一个选择就是什么也不干。最近的市场研究表明市场好的概率是0.4,也就是说市场不好的概率是 0.6。如图 4-4 所示。

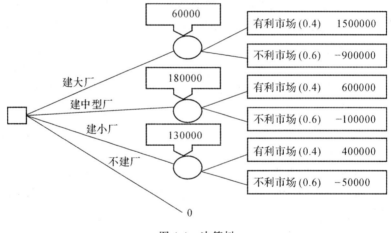

图 4-4 决策树

在这些数据的基础上,能产生最大的预期货币价值(EMV)的选择就可找到。

EMV(建大厂)＝(0.4)×(1500000)＋(0.6)×(−900000)＝＋60000

EMV(中型厂)＝(0.4)×(600000)＋(0.6)×(−100000)＝＋180000

EMV(建小厂)＝(0.4)×(400000)＋(0.6)×(−50000)＝＋130000

EMV(不建厂)＝0

根据 EMV 标准,该公司应该建一个中型厂。

本章小结

生产运营能力是在一定的时期内及一定的组织技术条件下,一定的资源投入所能获取最大的产出量。影响生产运营能力主要有以下三个因素:①设备的数量;②设备的工作时间;③设备的生产效率。

按不同的用途生产运营能力分为三类:①设计能力;②查定能力;③计划能力。

生产运营能力的计算方法分为单一品种和多品种产生条件下生产运营能力的计算方法。

生产运营能力测定的步骤:①收集各种数据资料;②计算工序生产运营能力;③测定工段、车间的生产运营能力;④测定企业生产运营能力。

学习曲线是指随着工作循环次数的增加,每个循环的平均生产时间或平均成本下降,生产效率提高。学习效果受许多因素的影响。学习效应指导企业生产运营能力决策的一般原则是:学习效应越显著,扩大企业生产运营规模就越有利,因为可以加速提高产品的累计产量,缩短学习过程,尽早发挥效果;反之,适宜选择较小的生产运营规模。

生产运营能力决策的程序:①估测未来的生产运营能力需求;②识别生产运营能力供需缺口;③开发设计生产运营能力建设和调整方案;④方案评价。

生产运营能力战略有余力战略、扩大的时机与规模战略和变更生产运营能力的战略、服务能力战略。生产运营能力决策的分析方法有盈亏平衡分析和决策树法。

案例分析:诺基亚挥刀斩塞班 押宝 WP 战略让人"看不懂"

诺基亚的成长之路无疑是一段传奇,它从一百多年前的造纸企业,逐渐成长为一家全球领先的手机生产商。但当智能手机时代全面来临后,它却逐渐没落。

据外媒 1 月 24 日消息,诺基亚计划终止其分红计划,其长达 143 年连续给股东派发红利的记录,将就此中断。据《每日经济新闻》记者观察,这个信息透露出,诺基亚或已处于困境之中,其出路也许是它放弃相濡以沫 14 年的塞班(Symbian)系统后,押宝 WP(Windows Phone)平台开始的市场探索。

对此,有业内人士并不看好,认为其运作行为不明智:"如果诺基亚继续升

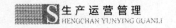

级塞班,跟着时代变化,或许可以帮助诺基亚翻身。"那么,诺基亚的明天究竟如何?

将终止分红计划

诺基亚决定结束分红或是出于生存的考虑,毕竟公司收入已经连续数个季度保持下降态势。公司声称,这次取消分红计划将"保证公司战略能有足够的灵活性"。

据彭博提供的公司财报,2012 年第三季度,其收入仅为 90.56 亿美元,同比下降 29%。彭博分红预测,公司如果不停止分红,诺基亚将不得不为股东掏出总计 7.5 亿欧元的股利,可公司到第四季度的净现金量仅有 4.4 亿欧元。

在智能手机时代来临之前,诺基亚一直是全球手机市场的霸主。记者查阅资料发现,从 1996 年开始,诺基亚的市场份额就处于第一,并长期保持在这个位置上。

或许是在老大的位置上待的时间太长了,苹果公司在 2007 年推出了 iPhone 后,诺基亚并没有产生足够的警觉,市场份额逐渐被苹果和三星这些后起之秀蚕食。

为了能继续在市场上生存下去,在 2011 年前半年,诺基亚决定放弃自己的塞班系统,转而和微软公司合作,让后者的 Windows Phone 作为其新的智能手机"Lumia"的操作系统。

与此同时,公司还采取了多项措施来削减成本。比如,去年 6 月,诺基亚就宣布在全球范围内推行一次规模达万人的裁员计划;去年年底时,更是宣布将自己位于芬兰的办公大楼以 1.7 亿欧元的价格卖给了 Exilion 公司。

目前,落后于竞争对手的诺基亚对 Lumia 智能手机寄予厚望,但残酷的销售记录还是让诺基亚前途堪忧。根据 IDC 公司研究员的数据,去年四季度,Lumia 的全球销售量仅升至 440 万部,而苹果与安卓的同期销售量却分别升至 4780 万部和 1.36 亿部。

塞班败于"类 PC 化"?

1 月 24 日,诺基亚在其 2012 年第四季度财报中确认,去年发布的 808PureView 手机是该公司开发的最后一款塞班手机,这意味着塞班时代正式宣告结束。曾经领航手机操作系统的塞班,如今却在市场中落寞,让人唏嘘不已。

2006 年第三季度塞班系统在全球手机领域的市场占有率冲高至 72.8%,而 IDC 的数据显示,2012 年 Android 系统的市场占有率为 68.3%,位居移动操作系统的榜首。换句话说,鼎盛时的塞班系统比时下的 Android 系统占有率更高。

2008 年,诺基亚收购塞班公司,塞班正式成为诺基亚自己的系统,这本应该是诺基亚打造自己在手机领域平台生态系统的良机,但现实的发展却与此逆行。

此后,苹果的 iPhone 手机及相应的 IOS 手机操作系统及谷歌的 Android 平台先后在 2007 年、2008 年推向市场。

彼时的诺基亚,仍深陷于领先者的狂妄症中:在新技术面前,不是自我变革,而是裹足不前,而苹果的 IOS 系统随着 iPhone 手机、iPad 等产品的热销而崛起,谷歌 Android 阵营则以免费为旗号,迅速壮大。2009 年开始,LG、爱立信等公司逐渐退出塞班舞台,而在 2011 年 1 月,三星对塞班的彻底放弃,则成为压死塞班系统的最后一根稻草,此后仅剩诺基亚一家手机厂商在使用塞班系统。与此相伴随的是,2011 年第一季度,塞班系统市场份额首次被 Android 系统超过,而诺基亚在该年的智能手机市场份额也从 2010 年的 33% 下降至 2011 年的 14%,远低于苹果和三星。

对于塞班系统的失败原因,原雅虎中国总裁谢文在接受《每日经济新闻》记者采访时分析,其缘于未跟上手机行业变革的脚步。具体来说,2007 年 iPhone 手机重新定义了手机行业。自此,手机生态系统出现了类 PC 化的现象,而彼时的塞班系统,仍然将手机行业的定义停留在原有的手机层面。

将"赌注"押在 WP 平台

就在诺基亚放弃塞班后,其将赌注压在了 WP 平台。2011 年 4 月 21 日,微软和诺基亚发表联合声明称:"我们已经签署正式协议,将开始与运营商、开发者和其他合作伙伴接洽,帮助产业理解加盟该新生态系统的好处。同时,我们将继续在 Windows Phone 平台上开发诺基亚产品,计划 2012 年开始批量出货。"

根据协议,协议期间内,诺基亚每个季度从微软获得 2.5 亿美元的"平台支持费"。诺基亚也向微软缴纳使用 Windows Phone 的专利费,具体金额由诺基亚手机的出货量决定,但有最低限额。同时要求,协议期间微软提供的平台支持补贴总额,需略高于软件专利费用总和。有关这份业界关注的合作协议,《每日经济新闻》记者在与诺基亚中国相关人士沟通时,对方回复说:"具体的合作细节不太方便透露。"

而根据诺基亚最新财政报告,随着采用新的 WP8 系统的 Lumia 系列智能手机出货量增长明显,情况会发生逆转。数据显示,2012 年第四季度 Lumia 智能手机出货量为 440 万部。目前诺基亚的软件使用费,已经超过微软每季度 2.5 亿美元平台支持补贴。这也就意味着,在协议剩余期限内,诺基亚的最低专利费总额,或将超过平台支持补贴总额。

业内普遍认为,这并不利于还在 WP8 系统手机市场处于摸索阶段的诺

基亚的健康发展。更值得注意的是,诺基亚押宝 WP 平台的做法,也被业界普遍认为是"看不懂的战略"。

放弃塞班,WP 平台就能拯救诺基亚吗?艾媒咨询创始人兼 CEO 张毅认为,放弃塞班并不是明智的选择,"塞班有着明显优势,无论是中国还是欧美,在过去都曾有着非常高的市场占有率,用户对它的认知比较高;其次,塞班的耐用、省电等特性恰好是目前 Android 系统所不具备的,这是巨大的优势。如果诺基亚继续升级塞班,跟着时代变化,或许可以帮助诺基亚翻身。"

记者注意到,在诺基亚 2012 年第四季度财报中,塞班系统的设备仍有 220 万台的销售业绩,达到了诺基亚最新 WP8 设备销量的一半。

(张斯杨、可瞻、曾慈航:《每日经济新闻》,2013-01-29)

问题:1.诺基亚为什么放弃塞班系统?
　　　2.诺基亚押宝 WP 平台会成功吗?

复习与讨论题

1.能力利用不一定马上可以达到设计能力水平,为什么?有哪些影响因素?

2.学习效果受到的影响因素有哪些?

3.企业经常综合使用规模经济与学习曲线,两者如何结合,试讨论之。

4.常见的服务需求均衡战略有几种?

5.企业在扩充能力时,可以根据预测的需求去扩大能力,也可以根据实际需求去扩充能力,谈谈这两种方式的优缺点。

习　题

1.某产品单价为 500 元,年固定费 800 万元,年销量为 48000 件,年可变费为 1200 万元。问,该产品年销量达到多少才具有开发价值?

2.某厂机械加工车间铣工工段有 6 台万能机床,制度工作时间为每台机床每月 50 个工作班,每班 7 小时。有效工作时间是制度工作时间的 95%,产品铣工工序的单台定额为 6.75 小时。要求计算出计划月内铣工工段的生产能力。

3.某厂生产 A、B、C、D 四种产品,其计划产量分别为 250、100、230 和 50 台,各种产品在机械加工车间车床组的计划台时定额分别为 50、70、100 和 50 台时,车床组共有车床 12 台,两班制,每班 8 小时,设备停修率 10%,试求车床组的生产能力。(每周按六天工作日计算)

第五章　生产运营系统空间配置

学习目标

➤理解生产运营系统空间

➤掌握重心法的计算方法

➤熟悉设备布置的两种方法

➤掌握装配线的相关计算

➤了解成组技术的内容

引例:东风悦达起亚新厂选址存争议

在东风悦达起亚新车 K2 上市时,公司总经理苏南永表示,目前第三工厂的建设正在研究当中,暂时没有时间表。导致新工厂难产的原因,除了新工厂必须上马自主品牌和新能源项目外,记者近日从东风悦达起亚内部获悉,关于工厂选址也存在不同的声音。

南京条件更为优越

据透露,关于新工厂选址的讨论,内部有不同的声音——"江苏省政府希望在盐城,但公司内部曾讨论是否可以放在南京。"有内部人士透露。盐城位于苏北,相对来说交通、物流条件没有处于苏南的南京那么优越。同时,苏南的韩系零部件企业较多,物流便捷,而苏北整个配套设备的容纳能力则有限。

"除了零部件,还得考虑整车的物流成本。"该人士告诉记者,如果三家工厂均设在盐城,当达到 60 万辆总产能的时候,要往外发车的物流成本将增大。"物流体系是双向对流的,物流公司得考虑给你拉 60 万辆出去的话,回来能不能也凑够 60 万辆。空载率高的情况下,单向成本可能会摊到车企头上。"再有,南京相对盐城而言,更有利于未来招揽人才。

然而,这只是公司内部一厢情愿的想法,江苏省仍旧希望发展盐城经济开发区。

在江苏省的规划里,东风悦达起亚不仅仅是一个单一的汽车企业,更是盐

城市打造汽车产业群的跳板。尤其南汽已与上汽合作,仅剩东风悦达起亚独立支撑江苏省的轿车板块。据了解,当时为了起亚第二工厂的建设,盐城市政府与起亚签订了2000亩土地的使用合同,据称还有优惠的土地使用费、税收优惠及高额度的当地银行贷款。

股东三方态度不一

此外,关于新工厂投建本身的问题,几个股东方现阶段的态度也不一致。"新工厂目前已经在研究",但苏南永坦陈了建厂面临的困难,国家目前对于新建工厂的审批很严格,必须要上马自主品牌和新能源项目。作为股东方之一的江苏悦达集团董事局主席陈云华近日接受媒体采访时也表态:"今年年底关于第三工厂的讨论肯定会有结果。"

而在另一方股东东风汽车方面,主导合资业务的东风汽车集团副总经理周文杰则表示:"暂时还没考虑起亚建第三工厂的事情,不到110%的产能利用率,谈建新厂还早。"

前述内部人士称,选址的争议、国家的审批难度加大以及股东方意愿不一致,是新工厂计划推进艰难的原因。

(梁静晶:《新京报》,2011-08-08)

生产运营系统的运行离不开空间配置,空间配置对于提高生产运营效率关系极大。一个产品从原材料制成零件、组装成部件到产品总装,再经过分销、零售,最后到达消费者手中,要经过不同企业的加工制造,克服地域和时间的限制,才能达到消费的目的,这本身就是一个系统。选址的问题就是在这样一个系统的基础上加以优化的。现代的企业运营,不仅要关注本企业的业务流程,而且要考虑整个供应链系统,选址的含义早已扩展到供应链合作伙伴那里,因而选址决策具有更加重要的地位。

第一节 选址决策

工厂选址是用科学方法决定设施的地理位置,符合企业经营目标。其基本问题有两方面,即选位(决定地域)和定址(决定位置)。

一、工厂选址的程序及影响因素

选址决策取决于企业在供应链中的位置,企业应充分认识到自身的实力及发展潜力,在选址时要有战略眼光。

1. 选址决策的一般步骤

（1）企业选址的准备阶段

确定选址总体规划，明确目标，使选址决策能给组织带来最大化的效益；收集新建（或扩建）设施的各方面与选址有关的资料及数据。

（2）企业选址的现场勘查阶段

根据选址总体规划和影响因素初步筛选，拟订方案选择某一个地区，比较分析选择适当的地点，确定候选的目标地区；由设计单位和企业单位组成选址勘查小组，对所选址进行现场勘查和调查，收集各候选目标地区资料，确定可供选择的具体地点，并将调查结果整理成初步方案，最后将所有勘查的选址方案整理成方案汇总比较表，以便进行评选。

（3）企业选址的评选和确定方案阶段

对不同地点的方案进行比较，作出决定。对候选的企业选址方案，可从企业经济效益和社会效益、现实效益和长远利益出发，组织相关领导和专家，采用科学的定性与定量选址方法，对备选具体地点进行全面综合评价，从中选出一个最佳方案。

2. 影响因素

影响企业选址的因素有许多，需要认真加以研究。

（1）经济因素

劳动力可获性与费用（包括显性和隐性成本）、能源可获性与费用、厂址条件和费用、运输条件与费用、市场和原材料零部件的供应。

（2）政治因素

政治是否稳定，法律法规是否健全，赋税是否公平，特别注意在国外建厂需要了解更多的法律知识。

（3）社会因素

需注意宗教信仰、生活习惯、文化风俗、治安状况、文化教育水平和生活水平。还要注意居民的环境意识。

（4）自然因素

包括地理地质环境、气候条件和环境容纳度。还要考虑可扩展性。选址有难度，如选址因素相互矛盾。不同因素的相对重要性很难确定和度量。不同的决策部门利益不同，所追求的目标不同。判别的标准会随时间变化。如劳动力在过去多年都不是特别重要的因素，而近年来就显得重要。

二、工厂选址的基本原则与要求

厂址选择是一项包括政治、经济、技术的综合性工作。必须贯彻国家建设的各项方针政策,多方案比较论证,选出投资省、建设快、运营费低、具有最佳经济效益、环境效益和社会效益的厂址。

1.基本原则

(1)符合国家产业发展政策及市场发展趋势。

(2)企业的利润最大化。

(3)便于供应链管理,物流处于控制之中。

(4)符合所在地区、城市、乡镇总体规划布局。

(5)节约用地,符合国家现行土地管理、环境保护、水土保持等法规有关规定。

(6)有利于保护环境与景观,尽量远离风景游览区和自然保护区,不污染水源,有利于"三废"处理,并符合现行环境保护法规规定。

从图5-1中可以看出,一个企业的选址决策,与供应商、消费者及其他相关因素有密切关系。从理想的目标出发,一个企业作出的选址决策应从物流系统的观点出发,就是要综合考虑所有的因素,使得物流链上的每一个结点都能达到最优。然而实际上大多数企业都只考虑很小一段,或者是没有办法影响其他企业的选址决策。结果是,选址的系统性被破坏了,成为支离破碎的离散体,这显然会影响整体竞争力。

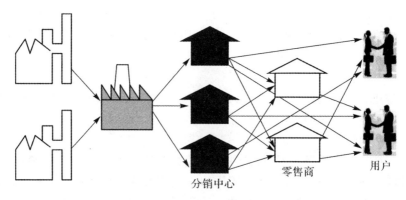

分销中心　　零售商　　用户

图5-1　产品制造—销售物流网络

三、工厂选址的方法

工厂选址的方法有定量方法和定性方法，主要从定量方面介绍下面几种。

1. 分级评分法

主要是分级来确定选择对象。具体做法如下：

(1)确定权数——对影响因素的相对重要性程度打分。

(2)确定评价标尺并为各因素定级。评价标尺是为影响因素对选址的影响程度规定的一组评价等级。

(3)计算评价值——计算每因素的权数与等级得分的乘积得到评价值。

(4)计算总评分——将每个选址方案各因素的评价值汇总求和，取总评分最高者为所要选择的最佳厂址。

例 5-1 某电视机公司因业务发展需要，决定建一新厂，提出 3 个备选厂址，影响因素共 9 个，评价计算如表 5-1。

表 5-1 影响因素加权及得分

影响因素	权数	备选厂址		
		A	B	C
土地资源	4	2	3	
气候条件	1	1	1	2
水资源	3	4	2	3
资源供应条件	6	3	4	2
基础设施条件	7	4	3	4
市场空间	7	3	4	3
生活条件	5	4	3	2
劳动力资源	2	4	2	2
地方法规	5	4	3	2
总评分		136	126	104

得分最高为 A 地，可选 A。目前劳动力竞争特别激烈，可适当加大权重。

2. 重心法

重心法是一种布置单个设施的方法，这种方法要考虑现有设施之间的距离和要运输的货物量。是通过对新厂物流所有关联方的空间位置及其运量的

分析,将根据重心原理计算出的"重心"直接作为新厂厂址。

重心法使用的公式是:

$$c_x = \frac{\sum d_{ix} v_i}{\sum v_i}, \quad c_y = \frac{\sum d_{iy} v_i}{\sum v_i}$$

c_x——重心的 x 坐标;

c_y——重心的 y 坐标;

d_{ix}——第 i 个地点的 x 坐标;

d_{iy}——第 i 个地点的 y 坐标;

v_i——运往第 i 个地点的货物量。

例 5-2 某公司要为物流中心的设立选择一个最适合的地点。现有三家分厂坐落在下列坐标 (x,y) 上:一分厂(20,45),二分厂(35,15),三分厂(5,50)。每年各分厂的销售额为:一分厂 250 万元,二分厂 400 万元,三分厂 180 万元。假定运送的产品量与销售额成正比,试用重心法找出物流中心最好的坐落点。试问中心设在哪个地点最好?

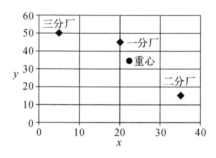

图 5-2 坐标位置

解

$c_x = (20 \times 250 + 35 \times 400 + 5 \times 180)/(250 + 400 + 180) = 23.98$

$c_y = (45 \times 250 + 15 \times 400 + 50 \times 180)/(250 + 400 + 180) = 31.63$

一分厂离"重心"最近,应选一分厂。

第二节　工厂布置的意义和内容

厂址确定之后,就要根据产品的特征、生产类型和产品工艺流程确定工厂的组成部分及其规模大小,并在此基础上进行厂区规划,即工厂布置。

一、工厂布置的含义和原则

工厂布置是合理组织企业生产力的一项重要工作,也是生产管理的重要内容之一。它的结果将长期影响生产的经济效益。企业为实现生产管理的任务,达到自身的目标,必须重视工厂布置。

1. 含义

工厂布置,就是对企业内的各种物质设施进行优化设计和安排,目的在于将它们按照合理的空间方式有机地结合在一起,保证工人和设备的有效运营,提高企业的经济效益。

工厂布置是生产运营系统设计的一项综合性工作,是在厂址选定和生产运营单位确定之后,对企业的生产车间、厂房建筑、机器设备、运输设施、公用设施、办公设施等物质设施所进行的空间组织。

工厂布置是对构成工厂的各个单位、各种设施与设备以及厂内运输路线等进行合理的配置,使工厂成为一个有机的系统。其基本目的是制定一个生产系统,使之能以最经济的方式生产出满足市场需求的产品。

2. 工厂布置的影响因素

大体上可分为两类因素,即物流因素和非物流因素。物流因素是指根据各部门之间物流量的大小来考虑各单位、部门之间的几何位置,即尽量把相互之间物流量大的单位靠近一些,以减少装卸搬运工作量,提高物流速度,降低物流费用。非物流因素指除物流因素以外的因素,如社会因素、地理因素、水文和地质因素以及人的意志因素等,对工厂布置所产生的影响。

3. 工厂布置的原则

工厂布置包括两项基本内容:一是工厂总平面布置,二是车间布置。前者属于厂区规划,后者指厂房内的设备、设施配置。无论是工厂总平面布置,还是车间布置,都要遵循以下基本原则:

(1)服从于生产工艺流程的需要。要求工厂的每一组成部分的位置安排能保证生产工艺流程的畅通和便利,有利于缩短生产周期和降低物流费用。例如,物料的单一流向,最小的物流距离,最少的装卸搬运次数,进出方便,通道、道路畅通等等。

(2)适应于厂外运输的要求。在进行工厂平面布置时,不仅要考虑厂内运输路线的合理布置,还要研究厂内运输如何与厂外运输之间的衔接问题。要利用厂区所在地,如城市现有的运输条件,满足厂内物流的需要,避免货运路线和人流路线相交叉。

(3)节约用地,向立体空间发展。工厂要注意土地资源的节约,尽可能利用空间。

(4)有利于生产,服务于生产。围绕生产流程的顺利进行。

(5)有利于企业管理水平的提高。便于优化管理,节约成本。

二、工厂布置的内容

工厂布置包括平面布置和立体布置,平面布置是主要内容。平面布置分为工厂总平面布置和车间平面布置两部分。

1. 工厂总平面布置

中心内容是企业的各种物质设施的布置设计,决定各生产运营单位在工厂总平面图上的相应位置和面积,决定最优工艺路线、物流流程以及厂内外运输方式和设施。

2. 车间平面布置

根据车间应承担的生产运营任务,合理确定车间内部各工段、班组、工作地等组成单位的相互位置和面积。进一步分为车间总体布置和设备(工作地)布置两个阶段。

三、工厂布置的目标与依据

1. 工厂布置的目标

工厂布置的目标,是把工厂所有的物质设施安排成一个最佳的"生产运营方式"或生产运营体系,实现工作地、设备、物料和工人的最佳结合,从而以最经济的方式满足生产运营要求,提高企业经济效益。具体包括:最少的物料搬运(最短距离的运输路线和最低限度的搬运次数);最大的灵活性;最有效的空间(面积)利用;最方便、舒适、安全的工作环境;最合理的发展余地。

2. 工厂布置的依据

企业进行工厂布置,就需要了解企业与外界的联系,企业内部各组成部分之间的相互关系,以及各个系统的目标任务。只有如此,才能协调好各个方面的关系,取得系统布置的良好效果。

工厂布置所依据的资料是多方面的,主要有:厂区的地形、地质、面积和气候条件;厂区所在地的交通运输条件,厂内外货运量和运输方式;工厂的生产类型、生产能力、产品结构和工艺特点;工厂各组成部分及其所需面积;原材料、辅助材料、燃料、半成品、成品等存储情况;人员配备和生产服务情况;特殊作业的情况;防火、安全和环境保护的要求。

第三节　工厂总平面布置

工厂总平面布置是根据已选定的厂址和地形,对工厂的基本生产车间、辅助生产车间、生产服务部门、公用设施等进行合理的布置。在工厂总平面布置过程中,要从系统的观点出发,统筹兼顾,全面规划,合理部署,讲求整体的最优效果。

一、工厂总平面布置的原则

进行工厂总平面布置,一般应遵循以下原则:

1. 必须满足生产工艺过程的要求

各个基本车间应符合工艺过程的顺序布置,以便使材料、半成品的流向单一,避免交叉往返运输。各辅助车间、服务部门应设在其主要服务的车间附近,以保证最短的运输距离和快捷的服务。

2. 合理利用厂区面积

既要使厂房之间的距离尽可能小,又必须符合防火、卫生、采光等方面的要求。

3. 良好的适应性和灵活性

市场需求是不断发展变化的,因此,布局的稳定性也不是永恒的。为了能应付市场需求的变化,工厂总平面布置应具有良好的适应性和灵活性。此外,企业未来的发展,也要求工厂总平面布置需留有一定的余地。

4. 提供良好的环境

要有良好的防污、防噪、治理"三废"的措施和安全劳动保护措施,注意布局整齐美观,达到美化厂容的目的。

二、影响企业生产单位构成的因素

企业生产单位的构成因行业不同差异甚大,尤其是机械制造企业生产单位设置比较复杂。每个企业都有自身的特点,主要受下列因素的影响:

1. 产品的结构与工艺特点

生产单位的设置应根据产品结构要求,设置相应的制造车间,如生产机械产品的制造企业,生产单位可由毛坯、加工、装配车间组成;流程式的化工行业则严格按工艺流程的阶段组成车间。同类型的产品,结构相似,可能采用不同的工艺方法,如齿轮厂的毛坯,可以磨锻而成或精密铸造,因而相应地设置锻造车间或铸造车间,或者锻造与铸造车间均设置。

2. 企业的专业化与协作水平

企业的专业化是以生产的产品品种多少和工艺类型与方法的单一化程度来衡量的。专业化程度高的企业,产量较大,生产单位(车间)的任务比较单一。企业的生产专业化形式不同,相应设置的生产单位也不同。采用产品专业化形式的企业,要求企业有较为完整的生产单位。采用零件专业化形式的企业,多数没有完整的加工过程各个工艺阶段,可不设置装配车间或毛坯车间。采用工艺专业化的企业,一般只设有相应工艺阶段的车间。

3. 企业的生产规模

企业的生产规模是指劳动力和生产资料在企业的集中程度,如企业职工人数、固定资产总值、产品总产值等,可分为大、中、小规模企业。大型企业的车间规模大,为了便于组织生产,同类生产性质的车间往往设置多个,如机械加工一车间,机械加工二车间;对于小型企业,则可将加工与装配同设置在一个车间。

三、工厂总平面布置

工厂总平面布置是一项需要综合考虑多种因素,而且影响企业长远效益的工作。因此,它不是一次可以完成的,而是要经过反复试验、比较验证,布置、修改、再布置的过程,才能逐步完善。开始时,可以利用模型进行设计。模型有平面的、立体的、按比例的、带颜色的等多种形式,可以根据需要具体确定。

工厂总平面布置时,一般先安排主要生产车间和某些由特殊要求决定其位置的作业,如消防通道、易燃易爆品仓库等。其次,确定主要过道的位置。主要过道的两端尽可能与厂外的公路相连接,中间与各车间的大门相连接;车行道、人行道应平坦、畅通、有足够的宽度和照明设施;道路交叉处应有信号装置。最后,根据各组成部分的相关程度,确定其他辅助部门、服务部门和次要过道的位置。利用模型进行布置,便于修改,也便于形成几个不同的布置方案,有利于进行比较。

工厂总平面布置经过模型试验,方案比较,确定最优方案后,就可以到现场实地布置了。现场实地布置时,可根据具体条件对原设计方案进行必要的修正。

第四节　设备布置

工厂总平面布置解决的是工厂各组成部分的总体布局及相互位置问题。至于各组成部门内部如何布置,则属于车间布置问题。

不同类型的企业,车间的组成部分是不一样的。一般来说,大型的生产车间由以下几部分组成:①基本生产部分。如机械加工车间的各种机床设备,炼钢车间的电炉、平炉、转炉等。②辅助生产部分。如机修组、电工组等。③仓库部分。如中间零件库、工具室等。④车间管理部分。如各管理办公室、资料室等。⑤其他部分。如休息室、更衣室、盥洗室、各类通道等。

在车间的各组成部分中,基本生产部分是主要的,特别是设备所占用的车间面积最多。所以,设备布置是否合理,将影响产品的生产周期和生产成本,影响劳动生产率的提高。

一、设备布置的类型

设备布置的类型一般有三种:

1. 工艺布置

工艺布置亦称工艺专业化原则。按工艺布置就是按照生产过程的各个不同工艺阶段来进行布置。把同类型的机器设备和同工种的工人集中在一起,建立一个生产单位,对企业生产的各种产品进行相同工艺的加工。如车床在一起,铣床在一起等(图5-3)。

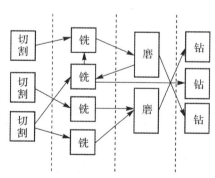

图 5-3　工艺专业化布置

工艺布置的优点是:①当产品品种变换时,有较强的适应能力,不必重新布置工作地和调整设备与工艺装备;②由于集中了同类设备,便于充分利用设

备和生产面积,提高设备负荷系数;③由于每个生产单位只进行同一种工艺的加工,这就便于工艺管理和工人技术水平的提高。

工艺专业化的特点主要是工艺特点相同,具体表现为"三个相同,一个不同",即设备、工种、工艺方法相同,产品不同。

工艺布置的缺点是:①零件在车间之间或车间内部往复搬运多次,加工路线长,运输费用增加;②零件大量停放,使生产周期延长,流动资金占用量增加;③车间之间关系复杂,使计划管理、质量管理、在制品管理、生产控制等工作复杂化。

2. 产品布置

产品布置亦称对象专业化原则。按产品布置就是按照不同的产品来划分生产单位,每个车间完成其所担负对象的全部工艺过程。这要求把不同类型的机器设备和不同工种的工人集中在一起,建立一个生产单位,对相同的制品进行不同工艺的加工。按产品布置的零件运动情况如图 5-4 所示。

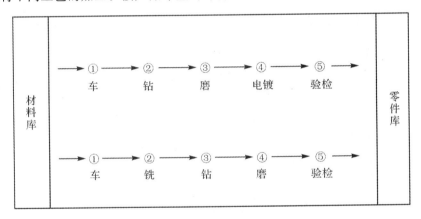

图 5-4　产品布置

在对象专业化生产单位里,集中着加工同种类产品所需要的各种机器设备和各种工人,对同种产品进行不同工艺的加工,也就是"三个相同,一个不相同"。

产品布置的优点是:①由于在一个生产单位内可以完成或基本完成零件的全部加工工序,这就大大缩短了产品的加工路线,节约运输的劳动量,减少生产和仓库面积;②可以减少零件的停运时间,提高生产的连续性,缩短生产周期,减少在制品占用,节约流动资金;③减少生产单位之间的联系,简化计划、管理工作,有利于提高产品质量和加强车间管理。

产品布置的缺点是:①不便适应市场对产品变化的要求,应变能力低;

②当产量不够大时,会出现设备和生产面积不能充分利用的情况。

3. 综合布置

综合布置是将上述两种类型的布置结合起来的一种形式。在一个工厂内,既有按产品布置的生产单位,又有按工艺布置的生产单位,如图5-5所示。

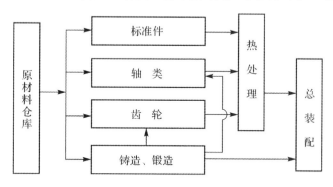

图 5-5　综合布置

设备布置类型的选择需考虑多种因素,如产品的产量、生产程序和结构稳定性,等等(表5-3)。当产品对象需要生产的数量非常大,所有产品的工序相同或相似,产品结构较稳定,可采用产品布置;如果产品品种繁多,数量相对很少,所有工序又明显不同,结构经常变化,可选用工艺布置;在采用产品布置时,如果某些特殊工艺需要,可以选用综合布置。

表 5-3　工艺专业化原则和产品(对象)专业化原则的比较

项目	工艺专业化原则	产品(对象)专业化原则
优点	1. 设备应用面广,利用率高; 2. 有利于工艺管理; 3. 部分设备停歇不影响正常生产运营; 4. 对产品品种变换的适应性强	1. 加工路线短,节约运输资源; 2. 产品等待时间减少,生产运营周期短,流动资金占用少; 3. 物流流程简单,有利于保证完工周期和质量; 4. 工人素质要求专门化
缺点	1. 加工路线长,运输费用高; 2. 生产运营周期长,流动资金占用多; 3. 物流流程复杂,不便于管理; 4. 不利于保证完工周期和质量; 5. 工人素质要求高	1. 设备专用性强,利用率低; 2. 不利于工艺管理; 3. 生产运营过程易受影响; 4. 生产运营灵活性差
适用范围	单件小批生产运营类型	大量大批生产运营类型

特别需要强调的是,随着企业生产运营不断引入成组技术、数控加工技术、柔性制造系统等先进生产运营和组织技术,一种称为制造单元(Manufacturing Cell 或 Cellular Manufacturing)的布置形式发展很快,越来越受到关注,被认为代表了工厂布置的一种未来发展方向。

二、设备布置的要求

设备布置的要求主要有:

(1)尽量使产品的加工路线最短,工人在设备间移动的距离也最短。

(2)便于运输。加工大型产品的设备要布置在有桥式吊车的车间里,加工长形棒料的设备尽可能布置在车间入口处。

(3)充分利用车间的面积。设备的布置可以根据车间面积和形状排成纵向、横向或斜向的队形,既要保证工人有足够的操作范围,又要充分利用好车间的有限面积,为布置新工作地留有余地。

(4)确保安全。设备之间、设备与墙柱之间应保持一定的距离。

三、设备布置的方法

设备布置最常用的方法是利用模板和实物模型来进行布置。模板布置是采用塑料或厚纸板制成各种设备的外形,并按一定比例做出模板,然后将各种模板在平面上布置,并将生产过程中需用的所有设施也用同样的方法布置到平面图上,来寻求较优的布置方案。模板布置成本低,直观明了,易于采用,又可灵活移动。

实物模型布置是用塑料或木料等做成设备、设施的模型,按一定比例缩小后布置在平面图上。这种布置既有模板布置的种种优点,又能显示出立体形状。其缺点是制造模型的费用较高。

在设备布置过程中,如何使物料的运输距离最短和运量最小,从而降低运输费用是一个重要问题。要解决这个问题,只凭经验和试验的方法来进行是不够的,还要利用某些科学方法。

四、装配线平衡

装配线的平衡是产品导向(对象专业化)设施布置的一个重要内容。因为流水生产线的中心问题是平衡生产线上每个工作地(工作站),使其按一定的节拍进行生产,保持均衡的、一致的、连续的生产状态,减少各工作地的时间浪费,提高生产设备与人员的利用率。因此装配线平衡的目的有资源的利用率,提高生产过程的连续性与节奏性以及减少时间的损失等。

1. 装配线平衡的方法

(1)计算节拍。进行装配线的平衡,首先必须确定生产线的节拍。节拍是生产线上连续生产两个相同制品的时间间隔,用公式表示为:

$$r = \frac{\text{计划期有效工作}}{\text{计划期产量}} = \frac{F_e}{N} \tag{5-1}$$

如果在计算节拍时考虑废品率,则计划期产量应该这样计算:

$$\text{计划期产量} = \text{计划产量}/(1 - \text{废品率})$$

例 5-3 某厂一条电子生产线,每日工作两班,每班 8 小时,工人统一每班休息 15 分钟,计划出产 800 只电子管,计划废品率是 5%,计算节拍。

$$r = \frac{2 \times 8 \times 60 - 2 \times 15}{800/(1 - 5\%)} = 1.1 \text{ 分}/\text{只}$$

(2)计算最小工作地数目。最小工作地数目按照下面的公式计算:

$$S_{\min} = \left[\frac{\sum t_i}{r} \right] \tag{5-2}$$

式中 t_i 为第 i 个工序的单件工作时间。方括弧表示取整数。

(3)组织工作地。按照如下的原则组织工作地:

1)保持工序的先后次序;

2)工作地综合作业时间等于节拍,尽可能接近节拍;

3)工作地数目尽量少,但是不能小于最小工作地数目。

在分配作业给各工作地时,可以按照如下两条规则进行分配作业:

1)优先分配后续作业数较多的作业;

2)优先分配作业时间最长的作业。

(4)计算时间损失系数或效率。时间损失系数为:

$$\varepsilon_L = \frac{S \cdot r - \sum_{i=1}^{s} T_{ei}}{S \cdot r} \times 100\% \tag{5-3}$$

式中:S—工作地数目;

T_{ei}—第 i 工作地的综合工作时间。

效率:

$$\eta = \frac{\text{完成工作所需要的时间}}{\text{工作地数目} \times \text{节拍}} = \frac{T}{S \cdot r} \tag{5-4}$$

(5)评价方案。通过对平衡方案的时间损失率与效率的分析,对平衡方案进行评价,以决定是否继续寻找新的方案。

例 5-4 有一装配线由 10 个工序组成,各工序的工时定额和作业的先后次序如图 5-6 所示。如果节拍为 15 分/件,试进行装配线的平衡。

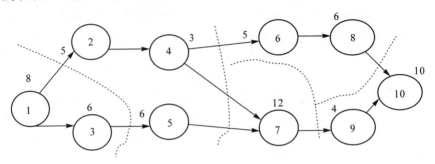

图 5-6 装配线及其作业的关系图

(1)计算最小工作地数目

$$S_{min} = \left[\frac{8+5+6+3+6+5+12+6+4+10}{15} \right] = 5$$

(2)组织工作地。由于最小的工作地数目是 5,因此工作地的划分最少是 5,根据组织工作地的原则,把整个装配线划分为 5 个工作地。

(3)计算时间损失率

$$\varepsilon_L = \frac{5 \times 15 - (14+14+12+11+14)}{5 \times 15} \times 100\% = 13.33\%$$

2. 装配线平衡应考虑的问题

以上介绍的是理论的装配线平衡方法,实际上企业的装配线很少是完全平衡的,有许多因素影响生产线的平衡。

(1)有些作业互相干扰或不宜靠近,不能放在一个工作地,影响生产线的平衡。

(2)人力与空间限制生产线的组织,也影响生产线的平衡。

(3)合理调整工人,把熟练工人调到高负荷工序,选派工人做流水线巡回作业,协作高负荷工序完成任务,有利于生产线的平衡。

(4)采用高效工具,改造装配线,可以降低装配时间,有利于装配线的平衡。

(5)生产线不平衡在生产过程中是正常现象,部分工序采用临时加班降低负荷,有利于生产线的平衡。

第五节　成组技术

成组技术(Group Technology,简称 GT)是建立在以相似性为基础的合理组织多品种、中小批量生产的一种管理方法。它是将企业生产的各种产品以及组成产品的各种部件、零件,按相似性原则进行分类编组,并以"组"为对象来组织生产技术准备和生产过程。

美国与日本企业界则将 GT 与数据控制技术、计算机技术很好地结合,为在 GT 基础上发展 CAD(计算机辅助设计)、CAPP(计算机辅助工艺过程设计)、CAM(计算机辅助制造)、CAPM(计算机辅助生产管理)、FMS(柔性制造系统)等创造了必要的条件,使 GT 的作用得到了最充分的发挥。

一、成组技术的基本原理

成组技术的基本原理简单说就是识别和利用事物的相似性。它是将许多各不相同、但又部分相似的事物集中处理,并根据一定的目的,按它们的相似特征进行归类分组,把原来多样化的、无序的事物有序化,找出同一类事物中的典型事物,总结出其存在形式的内在规律,从而达到简化、统一、高效、经济的目的。也就是说,凡是存在有相似性的工作领域,都可以应用成组技术这一基本原理。

为了从根本上解决小批量生产问题,必须从零件的个性中找出共性,从传统的以个别零件为对象组织生产过渡到以成组零件为对象组织生产。成组技术就是为适应多品种、中小批量生产这一客观要求而产生的。

以机械产品为例。机械产品尽管品种繁多,用途、功能各异,但构成不同产品的零件主要有以下三种类型:

(1)复杂件(专用件)。这类零件在产品中数量不多,约占零件数的 5%～10%,但结构复杂,产值高,再用率低。

(2)相似件。这类零件在产品中种数多,数量大,约占零件总数的 70%左右,虽从外表看来各种零件并不相同,但它们在结构、工艺、材质等方面存在着大量的相似特征。

(3)标准件。这类零件结构简单,产值低,再用率高,一般应组织大量生产。

在这三类零件中,只有相似件才是成组技术研究的对象。成组技术就是从分析相似零件固有相似特征的稳定性、规律性入手,并从这些固有特征上的

相似性来导出一系列从属的相似性,进而由这些从属的相似性导出生产组织上的同一性。通常只要抓住尺寸相似、形状相似、加工工艺相似这三大相似点,对零件进行分类和成组,就可以有效地增加同类零件的批量,达到降低成本、提高经济效益的目的。

二、零件分类成组的方法

实施成组技术首先要对零件进行分类。分类的依据是零件的相似性。采用的分类方法不但要能界定相似的内容,而且要能判定相似的程度;要能描述出最本质的、长久性的相似特征,且具有尽可能简单的结构;使人、机都能对其方便地识别。目前,应用得较为普遍的零件分类成组方法有以下三种:

(1)视检法,又称人工目视搜索法。这种方法是凭目测和经验,把形状、尺寸和工艺方法相似的零件归在一起,先按需要什么机床加工分成几大类,再按工序相似性分成若干组。

(2)工艺流程分析法,又称生产流程分析法。这种分类方法是从分析全部零件的工艺过程卡、工艺卡、工序卡等资料入手,基本不考虑零件的形状和尺寸,仅以工艺过程相似性作为分类的依据,把具备共同工序和工艺路线的零件归并为一个自然零件组,进而将加工某一零件组的机床和工作地组成一个成组生产单元。

(3)编码分类法。这种方法可以看做是两个步骤的综合:一为"编码",就是用一组有特定意义的符号系统(代码),来描述零件各方面的特征;二为"分类",就是按一定的准则,将代码相似的零件归并成组。概括起来说,就是"以数代形,按数归组"。编码分类法可以对零件各方面的特征进行较详细的描述,同时又十分便于计算机识别、检索和自动归类,因此它具有极宽的应用领域,是当前最主要的对零件分类成组方法。

三、成组技术的应用

1. 成组技术在产品设计中的应用

利用成组分类编码系统、相似件图库和 CAD 软件进行成组设计,不但可大大节省设计工作量、缩短设计周期、提高设计工作质量,而且十分有利于提高设计的继承性和产品的标准化、通用化和系列化的水平。将成组技术应用于产品设计后零件的设计过程,如图 5-7 所示。

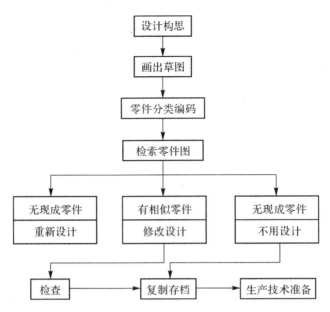

图 5-7　应用成组技术后零件的设计过程

2. 成组技术在制造工艺中的应用

成组技术在制造工艺方面的应用领域十分广阔,效果也比较显著,其中最典型的应用领域是工艺设计和工装设计。

(1)成组技术在工艺设计中的应用:应用成组分类编码系统、零件族成组工艺库和工艺专家系统(典型工艺)进行成组工艺设计,再由计算机自动生成生产工艺。这样不仅可节约大量不必要的重复劳动、缩短生产准备周期,而且还可提高工艺设计水平。

(2)成组技术在工艺装备设计中的应用:在多品种、中小批量生产时,可设计不同于专用工装的成组工装。这种成组工装的使用对象是成组加工的一组零件而非特定的一种零件,它通常由通用基体部分和专用可调部分组成,其中通用基体部分适用于同组所有零件,只有专用可调部分才需要因零件各异而进行设计或选择。这样既增加了工装的适应性,又减少了专用工装的数量,使工装设计和制造的工作量大大减少。

3. 成组技术在生产过程组织中的应用

根据已划分的零件组和已编好的成组工艺,可组织成组加工,其具体的生产组织形式有如下几种。

（1）成组加工中心（GT-Center）

又称成组加工单机，或工序成组，就是在一个工作地上组织相似零件的成组加工。通常它并不改变工作地的原有布置。这种形式可以减少设备调整时间和工人训练时间，有利于工艺文件编制工作合理化和实现计算机辅助工艺设计。这种形式对数控机床的使用极有好处，这是因为按零件组编程、投产后，有利于提高数控机床的利用率。因此，成组技术与数控相结合后更能显示出两者的优越性。

（2）成组生产单元（GT-Cell）

就是在一个生产单元里，配备成套的生产设备、工艺装备和相关工种的工人，以便能在单元里封闭地完成一个或几个工艺过程相似的零件族的全部工艺过程。加工顺序在组内可以灵活安排，遇到有特殊工艺要求的零件组（如热处理），则可组织跨单元加工或分段组织成组生产单元。成组生产单元兼有工艺专业化和对象专业化的优点，既富有柔性能适应多品种生产，又能获得对象专业化组织所带来的较高的经济效益。

（3）成组流水线（GT-Flow Line）

成组流水线就是具有流水生产特征的成组生产单元。它与一般流水线的区别在于：成组流水线固定生产的不是一种制品，而是一组或几组相似的制品，它的设备和工艺装备允许作局部调整以适应相似零件的不同加工要求。成组流水线可分为顺序生产成组流水线、平行生产成组流水线和顺序按批生产成组流水线三种类型。

4. 成组技术在定额工作中的应用

利用成组技术的原理，进行工时定额、材料消耗定额、定额成本的制定，不仅事半功倍，而且可以保持定额水平的一致性，克服定额工作中因不同的人、不同时间和不同场全场制定的定额差异性很大的弊病。

5. 成组技术在生产计划与控制中的应用

利用成组技术原理编制成组生产作业计划，不但简化了生产作业计划的内容，而且以这种作业计划为依据去控制生产过程时，针对性强、灵活性好，还特别有助于最优的作业排序，能方便地与 MRP 结合使用，可以大大提高企业生产系统的柔性，使企业能够适应市场需要，经济地实行多品种、中小批量生产。

6. 成组技术在计算机辅助管理中的应用

成组技术将企业的生产对象用规定的数符串进行描述，极有利于计算机进行识别和处理，为计算机广泛用于企业管理提供了一个重要条件。成组技术是提高 CAP、CAPP、CAM、CAPM、FMS、MIS 的有效性和经济性的重要基础,是多品种生产企业通向 CIMS 的必由之路。

本章小结

工厂布置是对构成工厂的各个单位、各种设施与设备以及厂内运输路线等进行合理的配置,使工厂成为一个有机的系统。其基本目的是制定一个生产系统,使之能以最经济的方式生产出满足市场需求的产品。工厂布置包括平面布置和立体布置。

厂址选择的程序:①明确厂址选择的目标;②收集、整理有关新工厂的数据资料;③辨识厂址选择的主要影响因素;④选位;⑤开发厂址备选方案;⑥定址。

工厂总平面布置是一项需要综合考虑多种因素,而且影响企业长远效益的工作。其原则有:①必须满足生产工艺过程的要求;②合理利用厂区面积;③良好的适应性和灵活性;④提供良好的环境。

设备布置的类型一般有三种:①按工艺布置;②按产品布置;③综合布置。设备布置的要求主要有:①尽量使产品的加工路线最短,工人在设备间移动的距离也最短;②便于运输;③充分利用车间的面积;④确保安全。

装配线的平衡是产品导向(对象专业化)设施布置的一个重要内容。

成组技术是建立在以相似性为基础的合理组织多品种、中小批量生产的一种管理方法。成组技术在制造工艺方面的应用领域十分广阔,效果也比较显著,其中最典型的应用领域是工艺设计和工装设计。

案例:香港迪士尼开园 7 年首盈利

1999 年 11 月 2 日,迪士尼公司和香港特区政府就在港兴建迪士尼主题公园达成协议。迪士尼乐园首期项目"神奇王国"于 2005 年建成开放,占地 126 公顷。香港迪士尼乐园是全球迪士尼乐园中最小的一个。

得益于大陆游客以及新景点的增加,香港迪士尼乐园迎来开业 7 年来的首次盈利。

2013 年 2 月 18 日,香港迪士尼乐园公布截至去年 9 月 29 日的 2012 财政年度业绩,当年净利润为 1.09 亿港元,这是香港迪士尼乐园自 2005 年 9 月开业以来的首次盈利,而 2011 财年香港迪士尼净亏 2.37 亿港元。

香港迪士尼盈利难题

事实上，早在去年 12 月初，《华尔街日报》就曾援引知情人士的话称，香港迪士尼乐园将迎来首个财年盈利，而这主要归功于内地游客数量的飙升。

最新数据显示，2012 财年香港迪士尼营收同比（较上年）增长 18% 至 42.72 亿港元；游客人数增长 13% 达到 673 万人次，其中大陆游客占到 45%，香港本地居民占 33%，其余 22% 为国际旅客；除息、税、摊销及折旧前盈利为 8.76 亿港元，按年升 73%。

作为全球最小的迪士尼乐园，1999 年，香港特区政府为提振本地经济，与华特-迪士尼公司合资建设香港迪士尼乐园，注册资本 32.5 亿港元，香港特区政府控股 57%，迪士尼公司占 43%。当时预计开业后 5 年至 15 年，每年 1000 万客流，开业第二年便可收支平衡，资金回报率为 25%。

但开业后的实际情况却并不理想。前三年游客总人数仅为 1380 万，并连年亏损，香港特区政府不得不下调了盈利预期。香港迪士尼行政总裁金民豪昨日称，金融危机以及禽流感的出现拖慢了香港迪士尼盈利的步伐。

市场此前的批评集中在面积，称面积过小阻碍了香港迪士尼乐园的发展，甚至与同城的海洋公园比起来，香港迪士尼的景区吸引力也不佳。法新社指出，不仅面积小，香港迪士尼还缺乏针对大陆游客的景点项目，而在上海迪士尼落成后，香港迪士尼的未来更令人担忧。

"迷离庄园"料年中落成

为增加游客量，香港特区政府和迪士尼公司于 2009 年达成协议，扩建香港迪士尼乐园，增设三个大型景点。

金民豪昨日表示，新景点对于其盈利至关重要，并称增设新景点的决定改变了香港迪士尼的发展历程。受惠于 2011 年 11 月及去年 7 月开幕的两个新园区"反斗奇兵大本营"与"灰熊山谷"，2012 财年香港本地旅客入场人次按年升 21%，升幅为历年之冠，另外内地旅客入场人次也有 13% 的升幅。

去年，香港迪士尼的游客人数、酒店入住率以及人均消费都创下新高。其中，酒店入住率达 92%，按年升 1 个百分点；访客人均消费上升 6%。据透露，香港迪士尼新建主题区"迷离庄园"预计今年年中落成，并考虑增设新游乐设施及在竹篙湾兴建新酒店。

金民豪指出，年内乐园访客在香港额外消费所产生的增加值达 80 亿港元，对香港本地生产总值的贡献为 0.42%，与此同时共创造了 2.45 万个职位。

"10个扩建方案在手"

据新华社报道,目前,香港迪士尼乐园约有10个扩建方案在手,正逐一研究可行方案,暂时未有结论及投资数目。"我们仍将继续扩展乐园,这个毫无问题,问题是何时、多大以及做些什么。"金民豪说。

虽然香港特区政府可以从此次盈利中分红,但新华社报道称,特区政府已经决定不领取"红利",让"红利"继续投放香港迪士尼。

金民豪昨日同时表示,股东对香港旅游业的发展充满信心,与上海在建的迪士尼乐园将不存在竞争关系,由于亚洲发展主题公园的时间较短,"同业的增多有利于培养主题公园文化,利于整个行业的发展。"

他补充说,相信香港和上海基于不同的旅游业定位会吸引不同的游客,中国有着13亿人口,市场庞大,可以容纳两个迪士尼乐园。

香港迪士尼开业以来,截至去年12月共接待宾客近3800万人次。

值得一提的是,香港迪士尼乐园宣布扭亏当天,香港海洋公园主席盛智文表示,在刚过去的农历年初一至初八,海洋公园的入场人数超过30万人次,较去年增加20%,香港本地旅客占三成,内地旅客占五成。其中年初三更破纪录有4.9万人次,一度因人太多需暂停售票。

(是冬冬:《东方早报》,2013-02-19)

问题:1.为什么香港迪士尼乐园能够盈利?
   2.香港迪士尼乐园的选址有哪些不足?

复习与讨论题

1.工厂布置的目标是什么?
2.工厂总平面布置的原则有哪些?
3.设备布置的要求主要有哪些?
4.成组技术的基本原理。
5.工艺布置和产品布置的优缺点。

习 题

1.某公司要为物流中心的设立选择一个最适合的地点。现有四家分店坐落在下列坐标(x,y)上:一分店$(40,120)$,二分店$(65,40)$,三分店$(110,90)$,四分店$(10,130)$。每年各分店的销售额为:一分店600万元,二分店200万元,三分店350万元,四分店400万元。假定运送的产品量与销售额成正比,

试用重心法找出物流中心最好的坐落点。试问中心设在哪个地点最好？

2.下列作业必须按给定的次序和时间在装配线上完成。

作　业	作业时间（秒）	紧前作业
A	50	—
B	40	—
C	20	A
D	45	C
E	20	C
F	25	D
G	10	E
H	35	B、F、G

（1）画出流程图。

（2）若以8小时工作日计算生产400单位产品所需要最小的工作站数量的理论值。

（3）使用最长作业时间原则以最小的工作站数量来平衡装配线，使得每天可以生产400单位的产品。

（4）计算装配线的效率。

第六章　生产运营计划与控制

学习目标

➤理解生产运营计划

➤掌握生产运营计划计算方法

➤了解生产控制的内容

➤熟悉出产计划进度安排

引例:阿克苏电力公司

阿克苏电力公司生产计划系统是完成生产计划的全过程管理,实现生产计划管理的网络化、数字化闭环管理,保证生产计划数据的完整性、准确性,要达到优化并规范生产计划管理方式,建立人机合一管理模式,提高生产计划的查询、统计和考核管理水平。通过生产计划系统的实施,提高生产计划管理水平,有力指导电力生产业务的进行,合理安排各种资源的调配,减少电力生产中的事故发生率。

计划管理分年计划、季度计划、月计划、周计划、日计划。年计划主要来源于技术监督、检修、技术改造(技改、大修、安措)、缺陷处理等停电工作;季度计划是在年计划基础上细划的计划;月计划、周计划、日计划分别对应不同的计划周期,在不同的计划周期内可以增加新的临时停电计划。

计划管理系统可根据不同计划周期的计划条目自动分解到不同的计划执行阶段,支持工作流技术,可实现临时停电计划的自动审批流程处理。

系统可自动检测到计划项目的资源冲突,并以显著的颜色表示冲突的项目,用户可通过"工作量曲线图"、"工作地点曲线图"检查冲突的原因并调整冲突的计划,为工作人员节省大量的时间。

(选自:www.xj95598.com/anli_view.aspx? id＝19)

计划是使用资源达到预先设定目标的一种方法,是一个系统性的步骤,是

管理的首要职能。好的计划会减少或绕过各种障碍和危机,可以避免浪费和不必要的重复,提升工作效率,让目标完成的可能性大大提高,更好地实现企业的战略目标。

第一节　生产运营计划的制订

贯彻落实企业战略计划和经营计划设定的目标是生产运营计划的主要作用。生产运营计划通过社会需求和生产运营能力的综合平衡,一方面将企业战略具体化并付诸行动,另一方面寻求实现目标的最佳方案,提高企业的经济效益。

一、生产运营计划系统框架及内容

生产运营计划是根据市场需求预测,对企业人力和物力进行合理配置和使用,以达到最有效地生产出市场所需要的产品和服务的一种安排。生产运营计划的主要目的是提高生产效率。这种效率要既能满足市场或顾客的需求,又要使因劳动力变动所发生的费用及存贮费用降到最低限度,从而实现以最低的生产成本,生产出市场所需要的不同品种、不同规格和不同交货期限的产品。

1.生产运营计划及其指标体系

生产运营计划一般分为年度计划和季度计划,它们是企业经营计划的重要组成部分,是企业制订人员计划、设备计划、物资采购计划、库存计划、外协计划、成本与资金计划的重要依据。良好的生产运营计划,是建立企业正常生产秩序,确保企业经营成功的重要手段。它可以使资源得以合理配置与充分利用,进而实现生产方式由粗放型向集约型转变。按照计划时间的长短和计划内容的性质分为长期的战略性计划、中期的战术性计划和短期的作业性计划三个层次。

生产运营计划工作由总量计划与产品出产进度安排两部分工作构成。总量计划也被称为生产运营计划大纲,它是由一系列计划指标构成的。这些指标主要有产品品种指标、产品质量指标、产品产量指标和产值指标。

(1)产品品种指标,是企业在计划期内生产的产品品名和品种数。它表明企业在品种方面满足市场需要的能力,反映企业的技术水平和管理水平。

(2)产品质量指标,是企业在计划期内生产的各种产品的质量应当达到的水平。常用的产品质量指标有产品品级指标(如合格品率、一等品率、优质品率等)和工作质量指标(如废品率、不良品率、成品交验一次合格率、用户满意度等)。产品质量指标表明企业生产的产品质量特性能够满足用户要求的程度,反映着企业生产技术和管理水平。

(3)产品产量指标,是企业计划期内应当生产的合格产品和服务的数量。产品产量通常采用实物单位或假定实物单位来计量。

(4)产值指标,是用货币表示的企业生产的产品价值量。

2. 生产运营计划的制订步骤

生产运营计划的制订大致分为三个步骤。

(1)调查研究,收集资料

制订生产运营计划之前,要对企业经营环境进行调查研究,充分收集各方面的信息资料,其主要内容有国内外市场情况、国家的相关经济政策、企业的经营战略、现有订货合同尚未交货情况、现有存货水平(包括成品、半成品和在制品)、企业的核心能力和生产能力、相应的生产情况等。

(2)确定生产运营计划指标,进行综合平衡

确定生产运营计划指标是制订生产运营计划的中心内容。生产运营计划指标的确定,必须贯彻国家的方针、政策、法令和企业的经营方针,使生产运营计划安排的产品品种、规格、数量,既能适应社会或市场的需求,又要使企业的资源得到合理的配置与充分利用,能以最低成本生产需求的产品,确保企业经营目标的实现。

综合平衡是制订生产运营计划的重要工作环节,其内容包括两个方面:一是以利润指标为中心,生产运营计划指标与销售计划指标、利润计划指标平衡;二是以生产运营计划指标为中心,生产运营计划与生产能力及其他投入资源平衡。

(3)安排产品出产进度

生产运营计划总量指标确定后,需进一步将全年的总产量指标按品种、规格和数量安排到各季、各月中去,制订出产品出产进度计划,以便具体指导企业的生产活动。

3. 计划的类型

计划从层次上可分为战略层、执行层和操作层。见表6-1。

表 6-1 计划的类型

	战略层	执行层	操作层
计划的形式及种类	生产计划大纲、产品出产计划	零部件(毛坯)投入出产计划、原材料(外购件)需求计划等	双日(或周)出产作业计划、关键机床加工计划等
计划对象	产品	零部件、毛坯、原材料	工序
编计划的基础数据	产品生产周期	产品结构、加工制造提前期、零部件、毛坯、原材料库存	加工路线、加工时间、在制品库存
计划编制部门	市场部	生产部	车间
计划期	1 年	1 月～1 季	双日、周、旬
时间单位	季(月)	旬、周、日	工作日、小时、分
空间范围	全厂	车间及有关部门	工段、班组、工作地
优化方法	线性规划等	MRP、批量算法	各种作业排序方法

二、确定生产运营计划指标的方法

1.象限法(波士顿组合矩阵法,即 BCG 法)

该方法是由美国著名的管理学家、波士顿咨询公司创始人布鲁斯·亨德森于 1970 年首创的一种用来分析和规划企业产品组合的方法,又称市场增长率-相对市场份额矩阵、四象限分析法、产品系列结构管理法等。这种方法的核心在于,借助矩阵形式进行分析,从而解决如何使企业的产品品种及其结构适合市场需求的变化。同时,如何将企业有限的资源有效地分配到合理的产品结构中去,以保证企业收益,是企业在激烈竞争中能否取胜的关键。

波士顿矩阵对于企业产品所处的四个象限具有不同的定义和相应的战略对策(图 6-1)。

(1)明星产品(stars)。它是指处于高增长率、高市场占有率象限内的产品群,这类产品可能成为企业的现金牛产品,需要加大投资以支持其迅速发展。采用的发展战略是:积极扩大经济规模和市场机会,以长远利益为目标,提高市场占有率,加强竞争地位。发展战略以及明星产品的管理与组织最好采用事业部形式,由对生产技术和销售两方面都很内行的经营者负责。

(2)现金牛产品(cash cow),又称厚利产品。它是指处于低增长率、高市场占有率象限内的产品群,已进入成熟期。由于市场已经成熟,企业不必大量

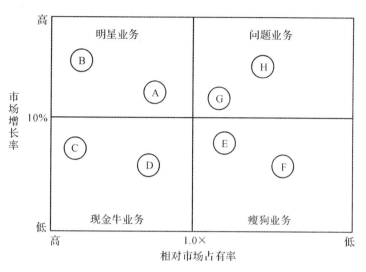

图 6-1　波士顿矩阵

投资来扩展市场规模,同时作为市场中的领导者,该业务享有规模经济和高边际利润的优势,因而给企业带来大量财源。企业往往用现金牛业务来支付账款并支持其他三种需大量现金的业务。其财务特点是销售量大,产品利润率高,负债比率低,可以为企业提供资金,而且由于增长率低,也无需增大投资,因而成为企业回收资金,支持其他产品,尤其是明星产品投资的后盾。对这一象限内的大多数产品,市场占有率的下跌已成不可阻挡之势,因此可采用收获战略:即所投入资源以达到短期收益最大化为限。①把设备投资和其他投资尽量压缩;②采用榨油式方法,争取在短时间内获取更多利润,为其他产品提供资金。对于这一象限内的销售增长率仍有所增长的产品,应进一步进行市场细分,维持现存市场增长率或延缓其下降速度。

(3)问题产品(question marks)。它是处于高增长率、低市场占有率象限内的产品群。前者说明市场机会大,前景好,而后者则说明在市场营销上存在问题。其财务特点是利润率较低,所需资金不足,负债比率高。例如在产品生命周期中处于引进期、因种种原因未能开拓市场局面的新产品即属此类问题产品。对问题产品应采取选择性投资战略,即首先确定对该象限中那些经过改进可能会成为明星的产品进行重点投资,提高市场占有率,使之转变成"明星产品";对其他将来有希望成为明星的产品则在一段时期内采取扶持的对策。

(4)瘦狗产品(dogs)。它是处在低增长率、低市场占有率象限内的产品群,也称衰退类产品。其财务特点是利润率低,处于保本或亏损状态,负债比

率高,无法为企业带来收益。对这类产品应采用撤退战略:首先应减少批量,逐渐撤退,对那些销售增长率和市场占有率均极低的产品应立即淘汰;其次是将剩余资源向其他产品转移;第三是整顿产品系列,最好将瘦狗产品与其他事业部合并,统一管理。

2. 盈亏平衡分析法

盈亏平衡分析法是以成本形态为基础,对产量、成本、利润相互间的内在联系进行分析。构成这种分析方法的主要内容是盈亏平衡点。根据盈亏平衡点可以确定最低产量水平(图6-2)。

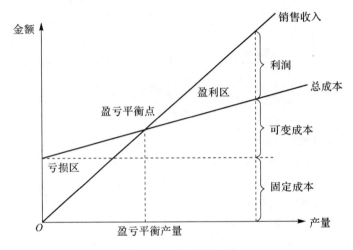

图6-2 盈亏平衡分析

所谓的可变成本是相对固定(不变)成本而言。固定成本是指在一定范围内,不随产量的变化而使(总成本)变化的成本;可变成本是指随着产量的变化而使(总成本)变化的成本。

盈亏平衡点计算公式为:

$$Q_0 = F/(W - C_v) \tag{6-1}$$

式中:Q_0—盈亏平衡点;

　　F—固定成本;

　　W—单位产品售价;

　　C_v—单位产品变动成本。

盈亏平衡点销售额为:

$$S_0 = F/(1 - C_v/W) \tag{6-2}$$

例 6-1 为生产某单一产品，需要固定成本 80000 元，每件产品的直接人工和原材料成本分别是 12.0 元和 6.0 元，销售价格是 32.0 元。求盈亏平衡点。

解 $Q_0 = F/(W - C_v) = 80000/[32 - (12 + 6)] = 5714$ 件

$S_0 = F/(1 - C_v/W) = 80000/[1 - (12 + 6)/32]$

$= 80000/0.4375$

$= 182857.14$ 元

3. 线性规划计划模型

线性规划模型是一种最优化的计划模型。线性规划最常用于多品种生产企业的计划工作，用以合理地分配与使用稀有或有限资源，判定如何使用这些资源来生产社会需要的产品，并获取最大的利润（或最低的成本）。

目标函数：$\text{Max}(\text{或 Min})Z = CX$ (6-3a)

约束条件：$AX \geqslant = \leqslant B$ (6-3b)

例 6-2 某机械厂生产四种类型产品，其生产制造包括车、铣、磨三个基本工序，各产品单位产品的工时消耗和企业拥有的生产能力、单位产品的售价和预测的市场需求量如表 6-2 和表 6-3 所示。

表 6-2 工时消耗及设备生产能力表

项目	单位产品所需工时（小时）				合计（小时）
	产品 1	产品 2	产品 3	产品 4	
车床	2	8	4	2	4100
铣床	5	4	8	5	4300
磨床	7	8	3	5	5250

表 6-3 产品需求情况及收入、成本差

产品	单位产品销售收入（元）	单位产品成本（元）	需求量（件）	
			预测最高需求量	预测最低需求量
1	250	160	250	150
2	400	240	600	200
3	400	360		200
4	300	200	150	100

根据上述资料，列出其线性规划模型。

目标函数：

$$\text{Max}Z = = 90x_1 + 160x_2 + 40x_3 + 100x_4$$

约束条件：

$$2x_1 + 8x_2 + 4x_3 + 2x_4 \leqslant 4100$$

$$5x_1 + 4x_2 + 8x_3 + 5x_4 \leqslant 4300$$

$$7x_1 + 8x_2 + 3x_3 + 5x_4 \leqslant 5250$$

$$150 \leqslant x_1 \leqslant 250$$

$$200 \leqslant x_2 \leqslant 600$$

$$x_3 \geqslant 200$$

$$150 \geqslant x_4 \geqslant 100$$

$$x_1 \geqslant 0, i = 1, 2, 3, 4$$

由单纯形法求解，得 $x_1 = 150$ 件，$x_2 = 347$ 件，$x_3 = 200$ 件，$x_4 = 112$ 件。最大利润为 88220 元。

第二节　生产运营作业计划的编制

生产运营作业计划是生产运营计划的具体执行计划，详细地规定了各车间、工段、班组以及每个工作地在较短的时间内（月、旬、周、日、轮班、小时）的生产运营任务。

一、期量标准

期量标准又称作业计划标准。所谓期量标准就是为制造对象（产品、部件、零件等）在生产期限和生产数量方面所规定的标准数据，随企业生产类型和生产组织形式的不同而不同。

1. 批量和生产间隔期

批量就是相同产品（或工件）一次投入和出产的数量。按批量分批地生产产品是成批轮番生产类型的主要特征。生产间隔期（又称生产重复期），就是前后两批产品（或工件）投入或产出的时间间隔。

批量与生产间隔期有着密切的关系。在产品生产任务确定以后，如果批量大，生产间隔期就会相应延长；反之，批量小，生产间隔期就相应缩短。其相互关系可用下列公式表示：

$$批量 = 生产间隔期 \times 平均日产量$$

2. 生产运营周期

生产运营周期是指从原材料投入生产运营起到最后完工为止的整个生产运营过程所经历的全部日历时间。它既可以指产品的生产运营周期，也可以指毛坯准备、机械加工、装配等某一工艺阶段的生产运营周期。生产运营周期是编制生产运营作业计划、确定产品及其零部件在各工艺阶段投入期和出产期的重要依据,并且通过分析其影响因素,可以有针对性地采取措施来压缩生产运营周期,提高经济效益。

确定生产运营周期,一般首先根据生产运营流程确定各工艺阶段的生产运营周期,然后以此为基础确定产品的生产运营周期。每个工艺阶段的生产运营周期包括:①基本工序时间;②检验时间;③运输时间;④等待工作地时间;⑤自然过程时间;⑥制度规定的停歇时间。

加工一批产品时,制品在生产运营过程中的移动方式对生产运营周期有直接的影响。具体有三种移动方式:①顺序移动方式;②平行移动方式;③平行顺序移动方式。

3. 生产运营提前期

生产运营提前期有投入提前期和出产提前期之分,是指一批制品(毛坯、零件、产品)在各工艺阶段投入或出产的日期比成品出产日期提前的天数。生产运营提前期和生产运营周期有十分密切的联系,是以产品最后出产时间为基准,按反工艺顺序,以各工艺阶段的生产运营周期为基础确定的。

生产提前期是指产品(毛坯、零部件)生产过程的各工艺阶段投入或出产的日期,比最后出产成品的日期提前的一段时间。每一种产品在每一个工艺阶段都有投入和出产之分,因而提前期也分为投入提前期和出产提前期。

正确确定产品的生产提前期,对及时组织毛坯、零部件的投入和出产,保证各工艺阶段之间在时间上的衔接,协调和实现均衡生产具有重要的作用。

生产提前期是以产品最后工艺时期为起点,根据各工艺阶段的生产周期、保险期和生产间隔期,按工艺阶段的逆顺序进行计算。其制定方法有两种不同情况。

(1)前后工序车间的生产间隔期相等的情况下提前期的制定

①投入提前期的计算

最后工序车间的投入提前期,等于该车间的生产周期。而其他任何车间的投入提前期都要比该车间出产提前期提早一个该车间的生产周期。因此,计算投入提前期的公式如下:

车间投入提前期＝本车间出产提前期＋本车间生产周期　　　(6-4)

②出产提前期的计算

制定出产提前期,除了考虑后工序车间的投入提前期以外,还要加上必要的保险期。保险期的确定,是考虑到车间可能发生出产误期的情况预留的时间,以及办理交库、领用、运输等需要的时间,一般是根据统计资料分析确定。

计算出产提前期的公式如下:

车间出产提前期＝后车间投入提前期＋保险期　　　　(6-5)

⑵前后工序车间生产间隔不相等情况下生产提前期的制定

在前后工序车间生产间隔期不相等的情况下,其投入提前期的计算公式与式(6-4)相同。车间出产提前期按下列公式计算:

车间出产提前期＝后车间投入提前期＋保险期＋(本车间生产间隔期

－后车间生产间隔期)　　　　(6-6)

例 6-3　某工厂成批生产一种产品 A,经过毛坯、机加工、装配三个工艺阶段,各阶段保险期为 2 天,部分期量标准如下表。(成品出产日期＝装配车间出产日期)

要求:

(1) 计算空格中的数据。(列出计算过程)

(2) 将表中空格的数据填上。

期量标准	毛坯	机加工	装配
批量(台)	600	200	100
生产周期(天)	10		5
生产间隔期(天)		20	10
出产提前期(天)	65		
投入提前期(天)		23	

解　装配:出产提前期＝0 天,投入提前期＝0＋5＝5 天,

机加工:出产提前期＝5＋2＋(20－10)＝17 天,生产周期＝23－17＝6 天,

毛坯:65＝23＋2＋(X－20),生产间隔期 X＝60 天,投入提前期＝65＋10＝75 天。

期量标准	毛坯	机加工	装配
批量(台)	600	200	100
生产周期(天)	10	6	5
生产间隔期(天)	60	20	10
出产提前期(天)	65	17	0
投入提前期(天)	75	23	5

4. 大量大批生产运营的期量标准

节拍是组织流水生产运营的依据,是大量大批流水生产运营期量标准中最主要的标准。所谓节拍,是指流水线上连续两件相同制品出产的时间间隔。类似地,工序节拍是指该道工序连续两件相同制品出产的时间间隔。节拍可通过计划期有效工作时间除以计划期制品产量(包括预计产量和废品量)计算得到。

当流水线节拍很小,或制品体积、重量较小,不便按件运输时,可以改为按小批运输。这时流水线上两批相同制品出产的时间间隔称为节奏,其等于节拍与运输批量的乘积。

二、生产运营作业计划的编制

生产运营作业计划编制的方法主要有在制品定额法、累计编号法等。

1. 在制品定额法

该方法适用于大量大批型企业,思路是:根据大量大批生产运营的在制品占用量相对稳定的特性,以预先确定的在制品定额和预计的在制品实际结存量之间的差额为依据,从使计划期末在制品数量保持在规定的定额水平的要求出发,按反工艺顺序确定各环节的计划投入量和产出量,以保证各环节之间的衔接平衡(表6-4)。计算公式为:

$$Q_0 = Q_{后I} + Q_S + (Z_S - Z_P) \tag{6-7}$$

$$Q_1 = Q_O + Q_B + (Z_B - Z_R) \tag{6-8}$$

表 6-4　用在制品定额法编制车间作业计划示意表

产品名称			×× 汽车	
商品产量(台)			10000	
零件编号			A1-017	A1-020
零件名称			轴	齿轮
每辆件数			1	4
装配车间(台)	1	出产量	10000	40000
	2	废品及投耗	—	—
	3	在制品定额	1000	5000
	4	期初预计在制品结存量	600	3500
	5	投入量(1+2+3-4)	10400	41500

续表

零件库 （台）	6	半成品外售量	—	2000
	7	库存半成品定额	800	6000
	8	期初预计结存量	1000	7100
加工车间 （台）	9	出产量（5＋6＋7－8）	10200	42400
	10	废品及损耗	100	1400
	11	在制品定额	1800	4500
	12	期初预计在制品结存量	600	3400
	13	投入量（9＋10＋11－12）	11500	44900
毛坯库 （台）	14	半成品外售量	500	6100
	15	库存半成品定额	2000	10000
	16	期初预计结存量	3000	10000
毛坯车间 （台）	17	出产量（13＋14＋15－16）	11000	51000
	18	废品及损耗	800	—
	19	在制品定额	400	2500
	20	期初预计在制品结存量	300	1500
	21	投入是（17＋18＋19－20）	11900	52000

2. 累计编号法

累计编号法又称提前期法。它是根据最终产品的平均日产量将生产提前期转化为提前量，并由此规定各生产单位（或零部件）应该达到的投入和出产累计数的一种计划方法。累计编号数可以从年初或从开始生产这种产品起，按生产的先后顺序累计确定。用累计编号法规定各生产单位任务的步骤是：

第一步，计算出各生产单位计划期末生产某种产品或零件、毛坯应达到的累计号数。其计算公式如下：

$$Q_{1i} = Q_0 + T_{1i}D \tag{6-9}$$

$$Q_{2i} = Q_0 + T_{2i}D \tag{6-10}$$

式中：Q_{1i}——第 i 生产单位出产累计编号数；

Q_{2i}——第 i 生产单位投入累计编号数；

Q_0——成品出产累计编号数；

T_{1i}——第 i 生产单位出产提前期；

T_{2i}—第 i 生产单位投入提前期；

D—成品的平均日产量。

第二步，计算各生产单位在计划期内应完成的出产量和投入量。其计算公式为：

$$X_{1i} = Q_{1i} - Q'_{1i} \qquad\qquad (6\text{-}11)$$

$$X_{2i} = Q_{2i} - Q'_{2i} \qquad\qquad (6\text{-}12)$$

式中：X_{1i}，X_{2i}—第 i 生产单位计划期出产量、投入量；

Q'_{1i}，Q'_{2i}—第 i 生产单位期初已出产、投入的累计号数。

第三步，用计算的批量标准，对各生产单位的计划产量进行修正，使其产量凑足一个批量或为批量的整倍数。

例 6-4　某机械制造厂有三个主要车间，其中装配车间的平均日产量为 25 台，计划期该厂出产产品的累计号为 1000 号。假如各车间计划期初的出产和投产累计编号为：装配车间分别为 600 号和 650 号；机械加工车间分别为 800 号和 850 号；毛坯车间分别为 1100 号和 1230 号。其他相关资料如下表。

毛坯车间生产周期（天）	毛坯保险期（天）	机加工车间生产周期（天）	机加工保险期（天）	装配车间生产周期（天）
6	2	10	2	8

试确定：

(1)计算各车间生产提前期；

(2)计算各车间生产提前量；

(3)计算各车间计划期应达到的出产累计号和投产累计号。

解　(1)计算各车间生产提前量：

装配车间：提前投入量＝8 天×25 台＝200 台；

机加工车间：提前出产量＝10 天×25 台＝250 台；

机加工车间：提前投产量＝20 天×25 台＝500 台；

毛坯车间：提前出产量＝22 天×25 台＝550 台；

毛坯车间：提前投产量＝28 天×25 台＝700 台。

(2)计算各车间计划期应达到的出产累计号和投产累计号：

装配车间：计划出产累计号＝1000 号；

装配车间：计划投产累计号＝1000 号＋200 台＝1200 号；

机加车间：计划出产累计号＝1000 号＋250 台＝1250 号；

计划投产累计号＝1000 号＋500 台＝1500 号；

毛坯车间：计划出产累计号＝1000 号＋550 台＝1550 号；

计划投产累计号＝1000 号＋700 台＝1700 号。

（3）计算装配车间计划期应完成的产出量和投入量：

装配车间：计划出产和投产任务量分别为：1000－600＝400 台；1200－650＝550 台。

机加工车间：计划出产和投产任务量分别为：1250－800＝450 台；1500－850＝650 台。

毛坯车间：计划出产和投产任务量分别为：1550－1100＝450 台；1700－1230＝470 台。

3. 生产周期法

这种方法适用于根据订货组织生产的单件小批生产企业。这类企业生产的品种、数量和时间都不稳定，属于一次性生产，既不能采用制品定额法，也不能采用累计编号法。这类企业在编制作业计划时，各种产品的数量任务完成取决于订货的数量，不需要再进行计算。唯一的问题是使这一种（或一批）产品在各车间出产和投入时间能够相互衔接起来，保证成品的交货期限。这就可以用生产周期法来解决。

第三节　产品出产进度计划

一、产品出产进度计划的含义

把企业全年的生产运营任务，按品种、规格、数量具体地分配到各个季度、各个月份，就形成了产品出产进度计划。一般地，在备货型企业，产品出产进度计划的对象是向市场出售的最终产品和支持出厂产品维修用的配件、总成；在订单装配型企业，产品出产进度计划的对象是进入最后装配的主要总成或模块，但还需要根据订单要求编制产成品装配进度计划。安排产品出产进度计划的原则是：①保证订货合同规定的交货期限，满足顾客需要；②均衡出产，使企业的生产运营能力在各季、各月份均衡负荷，最大限度地提高设备负荷率；③合理配置和充分利用企业的资源，降低产品成本，提高经济效益；④必须同生产技术准备工作和技术措施项目投入生产时间互相衔接。

二、产品出产进度计划的编制

1. 安排产品出产进度的策略

(1)均衡安排出产进度;

(2)匹配安排出产进度;

(3)折中安排出产进度。

2. 不同生产运营类型的产品出产计划的编制

(1)大量大批生产运营类型的产品出产计划的编制

由于大量大批生产运营类型的产品品种数少,产量大且稳定,是典型的备货型生产运营,故总的原则是采用改变库存水平、均衡安排生产运营的策略。这样,可以通过库存将生产运营系统和市场相隔离,保证生产运营系统的高效运行。

(2)成批生产运营类型的产品出产计划的编制

具体安排时应注意以下几个方面:

①按产品的主次分类排队,在满足市场需求的前提下,对企业常年生产运营、数量较大的主导产品,采用"细水长流"的方式,尽可能均匀或均匀递增地安排出产计划。

②在不减少全年产品品种,保证合同交货期的前提下,尽可能减少同一时期生产运营的品种,以扩大批量,简化生产运营管理工作,提高经济效益。

③新产品、高精尖产品、需用关键设备的产品,应尽量均匀分布,分期分批安排,以避免生产运营技术准备工作忙闲不均和关键设备负荷不匀。

三、单件小批生产作业计划

单件小批生产的特点是生产的产品品种多、数量少。单件生产作业计划分为单件小批生产作业计划和项目作业计划两种情形。

1. 设备及设备布置模式

设备布置按工艺模式布置,从每个工作中心到工作地,每台设备要承担多种产品零件多项工序的加工任务。单件小批生产系统的设备,多属通用设备,专用设备少。产品流动路线长,过程中延迟的时间多,必须对产品加工设备和机床的任务进行科学划分,制定出分配任务规则,确定任务分配方法。

2. 需求来源和车间任务到达方式

单件小批生产系统需求大多直接来源于顾客的订货,即按顾客们的订单要求的品种、规格和交货期限组织生产。车间任务的到达方式,有一批到达

的,也有在一定时间间隔内按某种统计分布到达的。前者称为静态到达型,后者为动态到达型。静态到达方式并不是指顾客在同时提出订单,而只是说把他们已经提出的订单放在一起安排。在动态到达情况下,生产任务随到随安排,这样有可能要对已安排好的生产进度进行必要的调整,安排新的追加任务。

3. 产品零件流动方式

单件小批生产系统产品零件流动模式分为流程型和随机型两种。所谓流程型是指产品零件的加工顺序按同样的路线从一台机床到下一台机床。产品零件的加工顺序从一台机床到下一台机床都是不一样的流动模式,称为随机型。大多数单件小批生产系统的产品流动模式都是两者的混合,这样增加了作业计划工作的复杂性。

四、作业排序

作业排序又称为加工顺序安排,是将多种不同的工作,按顺序安排于各机器上加工的方法。在工厂中,产品的零件是由不同的机器加工的,其加工次序又都是由工艺规程所规定的。由于不同品种在各机器上作业时间长短不一,在按工艺模式布置的生产系统中,产品零件在加工过程中常常会产生等待或窝工现象。例如,当零件从上道工序转到下道工序时,如果机器没有空,就会出现工作等机器的现象;相反,如果下道工序的机器完工后,上道工序未完成,又会出现机器等工作的现象。因此,作业排序是单件小批作业计划中的重要问题。排序的方法因目标不同而不相同。通常采用以完成所有工作的总时间最少为目标,借以提高工作效率和企业经济效益。

作业排序方案的评价标准有:满足顾客交货日期或者下游工序的交货日期;流程时间最短;在制品(WIP)库存最少;机器或人员空闲时间最小。

1. n 个作业的单机排序($n/1$)

主要有下列排序方法:FCFS(先到先服务)、SPT(最短作业时间)、EDD(最早开始日期)、STR(剩余松弛时间)、STR/OP(每个作业的剩余松弛时间)、CR(关键比率)、QR(排队比率)、LCFS(后到先服务)、随机排序或随意处置。

评价标准:①满足顾客交货日期或者下游工序的交货日期;②流程时间最短;③在制品(WIP)库存最少;④机器或人员空闲时间最小。

例 6-5 某公司是一家加工企业,有五家单位提供了订单。作业的排序数据如下:

作业(按到达顺序)	加工时间(天)	交货日期 (从现在起天数)
A	3	5
B	4	6
C	2	7
D	6	9
E	1	2

所有的订单都要用唯一的设备加工。公司要决定 5 个订单的加工顺序,评价的标准是流程最短。

(1) FCFS 规则。流程结果如下:

作业顺序	加工时间(天)	交货日期(天)	开始时间(天)	工作时间(天)	流程时间(天)
A	3	5	0　＋	3	3
B	4	6	3　＋	4	7
C	2	7	7　＋	2	9
D	6	9	9　＋	6	15
E	1	2	15　＋	1	16

总流程时间＝3＋7＋9＋15＋16＝50 天;

平均流程时间＝50/5＝10 天。

(2)SPT 规则。流程时间如下:

作业顺序	加工时间(天)	交货时间(天)	流程时间(天)
E	1	2	0＋1＝1
C	2	7	1＋2＝3
A	3	5	3＋3＝6
B	4	6	6＋4＝10
D	6	9	10＋6＝16

　　　　总流程时间＝1＋3＋6＋10＋16＝36天；

　　　　平均流程时间＝36/5＝7.2天。

　　(3)EDD规则。流程时间如下：

作业顺序	加工时间(天)	交货日期(天)	流程时间(天)
E	1	2	0＋1＝1
A	3	5	1＋3＝4
B	4	6	4＋4＝8
C	2	7	8＋2＝10
D	6	9	10＋6＝10

　　　　总流程时间＝1＋4＋8＋10＋16＝39天；

　　　　平均流程时间＝39/5＝7.8天。

　　(4)LCFS规则。流程时间如下：

作业顺序	加工时间(天)	交货日期(天)	流程时间(天)
E	1	2	0＋1＝1
D	6	9	1＋6＝7
C	2	7	7＋2＝9
B	4	6	9＋4＝13
A	3	5	13＋3＝16

　　　　总流程时间＝1＋7＋9＋13＋16＝46天；

　　　　平均流程时间＝46/5＝9.2天；

　　　　平均作业延迟＝4.0天。

　　(5)STR规则。流程时间如下：

作业顺序	加工时间(天)	交货日期(天)	流程时间(天)
E	1	2	0＋1＝1
A	3	5	1＋3＝4
B	4	6	4＋4＝8
D	6	6	8＋6＝14
C	2	7	14＋2＝16

总流程时间＝1＋4＋8＋14＋16＝43 天；

平均流程时间＝43/5＝8.6 天；

平均延迟＝3.2 天。

比较结果可得出：SPT 比其他调度规则都好。

2. n 个作业的双机排序主要用约翰逊规则

步骤：①列出每个作业在两台机器上的加工时间。②选择最短的加工时间。③如果最短的加工时间来自第一台机器，那么先完成这个作业；如果来自第二台机器，那么这个作业就放在最后完成。④对于剩余的作业重复第②和第③步骤，直到整个作业排序完成。

例6-6 有 5 个作业都需要两步操作（先 1 后 2）来完成，下表给出了相应的加工时间。

作业	操作 1 所需时间（小时）	操作 2 所需时间（小时）
A	3.0	1.2
B	2.0	2.5
C	1.0	1.6
D	3.0	3.0
E	3.5	1.5

(1)应按照什么规则进行作业排序？最优方案的顺序如何？

(2)图示最优方案的结果。

(3)计算最优方案对应的总流程时间。

解 (1)应按照约翰逊规则进行作业排序。

最优方案的顺序为：CBDEA。

(2)最优方案的图示如下：

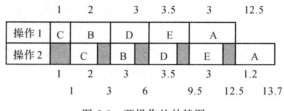

图 6-3 两操作的甘特图

(3)最优方案的流程时间为：1＋2＋3＋3.5＋3＋1.2＝13.7 小时。

五、产品出产进度计划的策略

产品出厂进度计划就是将全年的计划任务,按各个季度、各个月份进行分配,以满足市场或用户不同时期的需要的计划。在市场经济条件下,需求是一个变动极为频繁的因素。企业对于需求变动,生产运营计划方式可以有两种:一种是消极被动的方式,即以需求为中心,只对需求作消极响应;一种是采取积极主动方式,通过生产运营计划去影响或控制需求,积极影响产品需求量。

1. 对需求消极响应的策略

在很多情况下,企业由于种种原因对市场的需求往往是被动的,只能满足已经提出的需求,并不企图去改变需求。被动方式的生产运营计划,是通过改变下列因素的大小及其组合以满足需求,这些因素是投入人力的多少、贮存水平、生产率、订立分包合同与产品品种搭配。对于上述影响产量的因素可采用单一策略或混合策略的办法来改变生产量,以此适应市场或用户的需求。

(1)单一策略

单一策略是指影响产量的其他因素不变,只改变其中一个变量(因素)来改变产出量。这些策略有:改变人力策略,改变贮存水平策略,改变生产率策略,分包合同策略,品种组合策略。

(2)混合策略

混合策略是同时变动两个或两个以上的因素,使企业的产出量适合市场需求量。例如,在需求下降时,可以同时采用减少人力和降低生产率,以减少产出水平;相反,在需求增加时,则增加设备的开动班次,提高生产率和将一部分产品(零部件)通过分包合同来满足需求量的增加。

2. 积极影响产品需求的策略

(1)改变营销策略组合

通过企业营销策略组合影响需求是企业的重要策略。在需求量小的时期,可以通过降低产品价格、采取折扣等各种刺激、鼓励办法来增加销售量等。

(2)改变品种搭配策略

在需求量高时,按企业已动员的资源组织生产;需求量低时,安排非周期产品(如季节性产品),来稳定生产设备的负荷。

(3)缓期交货策略

对于订货合同规定的不能按期交货的产品,通过销售人员征得用户的同意,延期交货。这是一种较为理想的策略,其办法是由销售人员说服用户接受一定范围变动较大的交货期,或者采用其他办法,如折扣、承担一定的罚款等。

第四节　项目作业计划

项目作业计划是生产运营计划的重要内容,亦称网络计划方法。1957年,美国杜邦化学公司运用关键路线法(critical path method,CPM)。应用的第一年就节约 100 万美元,相当于该公司用于该项目研究费用的 5 倍以上。1958 年,美国海军武器局在北极星导弹潜艇项目中运用计划评审技术(program evaluation and review technique,PERT),项目包括主要承包商 200 多家,转包商 10000 家,提前两年完成任务。项目领先水平计划不仅适用于按期组织生产的单件小批生产类型和新产品试制,而且也适用于按量组织生产的大量大批生产类型中的生产技术准备工作,还可适用于制订长期计划、编制工程预算、组织物质供应等工作,它特别适用于一次性的大规模工程项目,如:电站、油田、建筑工程等。

一、项目作业计划的特点

项目是一个组织为实现自己既定的目标,在一定的时间、人员和资源约束条件下,所开展的一种具有一定独特性的一次性工作。

1. 项目生产的特点

①生产是单一的、一次性的,任务完成以后,一般不再重复;②生产规模大,需求消耗大量的资源;③项目生产设备是按项目所在地的地理位置或区域为单位进行布置,它们或者是按工艺模式布置,或者按定位模式布置;④项目任务来源与单件小批生产一样,直接来源于顾客的订单,完全按订单组织生产。

2. 项目作业计划的特点

项目作业计划与其他生产类型作业计划不同,它的主要工作是对人力、材料和设备等资源的协调,使项目的各项活动在时间上相互衔接配合,力求以最少的时间和最少的资源消耗,实现项目按订货合同规定的期限交货。在作业计划的方法上,一般多采用关键路线法(CPM)和计划评审法(PERT)。关键线路法和计划评审法,虽然名称不同,具体做法在细节上也有差异,例如,在作业时间的估计上,关键路线法的作业时间是二时估计法,即正常时间(定额时间)与赶工时间,时间是确定型的;计划评审法采用三时估计法,时间不太确定。关键线路法更突出地把费用的概念引入计划和控制过程中,重点在于费用控制;计划评审法侧重于时间控制。但作为项目计划与控制技术,二者却没有根本的区别,它们都是对网络原理的运用,故人们称之为网络计划技术。

二、项目作业计划工作的程序

网络计划技术是以工作所需的工时作为时间因素,用圆圈与箭线所绘制的网络图为基本技术,来表示整个项目工程或计划方案状况,通过数学计算方法,确定关键线路和关键作业,筹划对资源的分配与利用,力求以最少的时间和资源的消耗实现计划目标。网络计划技术作为项目作业计划方法,其工作步骤如下:

(1)明确项目的各种活动构成及其顺序;

(2)绘制项目的网络图;

(3)确定各项活动的作业时间;

(4)确定关键线路;

(5)确定项目计划完成的概率(应用 PERT 时)。

三、网络图的绘制

1. 网络图的组成要素

网络图是由事件、作业和线路三个要素组成的。

(1)事件

事件是指一项工作(或作业)的开始或完成。在网络图中以"O"来表示。"O"是两条以上箭线的交结点,所以又称为结点。事件不消耗资源,也不占用时间,只是表示某项工作(或作业)的开始或完成。网络图中的第一个事件叫做网络的始点事件,它表示一项计划的开始;网络图中最后一个事件叫网络的终点事件,它表示一项计划的完成;介于始点与终点之间的事件叫中间事件。任何中间事件都具有双重意义,它既表示前一项工作的完成,又表示后一项工作的开始。

(2)作业

作业(也称活动)是指一项工作或一道工序。在网络图中用箭线(→)来表示。作业是一项有具体活动的过程,它需要人力、物力参加,经过一定时间后才能完成的活动。

有些作业或活动不消耗资源,也不占用时间,称为虚作业,用虚箭线来表示。在网络图中设立虚作业主要是表明一项工作与另一项工作之间的相互依存和相互制约联系,是属于逻辑性的联系。

(3)线路

线路是指从网络始点事件开始,顺着箭线的方向,到网络终点事件为止,中间由一系列首尾相连的结点和箭线所组成的一条通道。一条线路上各项作业的作业时间之和,为线路的总长度。在一个网络图中,有很多条线路,每条线路长度是不一样的,其中最长的一条叫做关键线路,位于关键线路上的作业,称为关键作业,这些作业完成的快慢直接影响着整个计划的工期。有时在一个网络图中同时出现几条关键线路,即这几条线路长度相等。

关键线路并不是一成不变的,在一定的条件下,关键线路和非关键线路可以相互转化。例如,当采取一定的技术组织措施,缩短了关键线路上的作业时间,就有可能使关键线路发生转移,即原来的关键线路变成非关键线路,而原来的非关键线路却变成关键线路。

2. 作业(活动)时间的估计

作业时间是一项作业开始至完成所耗用的时间。

(1)关键线路法作业时间的估计

关键线路法的作业时间估计,可由管理人员根据以往的统计资料或经验进行估计,一般同时估计出正常时间与赶工时间。

(2)计划评审法作业时间的估计

在计划评审法中,要求对每个作业求出三种时间,即同时估计乐观值(a)、最可能值(m)及悲观值(b),根据 β 统计分布理论,可以其期望值作为作业时间,即

$$M = (a + 4m + b)/6 \tag{6-13}$$

3. 计算事件的最早开始时间、最迟开始时间及时差

(1)最早开始时间

事件的最早开始时间是指从始点起到本事件最长线路的时间,在这时间之前是不具备开工条件的,这个时间就叫事件的最早开始时间,以 T_i^E 表示。它的计算方法是从始点事件开始,从左向右逐个事件计算,具体方法如下:

①始点事件的 T_0^E。由于计划是从相对时间 0 天开始,因此,始点事件的最早开始时间等于 0。

②一个作业完成事件的 T_j^E,是其开始事件的 T_i^E 与该作业所需时间 $T_{i,j}$ 之和,即

$$T_j^E = T_i^E + T_{i,j} \tag{6-14}$$

式中:T_j^E——箭头事件的最早开始时间;

T_i^E——箭尾事件的最早开始时间;

$T_{i,j}$——第 i,j 项作业的作业时间。

③当某一事件为许多作业所汇合的事件时,必须对每个作业进行计算,取

最大值为该事件的 E_j^E。其计算公式如下：

$$T_j^E = \max[T_1^E, T_2^E, \cdots, T_n^E]$$ (6-15)

（2）最迟开始时间

最迟开始时间是在不影响整个计划的最早完成时间的前提下，该事件可以开始的最迟时间，以 T 表示。它的计算是从最终事件开始，自右向左逐个事件计算。

①终点事件 T_n^L

$$T_n^L = T_n^E$$ (6-16)

②任一作业的开始事件的 T_i^L 是其完成事件的 T_j^L 与该作业所需时间之差，即

$$T_i^L = T_j^L - T_{i,j}$$ (6-17)

式中：T_i^L——开始事件（箭尾）的最迟开始时间；

T_j^L——完成事件（箭头）的最迟开始时间；

$T_{i,j}$——第 i,j 项作业的作业时间。

③若某一事件是一个分歧的事件时，必须分别计算其 T_i^L 后，取最小数值为该事件的 T_i^L，即：

$$T_\lambda^L = \min\{T_1^L, T_2^L, \cdots, T_n^L\}$$ (6-18)

（3）时差

事件时差是某一事件的最迟开始时间可以推迟多少时间，才不至于影响整个计划的完工期或下一个事件的最早开始时间，以 TS 表示，它表示事件有多大的机动时间可以利用。其计算公式为：

$$TS = T_i^L - T_i^E$$ (6-19)

4. 网络时间计算

（1）结点时间计算

①结点最早开始时间：保证该结点先行作业能够完成的前提下，从该结点开始的各项作业最早开始时间。

表示方法：

$ES(i)$：作业"$i-j$"箭尾结点最早开始时间；

$ES(j)$：作业"$i-j$"箭头结点最早开始时间。

计算规则：由始点开始，由左至右计算。

$ES(1) = 0$，

$ES(j) = \max[ES(i) + t(i,j)]$。

②结点最迟结束时间概念：保证该结点后续作业都不延误的前提下，该结

点前边的先行作业最迟结束时间。

表示方法：

$LF(i)$：作业"$i-j$"箭尾结点最迟结束时间；

$LF(j)$：作业"$i-j$"箭头结点最迟结束时间。

计算规则：由终点开始，自右至左计算。

$$LF(终点)=ES(始点)，$$

$$LF(i)=\min\left[LF(j)-t(i,j)\right]。$$

（2）中间参数的计算

①作业最早开始时间：

$$ES(i,j)=ES(i)；$$

②作业最早结束时间：

$$EF(i,j)=ES(i)+t(i,j)；$$

③作业最迟结束时间：

$$LF(i,j)=LF(j)；$$

④作业最迟开始时间：

$$LS(i,j)=LF(j)-t(i,j)。$$

（3）时差

概念：结点或作业在不影响总工期的前提下，可以推迟的最大延误时间，包括结点时差和作业时差。

结点时差：$S(i)=LF(i)-ES(i)$。

作业时差：由总时差和单时差组成。

总时差：在不影响总工期，即不影响其紧后作业最迟开始时间的前提下，作业可推迟开始的一段时间。

$$S(i,j)=LS(i,j)-ES(i,j)$$
$$=LF(i,j)-EF(i,j)$$
$$=LF(j)-ES(i)-t(i,j)$$

单时差：在不影响紧后作业最早开始时间前提下，可推迟的时间。

$$Sf(i,j)=ES(j)-ES(i)-t(i,j)$$

5. 确定关键线路的方法

关键线路是网络图许多线路中时间上最长的一条，通常以粗线或红线表示。线段上各作业时间总和就是该计划的工期。由于该线路上的作业总时差等于零，因此，线路上的每一作业对于工期有决定的作用，也就是说，该线路上的作业稍有延误的话，就会影响到整个工期如期完工。

关键线路的确定方法,有人手计算和计算机计算两种方法。小规模的计划通常应用人手计算法,使用计算机反而不经济。根据经验,人手计算的限度是事件的数目在 100 个以下,超过此数,则需应用计算机计算。人手计算关键线路的方法分为图上计算法和表格计算法。

图上计算法就是在网络图上直接进行时差的计算,并把计算结果注明在网络图的结点(0)上。通常的做法是:用"□"表示最早开始或完成时间,用"△"表示最迟开始或完成时间,当"□"="△"时,意味着作业总时差为零,即为关键作业,然后把各关键作业用粗线或红线联结起来,即为关键线路。图 6-6 是一个较简单的网络计划图,其中①—③—④—⑤为关键线路。

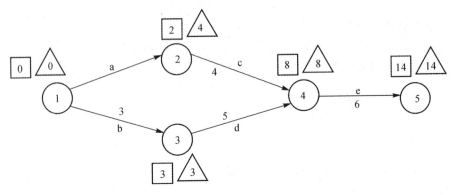

图 6-6 关键线路计算法

6. 计算任务完成概率

应用 PERT 作为项目作业计划技术,在确定关键线路后,尚需计算计划任务完成的概率。

按 PERT,整个项目工程的工期是关键线路上各项作业时间之和。

7. 项目作业计划的优化

项目作业计划的评价标准没有一套公认的准则。采用网络计划技术编制作业计划,其优化工作实际上就是网络计划技术的优化技术,即通过利用时差,不断改善网络计划的初始方案,在满足一定的约束条件下,寻求计划目标最优化的方案。

第五节　生产控制

一、生产控制及控制程序

生产控制是生产管理的重要职能,是实现生产运营计划和生产作业计划的重要手段。企业的生产运营计划和生产作业计划,对日常生产活动虽然已做了比较周密而具体的安排,但是,随着时间的推移,市场需求往往会发生变化,因而会发生实际生产活动偏移计划轨道的现象。此外,由于生产的各种准备工作不当,以及生产现场发生事故等原因,必须及时监督和检查,发现偏差,进行调节和校正。这种在计划执行过程中的监督、检查、调节和校正工作,就是生产控制。

生产控制是企业控制系统中的一个子系统,它和其他子控制系统一样,都是由投入量(输入量)、产出量(输出量)、测量器、比较器、记忆装置和驱动器等要素组成的。这些要素之间的关系如图 6-7 所示。

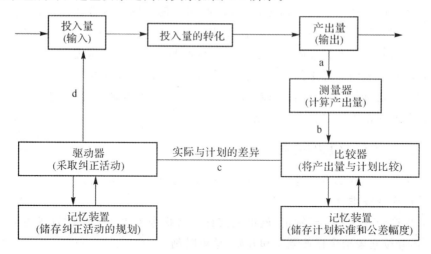

图 6-7　生产控制系统的组成要素

在生产控制系统中,信息流量是极为重要的,没有它,控制系统就不能存在,即使存在,也肯定发挥不了作用。信息数据资料必须输入,同时又要流出控制系统的每个基本要素。有效的控制系统信息必须遵循组织线路流动,而控制系统各组成要素的安排必须有助于信息数据的沟通交流。在图 6-7 中,信息(a)至(d)构成一个信息反馈回路。这个反馈回路是控制系统的基础。来

自控制系统输出一端的信息数据传输并反馈到稳定的生产流程的输入一端。生产经理和管理部门可以此方法不断地将实际执行情况与计划预定的结果进行比较,实现对生产进行控制。

生产控制活动是一个过程。控制过程分为以下三个步骤:

1. 确立标准

确立标准就是规定控制系统所要求的平衡状态。标准是组织目标的阐述,确立标准就是在控制之前要拟定生产运营计划和生产作业计划,计划是控制的标准和前提。

2. 衡量成效

衡量成效就是依据第一个步骤确立的标准对实际生产活动进行监督和检查。这个阶段的主要工作是评价和比较,一是实际进程与计划进度的比较;二是实际达到的成绩与计划目标的比较。控制这个阶段所要解决的技术问题是衡量的计量单位和信息质量问题。

3. 纠正偏差

偏差就是实际结果与计划或标准之间不符合的状况。控制的意义就在于采取合理的措施来解决或纠正偏差,没有纠正偏差的措施或行动,就没有控制。纠正实际执行中的偏差可以看做是整个生产管理活动的一部分,也是控制职能与其他生产管理职能的结合点。纠正偏差工作的步骤是,先找出偏差出现的环节和偏差发生的原因,然后根据上述分析,对现行生产运营计划和生产作业计划重新确定,或者修改生产运营计划和生产作业计划,通过运营管理其他职能纠正生产过程中的问题。

二、生产控制的内容

生产控制的基本内容包括作业安排、生产进度控制和实物控制。

1. 作业安排

生产作业计划一经制定,就可能按计划来指令人力、机器、物资等方面的准备,并按它来指令作业顺序和开始、结束时刻。

生产开始前,应重视并做好生产作业准备工作。这些工作做好以后,才能向生产部门发出生产指令。指令生产部门进行生产的行为叫做生产调度。

作业安排一般可以分为两个步骤:

(1)在作业计划规定的作业开始以前,检查各种准备工作是否已经完成,原材料、工夹具和机床等是否已经准备齐全,可否保证生产顺序进行。

(2)在核实现有的负荷和加工余力后,按照作业计划对各个操作人员进行作业分配,指令作业开始。

2. 生产进度控制

生产进度控制是对原材料投入生产到成产品入库为止的全过程进行控制,包括时间和数量控制两个方面。生产进度控制的主要内容包括投入进度控制、出产进度控制和工序进度控制。

(1)投入进度控制

投入进度控制是指控制产品(或零部件)的开始投入日期、数量、品种和原材料、毛坯、零部件投入提前期等是否符合计划要求,以及对设备、人力、技术措施项目投入使用日期的控制。投入控制是一种面向未来的控制,它的特征是通过对投入量的转化和输入的监视,以确定它是否符合要求。如果不符合,为了确保计划目标的实现,需要改变输入或投入量的转化过程。

(2)出产进度控制

出产进度控制是对产品(或零部件)的出产日期、出产提前期、出产量、出产均衡性和成套性的控制。它的特点是将产出(输出量)的结果作为纠正行业的基础,用来改进资源的投入量和投入量的转化,亦即以输出量的信息用来改进投入进度和工序进度控制。

(3)工序进度控制

工序进度控制是指对产品(或零部件)在生产过程中经过的每道加工工序的进度所进行的控制。工序进度控制属于现场控制,即对投入量的转化进行的控制。这种控制纠正措施的重点是正在进行的作业。控制的方法是管理人员深入作业现场对操作人员进行指导。

3. 实物控制

实物控制是指确定原材料、在制品和产成品等物品在特定时刻的所在位置和数量的控制。在实物控制中,通常对仓库中的原材料和产成品控制比较容易,而对于在制品的控制则比较困难。控制在制品占用量,要求及时准确地掌握在制品的变化情况,有效地组织在制品的流转和储备,保管完善,堆放整齐,处理及时。

在制品控制范围包括形成在制品占用量实物和信息(账目、凭证等)的全过程,具体包括如下几个方面:①在制品加工、检验、运送和储存的实物与账目控制;②在制品流转的实物与账目控制;③在制品投入期和出产期控制。

本章小结

生产运营计划是根据市场需求量预测,对企业人力和物质资源进行合理配置和使用,以达到最有效地生产出市场所需要的产品和服务的一种安排。生产运营计划的主要目的是提高生产效率。良好的生产运营计划是建立企业正常生产秩序,确保企业经营成功的重要手段。确定生产运营计划指标的方法有象限法、盈亏平衡分析法和线性规划计划模型。

生产运营作业计划是生产运营计划的具体执行计划,详细地规定了各车间、工段、班组以及每个工作地在较短的时间内(月、旬、周、日、轮班、小时)的生产运营任务。生产运营作业计划的编制方法有在制品定额法、累计编号法和生产周期法。

产品出厂进度计划就是将全年的计划任务按各个季度、各个月份进行分配,以满足市场或用户不同时期需要的计划。产品出产进度计划的策略有消极策略和积极策略。

项目是指一些需要较长时间才能完成的大型产品所包括的一系列有关的工作。项目作业计划有其工作步骤。网络图是由事件、作业和线路三个要素组成的。

生产控制是生产管理的重要职能,是实现生产运营计划和生产作业计划的重要手段。生产控制活动是一个过程。控制过程分为以下三个步骤:①确立标准;②衡量成效;③纠正偏差。生产控制的基本内容包括作业安排、生产进度控制和实物控制。

复习与讨论题

1.生产运营计划的制订步骤。

2.成批生产运营类型的产品出产计划的编制应注意哪些方面?

3.积极影响产品需求的策略有哪些?

4.项目生产的特点。

5.生产控制过程的步骤。

习　题

1.某种零件的制造批量为50件,该零件生产计划大纲规定月计划产量为100件,每月有效工作日为25天,计算该零件的生产间隔期。

2.某厂生产甲种产品,第二季度计划商品产量为 1000 台,根据下表资料来确定各零件在各车间的投入与生产计划(产品属于大批量生产)。

零件号	每台件数	装配车间		零件库			加工车间			毛坯库			毛坯车间		
		在制品占用量定额	期初预计在制品结存	外销零件	半成品占用量定额	期初预计占用量	废品损失	在制品占用量定额	期初预计占用量	外销半成品	毛坯占用量定额	期初预计占用量	废品损失	在制品占用量定额	期初预计占用量
1—01	1	100	80	100	200	150	50	150	110	—	100	80	50	100	120
1—02	2	100	80	350	250	200	35	400	300	50	200	150	50	200	250

3.黄河机械制造厂有三个主要车间,其中装配车间的平均日产量为 20 台,计划期该厂出产产品的累计号为 2000 号。假如各车间计划期初的出产和投产累计编号为:装配车间分别为 1600 号和 1650 号;机械加工车间分别为 1800 号和 1850 号;毛坯车间分别为 2100 号和 2200 号。其他相关资料如下表。试确定:

(1)各车间计划期应达到的投产和出产产品的累计编号;

(2)各车间计划期出产和投产任务。

毛坯车间生产周期(天)	毛坯保险期(天)	机加工车间生产周期(天)	机加工保险期(天)	装配车间生产周期(天)
6	2	12	2	10

4.天兴公司面临一个是外包协作还是自行生产的问题。该公司生产甲、乙、丙三种产品,这三种产品都要经过铸造、机加工和装配三个车间。甲、乙两种产品的铸件可以外包协作,亦可自行生产,但产品丙必须本厂铸造才能保证质量。有关情况见下表。公司中可利用的总工时为:铸造 8000 小时,机加工 12000 小时和装配 10000 小时。公司为了获得最大利润,甲、乙、丙三种产品各生产多少件? 甲、乙两种产品的铸造应多少由本公司铸造?应多少由外包协作?(仅建立线性规划模型)

工时与成本	甲	乙	丙
每件铸造工时（小时）	5	10	7
每件机加工工时（小时）	6	4	8
每件装配工时（小时）	3	2	2
自产铸件每件成本（元）	3	5	4
外协铸件每件成本（元）	5	6	—
机加工每件成本（元）	2	1	3
装配每件成本（元）	3	2	2
每件产品售价（元）	23	18	16

5.某公司要开发一项新产品,产品开发与生产需一次性投资 2000 万元,预计产品生命周期为 10 年,单位产品售价为 150 元/件,每单位产品的变动成本为 100 元/件。试求该产品的年平均销售量达到多少时,产品开发计划才能保证收回成本。

6、某企业准备开发的一种农机设备,预计该设备每年销售量为 2 万台,销售价格为每年 8500 元。每台设备的变动成本为 3633 元,每年发生的固定成本总额为 6350 万元。问:

(1)该企业安排生产该设备的方案是否可取?每年能否获得利润?

(2)如果该企业每年想实现 5000 万元的目标利润,该产品的产销量计划应如何确定?

7.有 6 项待加工的作业在某工作中心需要进行的加工时间如下表所示。

作业	作业时间（小时）	预定交付日期（小时）
A	12	15
B	10	25
C	6	20
D	14	12
E	5	9
F	7	14

求使用 SPT、EDD、SCR 三种优先规则,得出的加工顺序。

8.假设有 7 个零件需要在两个工作中心进行,加工顺序为先在工作中心 1 进行加工,后在工作中心 2 进行加工,每个零件的加工时间如下表所示。请找出一个最优的排序计划,使完成所有零件的加工总时间达到最少。

		每个零件加工时间(小时)	
		工作中心 1	工作中心 2
零件	A	5	7
	B	9	3
	C	4	10
	D	7	5
	E	15	9
	F	9	3
	G	12	8

9.某工程由八道工序组成。其相互关系及作业时间如下表所示。

作业代号	A	B	C	D	E	F	G	H
紧前活动			A	A	B	C	CDE	FG
作业时间(天)	4	2	6	8	4	4	10	4

根据以上资料,(1)画出网络图;(2)计算各项作业的最早开始时间、最迟开始时间和总时差;(3)确定关键线路及关键线路时间。

第七章　库存控制

学习目标

➤理解库存成本的概念

➤掌握定量库存的计算

➤了解定期库存类型

引例:库存为什么如此多

美邦服饰一直被认为是 ZARA 在中国最忠实的学生,高举快时尚旗帜,以快取胜,快速的产品设计、快速的货品投放、快速的客户反应等,公司的各个环节都需要具备极为迅速的反应能力。

快时尚旗帜意味着,存货一旦积压,就会迅速从顾客眼球中消失,顾客不再愿意为此买单。另外,和传统服饰相比,快时尚的存货贬值速度更快,如果短时间内销售不完,跳水销售不可避免,造成公司资产蒸发。

在库存最高点的 2011 年一季度,美邦服饰库存和资产的比例达到 35.3%,而同期的杉杉服装,只有 8.8%。如果不能及时消化库存,按照平均 55% 的折扣计算,30 亿的库存将直接损失 16.5 亿元,而这将是 90 亿元总资产的 18%! 这样的损失,对美邦服饰的行业地位无疑是个巨大的冲击。事实上,在这种运营模式下,较低的库存水平是盈利的基础。在库存历史最高点的 2011 年一季度,每股净资产和每股收益均处在历史较低水平,分别为 3.53 元和 0.2 元;之后,美邦服饰开始消化库存,每股净资产、每股收益均持续上升,截至去年四季度,分别达到 4.11 元和 1.2 元。

为消化存货,美邦服饰双管齐下,一方面,通过加强终端的控制力度、建立高效的物流体系以降低新库存的产生;另一方面,丰富销售渠道、提高折扣比例,加强对现有存货的消化力度。

可以说,快时尚理念、重资本运作模式是美邦服饰去存货化的两大重要推动力,一个加速存货贬值,另一个放大存货贬值给企业带来的影响。在去存货化的道路上,美邦服饰可以说动力十足,远大于传统服装巨头。

尽管美邦服饰在去存货化的路上迈出了成功的一步,但从长期来看,要想保持这种去存货化的势头,美邦服饰尚需加强市场调研力度,向 ZARA、H&M 等国际巨头看齐,时刻掌握目标客户群的消费偏好,以减少由于市场需求把握不准确造成的库存;同时,要加强对加盟店的管理,建立系统的加盟店激励模式,为锁定市场终端、抢占市场制高点创造条件。

(资料来源:http://www.mallchina.net/new_90044_3.shtml)

第一节　库存控制概述

库存控制是对制造业或服务业生产、经营全过程的各种物品、产成品以及其他资源进行管理和控制,使其储备保持在经济合理的水平上,是在保障供应及有效运作的前提下,使库存物品的数量最少所进行的有效管理的技术经济措施。在企业正常的生产运作过程中,尽管库存是出于各种经济利益情况考虑而存在,但是库存有时也是一种无法选择的结果;由于企业管理者无法预测未来的市场需求变化,要应付外界变化莫测的环境,必须有一定程度的库存。但为了把损失减少到最低限度,可以用一定的原理来进行指导库存控制,以取得更好的效益。

第二节　库存相关概念

企业的正常生产离不开一定的库存,需要理解相关的概念,以对库存进行有效管理。

一、库存的概念和库存成本

1.库存的概念

若仅从成本角度考虑,组织生产最理想的状态就是使物料从原材料到成品的整个转化过程一直处于连续加工状态,不存在物料的等待和闲置现象。然而,由于物料的获取过程存在若干不确定性,物料的供求关系中也存在若干不协调因素,同时物料的转化过程中各个状态间存在难以避免的时间差,因此,设置一定的物料储备用以缓冲此种不确定性、不协调性和时间差,就成了必要的措施。库存就是指这种用于保证顺利生产或满足顾客需求的物料储备。

从更广泛的意义上说,一切暂时闲置但可用于未来的资源储备,包括人、财、物、信息等方面的储备,都是库存,或者说是一种广义的库存。本章所研究的主要是前一种狭义的库存。

2. 库存成本

从库存概念中可以看出:库存的本质就是可用于未来的资源在一定时期内的闲置。当然这种闲置是要付出代价的,这种代价就是库存成本。通常,库存成本包括以下几部分:

(1)保管成本。指保管库存物品所花费的直接费用,包括购置库存物品所占资金的利息,库房管理及维护成本,转运和盘点成本,仓库和货物的保险成本,库存物变质、损坏、被窃的成本等。

(2)机会成本。由于将资金用于库存,企业就失去了将这些资金用于其他用途的机会,由此而给企业造成的损失就是库存的机会成本。此外,由于库存量过少而造成的缺货损失是另一种类型的机会成本。

(3)采购成本。指购买或生产该物料所花费的费用。

(4)协调成本。大批量的在制品库存在不同工序间的移动速度较慢,其前后往往还积压着大量的相关制品和相关物料,这需要生产管理人员投入较大的力量去协调,由此而增加的管理费用,称为库存的协调成本。

(5)订货成本。指每订购一批货物所需的联系、谈判、运输、检验、准备及处理各种文件的费用,这笔费用与订货批量的大小无关,只与订货次数有关,因此通过增大订货批量可以减少单位库存物的订货成本。

二、库存的作用

从库存成本的分析中可知,库存是物料转化过程中资源的闲置。显然,这种资源的闲置过程一般并不创造价值,反而消耗了不少资金。也就是说,如果仅仅从成本的角度看,库存并不是什么有利的东西。一般情况下,人们设置库存的目的是防止短缺,就如同在水库里库存水一样。另外,库存控制还具有保持生产过程连续性、分摊订货费用、快速满足用户订货需求的作用。

如果从生产组织的观点来考虑库存,则库存又确有其存在的必要。在现实的企业中,库存不仅是不可避免的,而且在某种意义上说,正因为有了库存才使合理的生产系统成为可能。也就是说,有节制的、合理的库存才使合理的生产系统成为可能,其对生产经营是有积极作用的。我们可以将库存在生产经营中的功能和作用归纳为以下几个方面:

1. 避免不确定性

在生产和销售过程中,原材料和零部件的供给、产品的需求、各工序的工作状态等,都存在着各种各样的不确定性,生产过程中的事故和变化也是难以避免的,企业建立起一定的安全库存(保险库存)即可对这些不确定性因素起到缓冲作用,通过库存来调整预期误差。

2. 对生产工序起分解和隔离作用

在一条生产线上,相邻工序之间设置在制品储存,就可使上下工序不必紧密连接,使必需的工序能相互独立,使相邻工序的时间差、效率差不至于相互牵连影响,从而使高效率、大批量、低成本的生产得以实现。

3. 对季节性供需矛盾起调节作用

某些原材料的出产存在极强的季节性,某些产品的销售也存在季节性,为了调节这种季节性的供需矛盾,充分发挥企业的生产能力,保持生产的均衡性,建立一定的季节性原材料库存或季节性成品库存是完全必要的。

4. 增加库存可简化生产计划与控制

由于库存是在供给与需求之间建立了一个缓冲区,从而使平衡供给与需求关系的生产计划工作、生产控制工作可以适当降低精度,即用相对较低的控制精度同样可以获得满意的经营效果,以增加库存作代价,可带来管理上的简化和经营上的平稳。不过,若库存多得使管理者完全不必考虑计划与控制的精确度,而采用一种粗放的管理方式的话,则库存所带来的浪费也是惊人的。

5. 防止价格上涨

在市场经济环境下,依据对宏观经济状况、供需关系和市场行情的准确预测,企业可以在行情看涨的情况下通过适时增加库存达到保值增值的目的。

三、库存的分类

在实际工作中通常将库存按下列标志进行分类,以便针对各类库存的特点进行有效的管理。

1. 按库存物在生产转换过程中所处的阶段状态划分

(1)原材料和外购件库存。指在出售给顾客之前,需要在本企业内再加工的所有购买的材料,包括外购制品。

(2)半成品库存及在制品库存。指正要本企业加工、等待继续加工、加工后待运或者正在企业内部转运的材料。

(3)备品、备件、工具、工艺装备库存。

(4)成品库存。指随时可供交付给顾客的产品。除了完整的产品之外,某

些零件、部件、分装配部件及特殊的半成品也可以作为成品出售。

2. 按库存物在生产经营过程中的配置划分

(1)销售库存。指由所有准备出售给顾客的产品所构成的库存。

(2)生产库存。指可用于企业生产的、除销售库存之外的其他各类库存物。

3. 按库存物所处的运动形态划分

(1)动态库存。也称作转运库存,指企业内外正在运输中的库存物。

(2)静态库存。也称作组织库存,指静止存放在企业仓库内的库存物。

4. 按静态库存在生产过程中所起的作用划分

(1)周转性库存。也称作循环库存,该种库存用于调节供需双方的固定时间差、效率差,它按固定的时间间隔消耗和补充。

(2)保险性库存。也称安全库存、被动库存或缓冲性库存,专为在意外情况下起备用作用而设,作为不确定性因素的缓冲器用。

(3)季节性库存。指专为调节供需双方的季节性供求矛盾而建立的库存。

5. 按库存物的需求特性划分

(1)独立需求库存。独立需求,是指对某种物品的需求只受企业外部的市场影响而不受其他种类物品的影响,表现出对这种产品需求的独立性。独立需求完全由市场决定,可以通过预测的方法粗略估算,与企业的生产过程无关。企业最终产品的需求通常为独立需求。

(2)相关需求库存。相关需求也称作非独立需求、从属性需求,是指对某一物料的需求依赖于其他种类的物料,与更高层次上的另一物料的需求相关联,前者的需求量取决于后者。相关需求量可以根据对最终产品的独立需求量精确计算出来。

对于某些库存物来说,此种分类存在例外情况,例如,某些部件既可能是目前生产中一项最终产品的组成部分,具有从属的需求,又可以单独作为备件直接出售,即它又具有独立的需求。

第三节　独立需求的物料控制

在独立需求情况下,对不同产品的需求与其他产品无关,独立需求的物料不与其他物料发生关联。

一、库存控制的基本目标和需要解决的基本问题

1. 库存控制的目标

明确库存控制的目标和效益标准,对企业库存管理有显著的作用。没有给定的目标和衡量效益的方法,就不能实现有效的控制。

库存控制的根本目标,主要是提高企业的利润总额和资金利润率,这是一个较复杂的综合目标,较难与库存直接挂钩衡量。实际工作中是将库存成本这样一个易与库存直接挂钩的指标作为库存控制的主要目标。库存成本既提供了表达库存目标的方法,也是为了探寻库存模式的方向,因此,从成本的观点决定库存效益是有价值的。

2. 库存控制需要解决的基本问题

库存控制通常需要解决以下三个基本问题:

(1)在规定时间内需要多少数量?(需求率)

(2)每次应该订购多少?(订购批量)

(3)应该什么时候订购?(订货提前期)

上述三个问题中,第一个问题需根据订单或根据预测来解决,第二和第三个问题则直接影响到库存成本。对于独立需求的库存系统,有几种较为成熟的库存模型可用于解决后两个问题,其中最为常用的是定期订货模型与定量订货模型。

二、定量订货模型

定量订货模型也叫 Q 模型,是两种基本的库存系统模型之一。定量模型是"事件推动",只有在库存量消耗了规定的再订货水平才能订货。因此,订货可能在任何时间发生,这主要取决于库存物料的需求状况。

所谓定量订货模型,也称固定订货量模型,是对库存量进行连续性监控。当库存量降低到某一确定数值时,开始订购固定数量的新的物资用以补充库存,而订货的日期或时间跨度不定,即每次订货的订货点相同及订货量相同,但订货提前期不同。因此,定量订货模型需要解决两个问题:一是确定订货时所需要的库存水平,即订货点;二是确定有利于降低库存成本的合适的订货批量。定量订货模型随着信息技术的进步,包括条形码、条形码扫描器以及POS 机的出现,大大降低了库存盘点成本,从而逐渐普遍应用起来。定量订货控制系统的控制框架如图 7-1 所示。

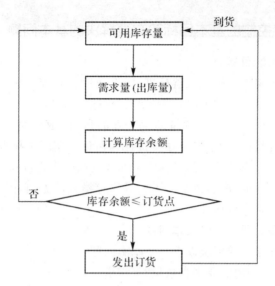

图 7-1 定量订货系统控制框架

运用定量订货模型时,必须时刻检测库存的存量,要求每次从库存取货或者向库存里加货时,都必须对库存记录进行刷新,以确认是否达到再订购点。图 7-2 说明了定量订货模型的原理。预先确定一个订货点 Q_k 和一个订货批量 Q^* 随时检查库存,当库存量下降到订货点 Q_k 时,就发出订货。

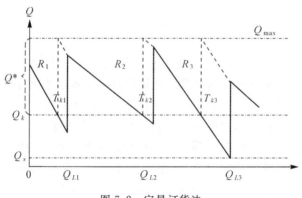

图 7-2 定量订货法

$$R_1 \neq R_2 \neq R_3 \neq \cdots$$
$$T_{k1} \neq T_{k2} \neq T_{k3} \neq \cdots$$
$$Q_k = Q_s + \overline{D}_L$$

三、经济订货批量(EOQ)

所谓经济批量,就是一定条件下使总库存成本最小的经济订货批量。经济批量模型提供了一种简单有效的物料订货批量决策方法。

1. 前提假设

(1)物料需求均衡,且一定时期的需求量已知,即单位时间的物料需求量(物料需求率)为已知的常数;

(2)物料补充瞬时完成;

(3)物料单价为常数,即不存在价格折扣;

(4)订货提前期确定,即不会发生缺货情况,意味着不考虑保险库存,缺货成本为零;

(5)物料存储成本正比于物料的平均存储量;

(6)物料订货成本不因订货量大小而变动,即每次订货成本为已知常数。

2. 经济批量模型的基本形式

经济订货批量,是指库存总成本最低时的订货批量。确定最经济的订购批量的成本权衡图如图 7-3 所示。

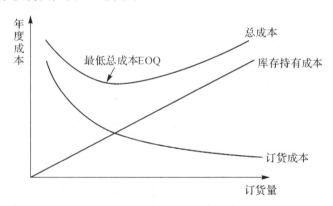

图 7-3　最经济的订购批量的成本权衡

首先分析一下库存各项成本与订货批量大小,在年总需求量一定的条件下,对库存总成本的影响。

$$年库存总成本 = 全年物料成本 + 全年订货成本$$
$$+ 全年保管成本 + 缺货成本$$

由于物料单价与订货批量无关,在不会出现缺货时,缺货成本为零。故受订货批量大小影响的成本项目为订货成本和保管成本两项。

$$全年订货成本 = \frac{年需求量(D)}{订货批量(Q)} \times 一次订货成本(S)$$

$$全年保管成本 = \frac{订货批量(Q)}{2} \times 单位物料年保管成本(H)$$

式中：$H = $ 物料单价$(P) \times$ 年保管费用率(h)。所以，年库存总成本(TC)的计算简化为下式：

$$TC = (D/Q) \times S + (Q/2) \times H \tag{7-1}$$

根据数学中的导数理论，可得出年库存总成本最低时的经济订货批量模型

$$EOQ = \sqrt{\frac{2DS}{H}} \quad (Q^*) \tag{7-2}$$

根据经济订货批量的数学模型，可得出经济订货间隔期(T^*)为

$$T^* = Q^* ID = \sqrt{\frac{2S}{HD}}（年） \tag{7-3}$$

上式给出的数学模型，实际上就是在 Q^* 条件下的定期订货模型。

由于这个简单模型假设需求和提前期都是不变的，所以不需要安全库存。可以简单地算出订货点 R：

$$R = \bar{d}L \tag{7-4}$$

式中：$\bar{d}$——平均日需求(不变)；

L——提前天数(不变)。

例 7-1　某公司对某产品的需求 $D = 600$ 件/月，订购成本 $S = 30$ 元/次，订货提前期 3 天，单位货物存储成本为每月按货物价格的 10% 计算，单价 $C = 12$ 元/件，求经济订货批量 Q^*、每月订货次数、订货点。（每月按 30 天计算）

（1）订货量：

$$Q^* = EOQ = \sqrt{\frac{2DS}{H}} = \sqrt{\frac{2 \times 600 \times 30}{12 \times 10\%}} = 173（件/月）$$

（2）月订货次数 $n = D/EOQ = 600/173 = 3.45 \approx 4$ 次/月

（3）订货点 $R = (600/30) \times 3 = 60$ 件

四、边补充边消耗的定量订货模型

基本定量订货模型是假设一批订货在瞬间收货的，即补充率是无限大的，但这一假设并不符合企业实际。一般说来，在库存物资进行生产补充同时，其消耗也同时进行着，这就是边补充边消耗的定量订货模型。特别是在生产系统中，某一部门是另一部门的供应商时，这种模型比较适用。通常根据一揽子

合同,事先规定好合同期内每次供货批量。这个模型不同于前面我们所介绍的基本模型,因为引入了一个连续消耗率 d,如果我们用 d 表示对将要生产补充的物资的固定需求率(也就是消耗率),用 p 表示生产率,则我们可以推导出下列总成本公式(显然,生产率必须大于需求率或消耗率,否则,Q 将无穷大,从而导致连续不断的生产):

$$TC = DC + (D/Q)S + (Q/2)H \qquad (7\text{-}5)$$

然而,在这个模型中,正如图 7-4 所示,因为是边补充边消耗的,最大库存量到达 Q,平均库存量不是 $Q/2$,而是 $I_{max}/2$。因此,上述等式可以改为下式:

$$TC = DC + (D/Q)S + (I_{max}/2)H \qquad (7\text{-}6)$$

$$I_{max} = (p-d)(Q/p) \qquad (7\text{-}7)$$

式中,$(p-d)$ 是需要生产补充的时间。将式(7-7)代入式(7-6)中,可以得出

$$TC = DC + (D/Q)S + \frac{(p-d)QH}{2p}$$

利用微积分对 Q 求导,并使其等于零,可得

$$EOQ = \sqrt{\frac{2DS}{H} \cdot \frac{p}{(p-d)}} \qquad (7\text{-}8)$$

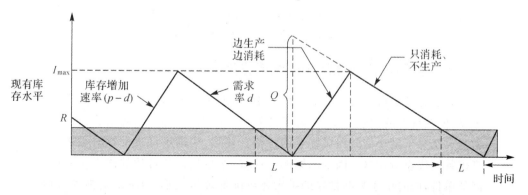

图 7-4　边补充边消耗的定量订货模型

EOQ 模型如图 7-4 所示,由图可见,最大库存量 I_{max} 总是少于订货批量 Q。由式(7-8)可见,当生产率 p 趋于无穷大时,右边的因子 $p/(p-d)$ 就趋于 1,这样就得到了基本的 EOQ 公式。

例 7-2　产品 X 是某公司库存中的一个标准项目。产品 X 的总装线每天都运转。产品 X 的某一部件(称之为部件 X_1)是在另一个部门中生产的,这个部门每天生产 100 个部件 X_1。每天总装线上需要投入 40 个部件 X_1。

已知下列相关数据,请问部件 X_1 的经济生产批量是多少?订货点在哪里?

日需求率(d)=40 个/天;

年总需求量(D)=10000 个(即每天 40 个×250 个工作日);

日生产率(p)=100 个/天;

调整准备成本(S)=50 元;

单位产品的年库存保管成本(H)=0.50 元/个·年;

部件 X_1 的单价(C)=7 元;

提前期(L)=7 天。

解　部件 $X1$ 的经济生产批量和订货点的计算过程如下:

$$经济生产批量\ EOQ=\sqrt{\frac{2DS}{H}\cdot\frac{p}{p-d}}=\sqrt{\frac{2\times10000\times50}{0.50}\cdot\frac{100}{100-40}}=$$

1826 个;

订货点 $R=dL=40\times7=280$ 个。

上述计算结果表明,当部件 X_1 的库存水平下降到 280 个时,就需要进行生产补充,生产批量为 1826 个。

当日产量为 100 个/天时,就需要生产 18.26 天,并能够为总装线提供 45.65 天(1826/40=45.65)的需求量。从理论上说,该部门可以有 27.39 天(45.65−18.26=27.39)做其他工作,而不生产部件 X_1。

五、具有数量优惠折扣的经济订货批量

在前述经济订货批量的数学模型中,作了不考虑购价有数量优惠折扣的假设,但在现实的商业活动中,为了诱发更大的购买行为,供应商往往在订购数量大于某个最小值时提供优惠的价格。显然,在确定订货批量时必须适当考虑数量优惠折扣这一因素的影响。通常,按数量折扣订货的优点是可适当降低单价,同时由于采购批量的扩大还可降低装运成本,减少缺货损失;但采购批量的扩大也使库存量增大,储存费用增加,存货周转减慢,并使质量成本、货物陈旧过时造成的机会成本等上升。因此,当存在数量折扣的诱惑时,应衡量增大订货批量是否有净收益。只有当接受数量折扣所产生的总成本小于按 EOQ 订购所产生的总成本时,才有必要增大订货批量并接受折扣。

经济订货模型是假设商品的价格一直维持不变的情况,但是在商品交易过程,供应方通常为了鼓励采购方多订货,会采取一些刺激措施,来诱导采购方订货。其中最常用的措施是按批量给价格折扣,即随着订货批量增加,订货

价格优惠,如图 7-5 所示。

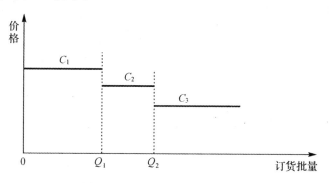

图 7-5　按批量折扣的价格曲线

例 7-3　相关数据如下:

年总需求量(D)=10000 个;

订货成本(S)=20 元/次;

年库存保管成本的百分率(i)=20%(即年库存保管成本占单价的 20%,包括存储、利息以及损耗等成本);

单价(C)与批量的关系如表 7-1 所示。

表 7-1　不同批量的单价

订货批量(个)	单价(元/个)
0~499	5.00
500~999	4.50
1000 以上	3.90

请问最优订货批量为多少?

解　根据基本定量订货模型的公式:$TC = DC + \dfrac{D}{Q}S + \dfrac{Q}{2}iC$

以及 $Q = \sqrt{\dfrac{2DS}{iC}}$,

可计算出不同的价格水平下相应的 EOQ,见表 7-2。

表 7-2　不同价格的 EOQ

订货批量(个)	单价(元/个)	EOQ(个)	可行性如何
0~499	5.00	632	不可行
500~999	4.50	667	可行
1000 以上	3.90	716	不可行

图 7-6 所示的是订货量的多少与总成本的关系。利用上述介绍的一般程序，我们现在计算出单价为 4.50 元、EOQ 为 667 个时的总成本，以及单价为 3.90 元、价格变化临界点 Q 为 1000 个时的总成本。计算过程如表 7-3 所示，比较两者的总成本，可以得出最经济订货批量为 1000 个。

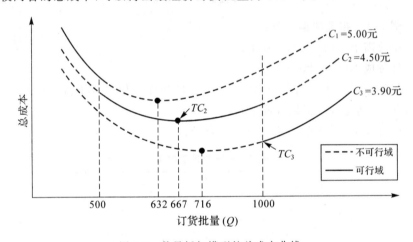

图 7-6　数量折扣模型的总成本曲线

表 7-3　数量折扣模型的总成本计算过程

	$Q=667, C=4.50$	$Q=1000, C=3.90$
库存保管成本(元) $\left(\dfrac{Q}{2}iC\right)$	$\dfrac{667}{2} \times 0.20 \times 4.50 = 300$	$\dfrac{1000}{2} \times 0.20 \times 3.90 = 390$
订货成本(元) $\left(\dfrac{D}{Q}S\right)$	$\dfrac{10000 \times 20}{667} = 300$	$\dfrac{10000 \times 20}{1000} = 200$
库存保管成本与订货成本(元)	600	590
订购成本(DC)(元)	10000×4.50	10000×3.90
总成本(元)	$TC_2 = 45600$	$TC_3 = 39590$

从实践经验来看,在考虑批量折扣题时,随着订购批量的增大,价格折扣就越多,所以订购批量大于经济订货批量 EOQ 往往更为有利。因此,在应用这一模型时,应该特别注意要对产品过时风险以及仓储成本作出有效的估计。

第四节　定期订货模式

定期订货模型是两种基本的库存系统模型之一。定期订货模型也叫 P 模型。定期模型是"时间推动",它取决于预先确定的订货间隔期,只有到了规定的订货时间才能订货。

一、定期订货的作业程序

图 7-7 是定期订货方式的作业程序。

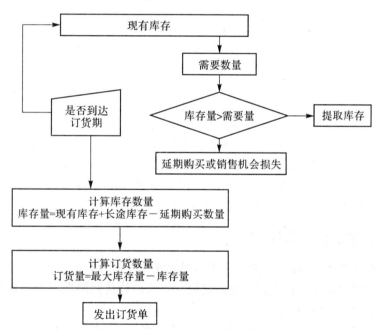

图 7-7　定期订货方式的作业程序

在定期订货模型中,库存盘点只有在盘点期内发生,在盘点期外是不进行任何盘点的。图 7-8 说明了定期订货模型的原理。预先设定一个订货周期和一个最高库存量,周期性地检查库存,发出订货要求。它们的订货周期相同,

前置期相同,每次定购数量不同。

定期订货方式的优点是:由于订货间隔期间确定,因而多种货物可同时进行采购,这样不仅可以降低订单处理成本,还可降低运输成本。另外,这种方式不需要经常检查和盘点库存,可节省这方面的费用。缺点是:由于不经常检查和盘点库存,对货物的库存动态不能及时掌握,遇到突发性的大量需要,容易缺货而造成损失,因而企业为了对应订货间隔期间内需要的突然变动,往往库存水平较高。定期订货方式适用于品种数量大、占用资金较少的 C 类库存和 B 类库存。

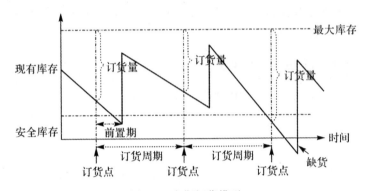

图 7-8　定期订货模型

定期订货方式中订货量的确定方法如下:

订货量＝最高库存量－现有库存量－订货未到量＋顾客延迟购买量。

定期订货管理法是从时间上控制订货周期,从而达到控制库存量目的的方法,只要订货周期控制得当,既可以不造成缺货,又可以控制最高库存量,从而达到库存管理的目的,即使库存费用最少。

二、确定订货周期

定期订货法中,订货周期决定着订货的时机,相当于定量订货法的订货点。订货周期表现为订货间隔期。定量订货法的订货间隔期可能不等,而定期订货法的订货间隔期总是相等。

订货间隔的长短,直接决定着最高库存量的大小,即库存水平的高低,因而决定了库存费用的多少。所以订货周期不能过长,否则就会使库存水平过高;也不能过短,否则订货批次太多会增加订货费用。

严格来说,定期订货法订货周期的制定原则,应该使得在采用该订货周期订货过程中发生的总费用最省,故可以在计算出运行过程总费用函数的基础

上,使其一阶微分等于 0 而求出订货周期 L。在一般情况下,用经济订货周期公式来计算,即:

$$L^* = \sqrt{2S/(HD)} \tag{7-8}$$

式中变量的含义与经济订货批量公式(7-3)中的一样。

实际上,订货周期也可以根据具体情况进行调整。例如:根据自然日历习惯,以月、季、年等进行调整;根据企业的生产周期或供应周期进行调整等。

三、定期控制系统的两个主要控制参数

定期控制系统的两个主要控制参数是观测间隔 P 和目标库存量 T。首先来看 P。它可以是任何方便的间隔,例如,每周五,或每隔周五。另一种确定 P 的方法是用经济订货批量 EOQ 来计算成本最小的订货间隔。

先考虑如何选择目标库存水平 T。在定期订货控制系统中,每隔时间 P,库存水平才有可能得到改变,如果再考虑到订购周期 L 的话,这就意味着,目标库存量的设定必须使 $P+L$ 间隔内的库存量非负。从这里又可以看出 Q 系统与 P 系统之间的一个根本性的区别:一个 Q 系统只需在订购周期 L 之内保证不缺货即可,而一个 P 系统需要在整个 $P+L$ 间隔内保证不缺货。

因此,T 必须至少等于 $P+L$ 间隔内的期望需求,这还没有考虑任何安全库存。因此,如果再把安全库存 B 加上,则 T 的大小应该能够应付 $P+L$ 间隔内的需求的不确定性,这样,T 可以用下式来表示:

$$T = \overline{D}_{P+L} + B = \overline{D}_{P+L} + Z\sigma_{P+L} \tag{7-9}$$

式中:$\overline{D}_{P+L}$——$P+L$ 间隔内的平均需求;

σ_{P+L}——$P+L$ 间隔内需求的标准偏差;

Z——为满足周期服务水平所需的标准偏差的倍数(与 Q 系统相同)。

因为 P 系统所需的安全库存变量的时间比 Q 系统要长,因此 P 系统需要更多的安全库存(即 σ_{P+L} 大于 σ_L),这样 P 系统的整体库存水平要高于 P 系统。

例 7-4 某产品的需求服从正态分布,其均值为每周 40 个,周需求的标准偏差是 15 个。订购周期为 3 周,一年的工作周是 52 周。在使用 P 系统的情况下,如果 $EOQ=400$ 个,P 应为多长?如果顾客服务水平为 80%,T 应为多大?

解 首先求解年需求 D 和观测间隔 P:

$$D = (40 \text{ 个}/\text{周}) \times 52 \text{ 周} = 2080 \text{ 个}/\text{年}$$

观测间隔使用经济订货间隔,则有:

$$P=\frac{EOQ}{D}(52)=\frac{400}{2080}\times52=10(\text{周})$$

因此,每隔 10 周需要观测一次库存水平。现在让我们来找出 $P+L(=13)$ 间隔内的标准偏差。由于周需求的标准偏差 σ 为 15,所以有:

$$\sigma_{P+L}=\sigma\sqrt{P+L}=15\sqrt{13}=54(\text{个})$$

在计算 T 之前,我们还需要知道 Z 的值。从正态分布的累积概率表中,可以找到顾客服务水平为 80% 的 Z 值为 0.84,因此:

$$T=\overline{D}_{P+L}+Z\sigma_{P+L}=40\times13+0.84\times54=565(\text{个})$$

即每次订货数量应该使库存水平 IP 达到目标库存量 565 个。

安全库存是库存的一部分,它主要是为了应对在需要和订货点发生短期的随机变动而设置的。在这样的背景下,通过建立适当的安全库存,减小缺货的可能性,从而在一定程度上降低库存短缺成本。但安全库存的加大会使库存持有成本增加,因而,必须在缺货成本和库存成本两者之间进行权衡。

安全存货并不是因为一个组织期望使用它,而是它可能被使用。保持安全存货是由于一个组织相信在长期经营中它是颇为有效的(它会产生更大的收益或降低成本)。安全存货量完全根据预测来确定。由于很难进行准确的预测,安全存货便要应付高于期望的需求水准。

四、库存控制的重点选择——ABC 分类法

社会上任何复杂事物,都存在着"关键的少数和一般的多数"这样一种规律。事物越是复杂,这一规律便越是显著。这在管理中是非常普遍的。

1. ABC 原理的理论基础

成千上万种库存物资中,少数几种库存量占大部分,少数几种占用了大部分资金。一般地,一个系统中,少数事物具有决定性的影响;相反,其余的绝大部分事物却不太有影响。很明显,如果将有限的力量主要用于解决这具有决定性影响的少数事物上,和将有限力量平均分摊在全部事物上相比较,当然是前者可以取得较好的成效。ABC 原理便是在这一思想的指导下,通过分析,将"关键的少数"找出来,并确定与之适应的管理方法,这便形成了要进行重点管理的 A 类事物。这就能够以"一倍的努力取得多倍的效果"。

具体到库存控制上,A 类库存的品种数量虽然只占总数 10%~20%,但其价值却占 70%~85%;B 类库存的品种数占 20%~30%,价值占 10%~20%;而 C 类库存的品种数占 50%~70%,价值仅占 5%~10%。毫无疑问,对 A 类库存应投入最多的精力和资源进行重点控制,努力降低库存水平,如

最优先处理权、完整和精确的库存记录、严格的控制；对 B 类库存进行正常控制，如紧急情况下的优先处理权、固定检查和基本库存记录、一般控制；对 C 类库存只需进行简单控制即可，如每年 1～2 次的盘存和检查，简单的库存记录、不精确的控制。

应用 ABC 管理法进行库存控制，采用的是"补充库存"的控制模式。通过对内部库存规模的适当控制，来保证外界的随机需求。所以，ABC 管理法所针对的是独立需求型库存项目。

2. ABC 原理与库存控制方式

(1)A 类物料的库存控制方式。A 类物料是库存控制的重点，品种较少，价格较高，并且多为生产(经营)关键、常用物料。对 A 类物料一般采用连续控制方式，随时检查库存情况，一旦库存量下降到一定水平(订货点)，就要及时订货。A 类物料一般采用定期订货，每次订货量以补充目标库存水平为限。

(2)C 类物料的控制方式。C 类物料由于库存品种多，价值低或年需用量较少，可按其库存总金额控制库存水平。对于 C 类物料一般采用比较粗放的定量控制方式。可以采用较大的订货批量或经济订货批量进行订货。

(3)B 类物料的控制方式。B 类物料的库存控制方式，介于 A 类和 C 类物料之间，可采用一般(或定期)控制方式，并按经济订货批量进行订货。

例 7-5 表 7-4 是一家企业的库存项目，试用 ABC 分类法进行管理。

表 7-4 企业的库存状况

库存物资项目	年需要量(件)	单价(元)	需用资金量(元)
A—15	50	3.00	150.00
A—34	1000	1.05	1050.00
A—21	475	2.00	950.00
B—7	10	10.00	100.00
B—15	2600	0.50	1300.00
B—28	600	5.00	2000.00
B—81	1000	0.25	250.00
CD—84	2000	11.00	22000.00
CD—91	3000	0.10	300.00
G—4	100	0.40	40.00

续表

库存物资项目	年需要量(件)	单价(元)	需用资金量(元)
G—15	600	0.10	60.00
G—25	440	2.50	1100.00
H—10	2000	0.25	500.00
合计			30800.00

解 依统计资料,以每种物品的年使用量乘以单价,得出全年每种物品的总价值;

按每种物品的全年总价值的大小进行排列;

计算出每种物品全年总价值占全部物品总价值的百分比;

依各种物品所占的百分比分出类别。

按照 ABC 分类法进行计算,如表 7-5 所示。

表 7-5　ABC 分类法下的库存

级别	库存物资品种	库存资金(元)	占总库存资金(%)	累积(%)	占总品种的%
A	CD—84	22000.00	71.4	71.4	7.7
B	B—28	3000.00	9.8	24.0	38.5
	B—15	1300.00	4.2		
	G—25	1100.00	3.6		
	A—34	1050.00	3.4		
	A—21	950.00	3.1		
C	H—10	500.00	1.6	4.6	53.8
	CD—91	300.00	1.0		
	B—81	250.00	0.8		
	A—15	150.00	0.5		
	B—7	100.00	0.3		
	G—15	60.00	0.2		
	G—4	40.00	0.1		

3. 确定重点管理要求，进行有效控制

ABC分析的结果，只是理顺了复杂事物，搞清了各局部的地位，明确了重点。但是，ABC分析主要目的更在于解决困难，它是一种解决困难的技巧，因此，在分析的基础上必须提出解决的办法，才真正达到 ABC 分析的目的。目前，许多企业为了应付验收检查，形式上搞了ABC分析，虽对了解家底有一些作用，但并未真正掌握这种方法的真谛，未能将分析转化为效益，这是应当力求避免的。按 ABC分析结果，再权衡管理力量与经济效益，对三类库存物品进行有区别的管理。

本章小结

库存就是指各种用于保证顺利生产或满足顾客需求的物料储备。库存的作用主要是对供、产、销过程中的不确定性因素起缓冲作用。库存控制的根本目标，是要提高企业的利润总额和资金利润率。库存控制通常需要解决以下三个基本问题：①需求率；②订购批量；③订货提前期。

库存有不同的分类，如按库存物的需求特性，可分为独立需求库存和相关需求库存。库存成本包括以下几部分：①保管成本；②机会成本；③采购成本；④协调成本；⑤订货成本。

定量订货模型是对库存量进行连续性监控。当库存量降低到某一确定数值时，开始订购固定数量的新的物资用以补充库存，而订货的日期或时间跨度不定，即每次订货的订货点相同、订货量相同，但订货提前期不同。

经济批量，就是一定条件下使总库存成本最小的经济订货批量。经济批量模型提供了一种简单有效的物料订货批量决策方法。只有当接受数量折扣所产生的总成本小于按 EOQ 订购所产生的总成本时，才有必要增大订货批量而接受折扣。

ABC分类法的基本原理是：根据"关键的少数、次要的多数"这一技术经济规律，在对各种因素进行统计分类的基础上，找出问题的主要矛盾，从而将管理资源集中在重要的少数进行重点控制和管理。

复习与讨论题

1.库存成本包括哪几部分？

2.库存在生产经营中的作用有哪几个方面？

3.库存控制通常需要解决哪些基本问题？

4.定量控制库存系统和定期控制库存系统是否能够结合使用？如何结合？能否举例说明？

习　题

1.某企业每年要购买 100000 只某种零件，有关费用如下：单位价格为 0.6 元/件，每次订货费用为 860 元，每个零件的仓库保管费用为每月 0.15 元，试求经济订货批量、年订购次数、年订购总成本、年保管总成本及年库存总成本。

2.(接上题)销售商规定了奖励多购的销售政策，对于一次性购买达到或超过 10000 件时可享受 15％的价格折扣优惠。那么该企业要享受该优惠，经济批量应定为多少？

3.某公司的采购部门正准备向某供应商进购一批商品，该公司根据需求分析，每年需要的量相对稳定，每年需要 2000 台，订货费用每次是 50 元，单位物品的年库存费用为价格的 20％。供应商为了刺激该公司多采购，采用了一定的价格优惠条件，如下表所示。确定最佳的订货策略。

订货量(台)	单位价格(元)
1～249	20.00
250～499	19.50
500～999	18.75

4.磊明产品公司正面临着库存控制问题。公司没有足够的人力和物力对所有物资进行相同的库存管理，下表是库存中的物资列表以及相应的年用量(用资金占用表示)：

物资编号	年资金占用量(元)	物资编号	年资金占用量(元)
A	80 000	K	7 000
B	400	L	1 000
C	1100	M	14 000
D	3 000	N	2 000
E	1900	O	24 000
F	800	P	68 000
G	90000	Q	17 000
H	12000	R	900
I	3000	S	1 700
J	32000	T	2 300

(1)你能提出适当的管理方案吗?

(2)请对表中的物资进行分类。

第八章 企业资源计划

学习目标

➤熟悉 MRP、MRP Ⅱ、ERP 的概念

➤掌握 MRP 的基本算法

➤了解 ERP 的发展历程

引例:昆山珍兴鞋业有限公司

在引入 ERP 系统前,公司依赖一套进销存系统,通过这套系统只能查询库存信息,且库存数据很不准确。各种数据如 BOM、算料、采购、接单以及财务等只能手工作业,费时费力,效率低下,且极易造成人为错误。各种单据、报表也不能从系统里得到,各部门用户只能用纸张打印出各种单据,并以此作为与其他部门交接的根据,因此公司每个部门都单据繁多。另外因为无法信任系统里的数据,公司每个相关部门只好自己做一套手工库存账,并每隔一定时间与仓库对账,这样造成人力、成本上的极大浪费。

2004 年公司开始引入 ERP 系统,并将大胆的设计逐步逐步实现。量身定做的这套方案,很快实现了开发、采购、库存、生产等子系统的信息共享,各相关部门不再需要自己做手工账,他们在系统里随时都可以得到诸于开发、报价、采购、生产、库存等各方面的准确信息。财务部门也不必再手工做账和编制报表,他们直接采用系统里的各种数据做账并生成各种报表。目前系统已经成为各部门用户每天工作中必不可少的管理工具。通过系统,还规范了各部门的作业流程,加强了财务监管,减少了很多不必要的浪费,节省了资金。

经过两年的努力,如今珍兴鞋业的管理人员都是在新界面里面进行业务操作,俨然是一个"十足"的制鞋业 ERP。这个系统有良好的架构和体系,并符合标准 ERP 先进流程。

(资料来源:http://news. zol. com. cn/39/391739. html)

企业的供应链管理离不开信息技术的支撑,信息技术对生产运营管理的作用日益显著。计算机技术特别是数据库技术的发展为企业建立管理信息系统,甚至对改变管理思想和方法起着不可估量的作用。管理思想的发展与信息技术的发展是互成因果的环路,实践证明信息技术已在企业的管理层面扮演越来越重要的角色。当前的大数据库对企业运营管理的功用将逐步显现。信息技术在管理上的运用,是逐步深入与融合的。从 MIS 到 MRP,再到MRPⅡ,信息技术的重要性开始展现,而到目前 ERP 阶段,以计算机为核心的企业级的管理系统更为成熟,系统增加了许多功能,如财务预测、生产运营能力、调整资源调度等,从而使 ERP 成为企业进行运营管理及决策的平台工具。电子商务时代的 ERP 体现企业为达到生存竞争的供应链管理想,而这些又为企业运营提供了竞争利器。

第一节　MRP

任何企业的生产活动都是围绕生产客户所需的产品而进行的,对于加工装配式生产,其工艺顺序(即物料转化过程)是:将原材料制成各种毛坯,再将毛坯加工成各种零件,零件组装成部件,最后将零件和部件组装成产品。

最早提出解决方案的是美国 IBM 公司的 J. A. Orlicky 博士,他在 20 世纪 60 年代设计并组织实施了第一个 MRP 系统。物料需求计划(material resources planning)适用于多级加工装配制造企业的一种生产运营作业计划技术。它根据产品计划计算出物料需求量和需求时间,以达到"在所需的时间、所需的地方,取得生产所需的物料,做到准确无误"的目的。所谓的"物料",泛指原材料、零部件、在制品、外购件、外协件等。初始的 MRP 没有信息反馈与控制功能,称为 MRP 或基本 MRP 阶段。

一、MRP 的基本原理

按需求的来源不同,企业内部的物料可分为独立需求和相关需求两种类型。独立需求是指需求量和需求时间由企业外部的需求来决定,例如,客户订购的产品、科研试制需要的样品、售后维修需要的备品和备件等。相关需求是指根据物料之间的结构组成关系由独立需求的物料所产生的需求,例如半成品、零部件、原材料等的需求。MRP 思想的提出解决了物料转化过程中的几个关键问题:何时需要,需要什么,需要多少? 它不仅在数量上解决了缺料问题,更关键的是从时间上来解决缺料问题。

MRP 的基本原理：MRP 是沿着物料转化这条主线，以物料转化为中心，从确保物料正确转化过程入手来组织制造资源，以实现正确生产运营，满足顾客需要。物料的最终形态是产品，它是顾客所需要的东西，物料的转化最终是为了提供顾客满意的产品。因此围绕物料转化组织生产是按需定产思想的体现。以物料为中心来组织生产，要求一切制造资源围绕物料转。要生产什么样的产品，决定了需要什么样的设备和工具，以及需要什么样的人员。以物料为中心可以把企业内各种活动有目的地组织起来。

MRP 的基本思想是围绕物料转化组织制造资源，实现按需要准时生产。MRP 的基本任务有两方面：一是从最终产品的生产计划（独立需求）导出相关物料（原材料、零部件等）的需求量和需求时间（相关需求）；二是根据物料的需求时间和生产（订货）周期来确定其开始生产（订货）的时间。

二、MRP 基本构成

MRP 的基本内容是编制零件的生产计划和采购计划。然而，要正确编制零件计划，首先必须落实产品的出产进度计划，主生产计划（master production schedule，MPS）是 MRP 展开的依据。

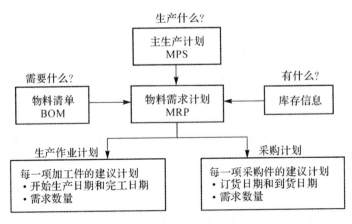

图 8-1　MRP 基本构成

MRP 主要由以下部分组成：

1. 主生产计划

主生产计划是 MRP 的主要输入，它是 MRP 运行的驱动源。主生产计划是确定每一具体的最终产品在每一具体时间段内生产数量的计划。这里的最终产品是指对于企业来说最终完成、要出厂的完成品，它要具体到产品的品种、型号。这里的具体时间段,通常是以周为单位,在有些特定情况下,也可以是日、旬、月。主生产计划详细规定生产什么、什么时段应该产出,它是独立需求计划。主生产计划根据客户合同和市场预测,把经营计划或生产大纲中的产品系列具体化,使之成为展开物料需求计划的主要依据,起到了从综合计划向具体计划过渡的承上启下作用。

2. 产品结构与物料清单

产品结构文件(bill of material,简称 BOM),又称物料清单,反映了产品的组成与结构信息,也就是说明了是由哪些物料构成的,需要多少物料,是如何制造出来的。

MRP 系统要正确计算出物料需求的时间和数量,特别是相关需求物料的数量和时间,首先要使系统能够知道企业所制造的产品结构和所有要使用到的物料。打破产品品种台套之间的界线,把企业生产过程中所涉及的所有产品、零部件、原材料、中间件等,在逻辑上视为相同的物料。根据产品的需求时间和需求数量进行展开,按时间段确定不同时期各种物料的需求。

产品结构列出构成成品或装配件的所有部件、组件、零件等的组成、装配关系和数量要求。它是 MRP 产品拆零的基础。建立物料清单是从建立一个个反映"单层结构"的单层物料单开始的,系统会根据单层结构中母件与子件的相互关系,自然逐层地把所有相关的单层结构串起来,形成一个完整的产品结构。图 8-2 百叶窗的例子可说明计算过程以及所需要的数据。

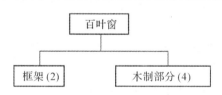

图 8-2 百叶窗产品结构

当然,这并不是我们最终所要的 BOM。为便于计算机识别,必须把产品结构图转换成规范的数据格式,这种用规范的数据格式来描述产品结构的文件就是物料清单。它必须说明组件(部件)中各种物料需求的数量和相互之间的组成结构关系。表 8-1 是一张简单的与百叶窗产品结构相对应的物料清单。

表 8-1 百叶窗产品的物料清单

层次	物料名称	数量	类型
0	百叶窗	1	M
1	框架	2	B
1	木制部分	4	M

注:类型中"M"为自制件,"B"为外购件。

3. 库存信息

库存信息是保存企业所有产品、零部件、在制品、原材料等存在状态的数据库。在 MRP 系统中,将产品、零部件、在制品、原材料甚至工装工具等统称为"物料"或"项目"。为便于计算机识别,必须对物料进行编码。物料编码是 MRP 系统识别物料的唯一标识。库存信息保存了每一种物料的有关数据,MRP 系统关于订什么,订多少,何时发出订货等重要信息,都存储在库存状态文件中。产品结构文件是相对稳定的,而库存状态文件却处于不断变动之中。MRP 每重新运行一次,它就发生一次大的变化。库存信息主要包含以下部分(表 8-2):

(1)现有库存量:是指在企业仓库中实际存放的物料的可用库存数量。

(2)计划收到量(在途量):是指根据正在执行中的采购订单或生产订单,在未来某个时段物料将要入库或将要完成的数量。

(3)已分配量:是指尚保存在仓库中但已被分配掉的物料数量。

(4)提前期:是指执行某项任务由开始到完成所消耗的时间。

(5)订购(生产)批量:在某个时段内向供应商订购或要求生产部门生产某种物料的数量。

(6)安全库存量:为了预防需求或供应方面的不可预测的波动,在仓库中经常应保持最低库存数量作为安全库存量。

根据以上的各个数值,可以计算出某一项物料的净需求量:

净需求量=毛需求量-已分配量-计划收到量-现有库存量。

表 8-2 各物料提前期、现有库存量和安全库存

物料名称	提前期	现有库存	安全库存	废品率
百叶窗	1	0	0	0
框架	2	0	0	0
木制部分	1	70	0	0

三、基本 MRP 的运算逻辑

基本 MRP 的运算逻辑图如图 8-3 所示。

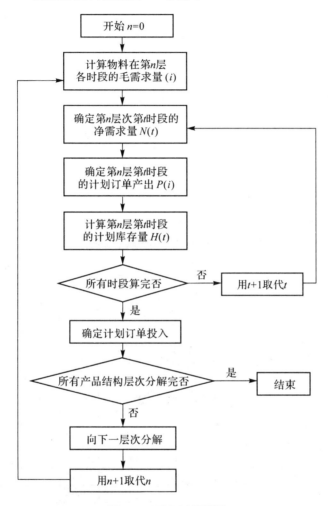

图 8-3　MRP 运算逻辑

下面结合实例说明 MRP 的运算逻辑步骤。如图 8-4 是百叶窗产品 A 的结构图，B 表示框架，C 表示木制部分。表 8-3 为该产品 A 的主生产计划。

于是，我们可以计算各个产品及相应部件的需求量。要注意的是，由于提前期的存在，使得物料的计划交付时间和净需求的时间有时会产生不一致。

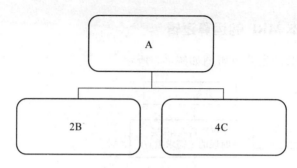

图 8-4　A 产品结构

表 8-3　产品 A(百叶窗)的主生产计划(产品 A,提前期＝1,批量＝10)

周数	1	2	3	4	5	6	7	8
生产数量				100				150

物料的需求计划计算如表 8-4 所示。

表 8-4　百叶窗、框架和木制部分的计算

	周数	1	2	3	4	5	6	7	8
	需求				100				150
百叶窗 提前期=1周	毛需求				100				150
	现有库存				0				0
	净需求				100				150
	计划出产量				100				150
	生产计划下达			100				150	
				×2				×2	
框架 提前期=2周	毛需求			200				300	
	现有库存			0				0	
	净需求			200				300	
	计划出产量			200				300	
	生产计划下达	200				300			
				×4				×4	
木制部分 提前期=1周	毛需求			400				600	
	现有库存			70				0	
	净需求			330				600	
	计划出产量			330				600	
	生产计划下达		330				600		

经过以上的展开计算后,就可以得出产品 A(百叶窗)的零部件的各项相关需求量。然而,现实中企业的情况远没有如此简单,在许多加工制造性的企业中,由于产品种类繁多,并不只是产品 A 要用到部件 B、部件 C 以及零件 D 和 E,可能还有其他产品也需要用到它们,也可能零件 D、E 还有一定的独立需求(如作为服务件用的零件等)。所以,MRP 要做的工作是要先把企业在一定时段内对同一零部件的毛需求汇总,然后再据此算出它们在各个时段内的净需求量和计划交付量,并据以安排生产计划和采购计划。

四、闭环 MRP

20 世纪 60 年代,时段式 MRP 能根据有关数据计算出相关物料需求的准确时间与数量,但它还不够完善,其主要缺陷是没有考虑到生产企业现有的生产能力和采购的有关条件的约束。因此,计算出来的物料需求的日期有可能因设备和工时的不足而没有能力生产,或者因原料的不足而无法生产。同时,它也缺乏根据计划实施情况的反馈信息对计划进行调整的功能。正是为了解决以上问题,MRP 系统在 20 世纪 70 年代发展为闭环 MRP 系统。闭环 MRP 系统除了物料需求计划外,还将生产能力需求计划、车间作业计划和采购作业计划也全部纳入 MRP,形成一个封闭的系统。

1. 闭环 MRP 的原理与结构

MRP 系统的正常运行,需要有一个现实可行的主生产计划。它除了要反映市场需求和合同订单以外,还必须满足企业的生产能力约束条件。因此,除了要编制资源需求计划外,我们还要制定能力需求计划(CRP),同各个工作中心的能力进行平衡。只有在采取了措施做到能力与资源均满足负荷需求时,才能开始执行计划。

而要保证实现计划就要控制计划,执行 MRP 时要用派工单来控制加工的优先级,用采购单来控制采购的优先级。这样,基本 MRP 系统进一步发展,把能力需求计划和执行及控制计划的功能也包括进来,形成一个环形回路,称为闭环 MRP,如图 8-5 所示。因此,闭环 MRP 成为一个完整的生产计划与控制系统。

2. 能力需求计划

在闭环 MRP 系统中,把关键工作中心的负荷平衡称为资源需求计划,或称为粗能力计划,它的计划对象为独立需求件,主要面向的是主生产计划;把全部工作中心的负荷平衡称为能力需求计划(capacity requirement planning,CRP),或称为详细能力计划,而它的计划对象为相关需求件,主要面向的是车

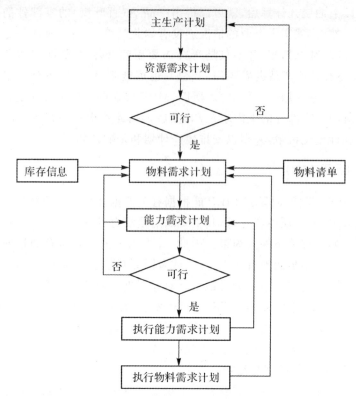

图 8-5　闭环 MRP 逻辑流程

间。由于 MRP 和 MPS 之间存在内在的联系,所以资源需求计划与能力需求计划之间也是一脉相承的,而后者正是在前者的的基础上进行计算的。

(1)能力需求计划的依据

①工作中心:它是各种生产或加工能力单元和成本计算单元的统称。对工作中心,都统一用工时来量化其能力的大小。

②工作日历:是用于编制计划的特殊形式的日历,它是由普通日历除去每周双休日、假日、停工和其他不生产的日子,并将日期表示为顺序形式而形成的。

③工艺路线:是一种反映制造某项"物料"加工方法及加工顺序的文件。它说明加工和装配的工序顺序,每道工序使用的工作中心,各项时间定额,外协工序的时间和费用等。

④由 MRP 输出的零部件作业计划。

（2）能力需求计划的计算逻辑

闭环 MRP 的基本目标是满足客户和市场的需求，因此在编制计划时，总是先不考虑能力约束而优先保证计划需求，然后再进行能力计划。经过多次反复运算，调整核实，才转入下一个阶段。能力需求计划的运算过程就是把物料需求计划订单换算成能力需求数量，生成能力需求报表。这个过程可用图 8-6 来表示。

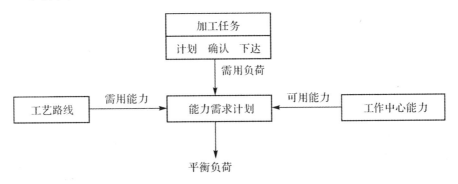

图 8-6　能力需求报表生成过程

当然，在计划时段中也有可能出现能力需求超负荷或低负荷的情况。闭环 MRP 能力计划通常是通过报表的形式（直方图是常用工具）向计划人员报告之，但是并不进行能力负荷的自动平衡，这个工作由计划人员人工完成。

3. 现场作业控制

各工作中心能力与负荷需求基本平衡后，接下来的一步就要集中解决如何具体地组织生产活动，使各种资源既能合理利用又能按期完成各项订单任务，并将客观生产活动进行的状况及时反馈到系统中，以便根据实际情况进行调整与控制，这就是现场作业控制。它的工作内容一般包括以下四个方面：

（1）车间订单下达：订单下达是核实 MRP 生成的计划订单，并转换为下达订单。

（2）作业排序：它是指从工作中心的角度控制加工工件的作业顺序或作业优先级。

（3）投入产出控制：是一种监控作业流（正在作业的车间订单）通过工作中心的技术方法。利用投入/产出报告，可以分析生产中存在的问题，采取相应的措施。

（4）作业信息反馈：它主要是跟踪作业订单在制造过程中的运动，收集各种资源消耗的实际数据，更新库存余额并完成 MRP 的闭环。

<h1 style="text-align:center">第二节　MRPⅡ</h1>

MRPⅡ把生产活动与财务活动联系起来，将闭环MRP与企业经营计划联系起来，使企业各个部门有了一个统一可靠的计划控制工具。作为企业级的集成系统，MRPⅡ包括整个生产经营活动：销售、生产、生产作业计划与控制、库存、采购供应、财务会计、工程管理等。

一、MRPⅡ由来

从闭环 MRP 的管理思想来看，它在生产计划的领域中确实比较先进和实用，生产计划的控制也比较完善。闭环 MRP 的运行过程主要是物流的过程（也有部分信息流），但生产的动作过程，产品从原材料的投入到成品的产出过程都伴随着企业资金的流通的过程，对这一点，闭环 MRP 却无法反映出来。并且资金的运营会影响到生产的运营，如采购计划制订后，由于企业的资金短缺而无法按时完成，这样就影响到整个生产运营计划的执行。

对于新的生产运营过程中问题的出现，生产运营管理人员及专家积极寻求解决问题的方法。1977 年 9 月，美国著名生产管理专家奥利佛·怀特（Oliver W. Wight）提出了一个新概念——制造资源计划（manufacturing resources planning），它是广义的 MRP。为了与传统的 MRP 有区别，其名称改为 MRPⅡ。MRPⅡ对于制造业企业资源进行有效计划具有一整套方法。它是一个围绕企业的基本经营目标，以生产计划为主线，对企业制造的各种资源进行统一计划和控制的有效系统，也是企业的物流、信息流和资金流集成并使之畅通的动态反馈系统。

二、MPRⅡ管理模式的特点

MRPⅡ在 20 世纪 80 年代开始发展，逐步向世界各地推行。作为一种资源协调系统，MRPⅡ代表了一种新的生产运营管理思想。其管理模式具有以下特点。

1. 计划的一贯性与可行性

MRPⅡ是一种计划主导型的管理模式，计划由粗到细逐层优化，始终与企业经营战略保持一致，加上能力的控制，使计划具有一贯性、有效性和可执行性。

2. 管理的系统性

MRPⅡ提供一个完整而详尽的计划,在"一个计划"的协调下将企业所有与生产经营直接相关部门的工作联成一个整体,提高了整体效率。

3. 数据共享性

各个部门使用大量的共享数据,消除了重复工作和不一致性。

4. 物流与资金流的统一

MRPⅡ中包含有成本会计和财务功能,可以由生产活动直接产生财务数据,保证生产和财务数据的一致性。

5. 集成的功能

这是MRPⅡ的精髓,MRPⅡ是企业管理集成思想与计算机、信息技术相结合的产物。横向上,以计划管理为核心,通过统一的计划与控制使企业制造、采购、仓储、销售、财务、设备、人事等部门协同运营;纵向上,从经营计划、生产运营计划、物料需求计划、车间作业计划逐层细化,使企业的经营按预定目标滚动运营、分步实现。在企业的集成环境下,与其他技术系统集成,以达到高效的目的。

三、MRPⅡ的处理逻辑

MRPⅡ的基本思想就是把企业作为一个有机整体,从整体最优的角度出发,通过运用科学方法对企业各种制造资源和产、供、销、财各个环节进行有效地计划、组织和控制,使他们得以协调发展,并充分发挥作用。MRPⅡ是集成应收、应付、成本及总账的财务管理。其采购作业根据采购单、供应商信息、收货单及入库单形成应付款信息(资金计划);销售商品后,会根据客户信息、销售订单信息及产品出库单形成应收款信息(资金计划);可根据采购作业成本、生产作业信息、产品结构信息、库存领料信息等产生生产成本信息;能把应付款信息、应收款信息、生产成本信息和其他信息等记入总账。产品的整个制造过程都伴随着资金流通的过程。通过对企业生产成本和资金运营过程的掌握,调整企业的生产经营规划和生产计划,因而得到更为可行、可靠的生产计划。MRPⅡ的逻辑流程图如图8-7所示。

在流程图的右侧是计划与控制的流程,它包括了决策层、计划层和控制执行层,可以理解为经营计划管理的流程;中间是基础数据,要储存在计算机系统的数据库中,并且反复调用。这些数据信息的集成,把企业各个部门的业务沟通起来,可以理解为计算机数据库系统;左侧是主要的财务系统,这里只列出应收账、总账和应付账。各个连线表明信息的流向及相互之间的集成关系。

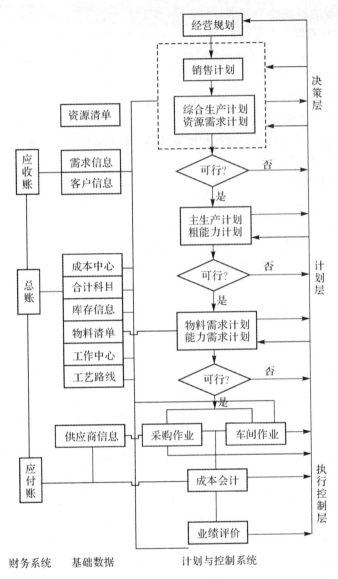

图 8-7　MRPⅡ逻辑流程

四、MRPⅡ的应用及局限性

MRPⅡ理论从 20 世纪 80 年代初开始在企业中得到广泛的应用，MRPⅡ的应用与发展给制造业带来了巨大的经济效益。

MRPⅡ对世界经济的发展与应用产生了深远的影响。随着市场竞争日趋激烈和科技的进步,MRPⅡ思想和方法也逐步显示出其局限性,主要表现在以下几个方面。

1. 企业竞争范围扩大,要求企业做好集成管理

要求对企业的整体资源进行集成管理,而不仅仅对制造资源进行集成管理。现代企业都意识到,企业的竞争是综合实力的竞争,要求企业有更强的资金实力,更快的市场响应速度。因此,信息管理系统与理论仅停留在对制造部分的信息集成与理论研究上是远远不够的。与竞争有关的物流、信息及资金要从制造部分扩展到全面质量管理、企业的所有资源(分销资源、人力资源和服务资源等)及市场信息和资源,并且要求能够处理工作流。在这些方面,MRPⅡ都已经无法满足。

2. 多集团、多工厂的协同作战超出了 MRPⅡ 的管理范围

全球范围内的企业兼并和联合潮流方兴未艾,大型企业集团和跨国集团不断涌现,企业规模越来越大,这就要求集团与集团之间、集团内多工厂之间统一计划,协调生产步骤,汇总信息,调配集团内部资源。这些既要独立,又要统一的资源共享管理是 MRPⅡ 目前无法解决的。

3. 信息全球化趋势的发展要求企业之间加强信息交流和信息共享

企业之间既是竞争对手,又是合作伙伴。信息管理要求扩大到整个供应链的管理,这些更是 MRPⅡ 所不能解决的。

第三节　企业资源计划(ERP)

企业资源计划系统(enterprise resource planning,ERP)集中信息技术与先进的管理思想于一身,成为现代企业的运行模式,反映时代对企业合理调配资源,最大化地创造社会财富的要求,成为企业在信息时代生存、发展的基石。

一、ERP 的产生发展

ERP 的形成大致经历了 4 个阶段:基本 MRP 阶段、闭环 MRP 阶段、MRPⅡ阶段以及 ERP 的形成阶段。ERP 理论的形成是随着产品复杂性的增加,市场竞争的加剧及信息全球化而产生的。

20 世纪 60 年代的制造业为了打破"发出订单,然后催办"的计划管理方式,设置了安全库存量,为需求与订货提前期提供缓冲。20 世纪 70 年代,企业的管理者们已经清楚地认识到,真正的需要是有效的订单交货日期,因而产

生了对物料清单的管理与利用,形成了物料需求计划 MRP。20 世纪 80 年代,企业的管理者们又认识到制造业要有一个集成的计划,以解决阻碍生产的各种问题,要以生产与库存控制的集成方法来解决问题,而不是以库存来弥补或以缓冲时间的方法去补偿,于是 MRP Ⅱ 即制造资源计划产生了。20 世纪 90 年代以来,随着科学技术的进步及其不断向生产与库存控制方面的渗透,解决合理库存与生产控制问题所需要处理的大量信息和企业资源管理的复杂化,要求信息处理的效率更高。传统的人工管理方式难以适应以上系统,这时只能依靠计算机系统来实现。而且信息的集成度要求扩大到企业的整个资源的利用和管理,因此产生了新一代的管理理论与计算机系统——企业资源计划 ERP。ERP 是在 MRP Ⅱ 的基础上扩展了管理范围,给出了新的结构。图 8-8 是对 ERP 发展的几个主要阶段简要的总结。

ERP 是指建立在信息技术基础上,以系统化的管理思想,为企业决策层及员工提供决策运行手段的管理平台。ERP 是由美国 Garter Group Inc. 咨

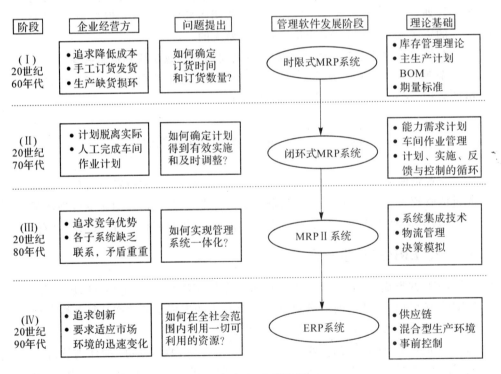

图 8-8　ERP 发展阶段

询公司首先提出的,它是当今国际上先进的企业管理模式。其主要宗旨是对企业所拥有的人、财、物、信息、时间和空间等资源进行综合平衡和优化管理,面向全球市场,协调企业各管理部门,围绕市场导向开展业务活动,使得企业在激烈的市场竞争中全方位地发挥足够的能力,从而取得最好的经济效益。

二、ERP 的优势

与 MRP Ⅱ 相比,ERP 的优势有如下几个方面。

1. 范围扩大

ERP 系统在 MRP Ⅱ 的基础上扩展了管理范围,它把客户需求和企业内部的制造活动以及供应商的制造资源整合在一起,形成企业一个完整的供应链并对供应链上所有环节如订单、采购、库存、计划、生产制造、质量控制、运输、分销、服务与维护、财务管理、人事管理、实验室管理、项目管理、配方管理等进行有效管理。

2. 适用性强

ERP 系统不同于 MRP Ⅱ 系统,它能很好地支持和管理混合型制造环境,如多品种、小批量生产以及看板式生产,满足了企业的这种多角化经营需求,而不仅仅把企业归类为几种典型的生产方式进行管理,如重复制造、批量生产、按订单生产、按订单装配、按库存生产等。

3. 供应链支撑

ERP 增加了支持整个供应链上物料流通体系中供、产、需各个环节之间的运输管理和仓库管理;支持生产保障体系的质量管理、实验室管理、设备维修和备品备件管理;支持对工作流(业务处理流程)的管理。ERP 系统的实时性强,强调企业的事前控制能力,它可以将设计、制造、销售、运输等通过集成来并行地进行各种相关的作业,为企业提供了对质量、适应变化、客户满意、绩效等关键问题的实时分析能力,并将财务计划和价值控制功能集成到了整个供应链上。随着 IT 技术的飞速发展,网络通信技术的应用使得 ERP 系统可对整个供应链信息进行集成管理。ERP 系统采用客户/服务器(C/S)体系结构和分布式数据处理技术,支持 Internet/Intranet/Extranet、电子商务(E-business、E-commerce)、电子数据交换(EDI)。此外,还能实现在不同平台上的相互操作。

三、ERP 系统的管理思想

ERP 的核心管理思想就是实现对整个供应链的有效管理,主要体现在以下三个方面。

1. 对整个供应链资源进行管理

现代企业的竞争已经不是单一企业之间的竞争,而是一个企业供应链与另一个企业的供应链之间的竞争,即企业不但要依靠自己的资源,还必须把经营过程中的有关各方如供应商、制造工厂、分销网络、客户等纳入一个紧密的供应链中,才能在市场上获得竞争优势。ERP 系统正是适应了这一市场竞争的需要,实现了对整个企业供应链的管理。

2. 精益生产、并行工程和敏捷制造

ERP 系统支持对混合型生产方式的管理,其管理思想表现在两方面:其一是"精益生产(lean production,LP)"的思想,即企业把客户、销售代理商、供应商、协作单位纳入生产体系,同他们建立起利益共享的合作伙伴关系,进而组成一个企业的供应链。其二是"敏捷制造(agile manufacturing,AM)"的思想。当市场上出现新的机会,而企业的基本合作伙伴不能满足新产品开发生产的要求时,企业组织一个由特定的供应商和销售渠道组成的短期或一次性供应链,形成"虚拟工厂",把供应和协作单位看成是企业的一个组成部分,运用"并行工程"组织生产,用最短的时间将新产品打入市场,时刻保持产品的高质量、多样化和灵活性,这即是"敏捷制造"的核心思想。

3. 事先计划与事中控制

ERP 系统中的计划体系主要包括:主生产计划、物流需求计划、能力计划、采购计划、销售执行计划、利润计划、财务预算和人力资源计划等,而且这些计划功能与价值控制功能已完全集成到整个供应链系统中。另一方面,ERP 系统通过定义事务处理相关的会计核算科目与核算方式,在事务处理发生的同时自动生成会计核算分录,保证了资金流与物流的并行记录和数据的一致性,从而实现了根据财务资金现状可以追溯资金的来龙去脉,并进一步追溯所发生的相关业务活动,便于实现事中控制和实时作出决策。

四、MRP 是 ERP 的核心功能

制造业必然要从供应方买来原材料,经过加工或装配,制造出产品,销售给需求方,这也是制造业区别于金融业、商业、采掘业(石油、矿产)、服务业的主要特点。任何制造业的经营生产活动都是围绕其产品开展的,制造业的信息系统也不例外。MRP 就是从产品的结构或物料清单(对食品、医药、化工行业则为"配方")出发,实现了物料信息的集成——一个上小下宽的锥状产品结构:其顶层是出厂产品,是属于企业市场销售部门的业务;底层是采购的原材料或配套件,是企业物资供应部门的业务;介乎其间的是制造件,是生产部门

的业务。如果要根据需求的优先顺序,在统一的计划指导下,把企业的"销产供"信息集成起来,就离不开产品结构(或物料清单)这个基础文件。产品结构反映了各个物料之间的从属关系和数量关系,它们之间的连线反映了工艺流程和时间周期;换句话说,通过一个产品结构就能够说明制造业生产管理常用的"期量标准"。MRP 主要用于生产"组装"型产品的制造业,如果把工艺流程(工序、设备或装置)同产品结构集成在一起,就可以把流程工业的特点融合进来。通俗地说,MRP 是一种保证既不出现短缺,又不积压库存的计划方法,解决了制造业所关心的缺件与超储的矛盾。所有 ERP 软件都把 MRP 作为其生产计划与控制模块,MRP 是 ERP 系统不可缺少的核心功能。

ERP 是一个高度集成的信息系统,它必然体现物流信息同资金流信息的集成。传统的 MRP Ⅱ 系统主要包括的制造、供销和财务三大部分依然是 ERP 系统不可跨越的重要组成。所以,MRP Ⅱ 的信息集成内容既然已经包括在 ERP 系统之中,就没有必要再突出 MRP Ⅱ。形象地说,MRP Ⅱ 已经"融化"在 ERP 之中,而不是"不再存在"。

总之,从管理信息集成的角度来看,从 MRP 到 MRP Ⅱ 再到 ERP,是制造业管理信息集成的不断扩展和深化,每一次进展都是一次重大的质的飞跃,然而,又是一脉相承的。

五、ERP 的核心管理思想

ERP 的核心管理思想是供应链管理。ERP 面向企业供应链的管理,可对供应链上的所有环节有效地进行管理,把客户需求和企业内部的制造活动以及供应商的制造资源整合在一起,体现了完全按用户需求制造的思想。当前,企业之间的竞争已不再是一个企业对一个企业的竞争,而是已经发展成为一个企业的供应链与竞争对手的供应链之间的竞争。ERP 系统正是适应这种竞争形势的需求发展起来的。在供应链上除了人们已经熟悉的"物流"、"资金流"和"信息流"外,还有容易为人们所忽略的"增值流"和"工作流",即供应链上有 5 种基本"流"在流动。从形式上看,客户是在购买商品或服务,但实质上,客户是在购买商品或服务能带来效益的价值。各种物料在供应链上移动,是一个不断增加其技术含量或附加值的增值过程。在此过程中,还要注意消除一切无效劳动与浪费。因此,供应链还有增值链的含义。从而可知只有当产品能够售出,增值才有意义。企业单靠成本、生产率或生产规模的优势打价格战是不够的,要靠创新的优势打价值战,这才是企业竞争的真正出路,而 ERP 系统要提供企业分析增值过程的功能。

ERP所包含的管理思想是非常广泛和深刻的,这些先进的管理思想之所以能够实现,又同信息技术的发展和应用分不开。ERP不仅面向供应链,体现精益生产、敏捷制造、并行工程的思想,而且必然要结合全面质量管理(TQM)以保证质量和客户满意度,以及结合准时制生产(JIT)以消除一切无效劳动与浪费、降低库存和缩短交货期。它还要结合约束理论来定义供应链上的瓶颈环节、消除制约因素来扩大企业供应链的有效产出。

本章小结

MRP的基本思想是围绕物料转化组织制造资源,实现按需要准时生产。MRP的三大依据是:①主生产计划(MPS);②物料清单(BOM);③库存信息。

闭环MRP系统除了物料需求计划外,还将生产能力需求计划、车间作业计划和采购作业计划也全部纳入MRP,形成一个封闭的系统。

MRPⅡ是一个围绕企业的基本经营目标,以生产计划为主线,对企业制造的各种资源进行统一计划和控制的有效系统,也是使企业的物流、信息流和资金流畅通的动态反馈系统。

ERP宗旨是对企业所拥有的人、财、物、信息、时间和空间等综合资源进行综合平衡和优化管理,面向全球市场,协调企业各管理部门,围绕市场导向开展业务活动,使得企业在激烈的市场竞争中全方位地发挥足够的能力,从而取得最好的经济效益。

案例分析:河南许继集团的 ERP 项目

在机械行业100强排名中,许继排名第29位。许继是以电力系统自动化、保护及控制设备的研发、生产及销售为主的国有控股大型企业,国家520户重点企业和河南省重点组建的12户企业集团之一。许继集团在坚持把主业做强、做大的同时,不失时机地跻身于民用机电、电子商务、环保工程、资产管理等行业,并取得了喜人的业绩。多年来,许继集团坚持"一业为主,多元发展"的经营战略,支撑着企业的快速发展,2001年许继集团实现销售收入28.8亿元(含税)、利润2.5亿元,比2000年分别增长34%和9.75%,各项经济技术指标再创历史最好水平,继续保持行业的龙头地位。

许继上ERP希望能解决三个方面的问题:第一方面是希望通过ERP规范业务流程;第二方面是希望信息的收集整理更通畅;第三方面是通过这种形

式,使产品成本的计算更准确。

许继公司接触过包括 SAP、Symix、浪潮通软、利玛等国内外 ERP 厂商。开始许继想用 SAP 的产品,但是 SAP 的出价是 200 万美元:软件费 100 万美元,实施服务费 100 万美元。而当时许继上 ERP 的预算只有 500 万元人民币。国外 ERP 软件用不起,许继并没有把目光转向国内软件企业。因为在考察了浪潮和利玛等几家国内厂商之后,许继觉得国内软件厂商的设计思路和自己企业开发设计软件已实现的功能相差不大。挑来挑去,许继最终选择了 Symix,一家面向中型企业的美国管理软件厂商。许继当时的产值是 15 亿元,与美国的中小型企业相当,而 Symix 在中小型企业做得不错,价位也比较适中。而且按照一般的做法,签单的时候,一般企业的付款方式是分三笔:5:3:2 模式。而 Symix 开出的条件非常优惠:分 7 步付款的方式。双方就这样成交了。

ERP 实施

从 1998 年初签单,到同年 7 月份,许继实施 ERP 的进展都很顺利,包括数据整理、业务流程重组,以及物料清单的建立。厂商的售后服务工作也还算到位,基本完成了产品的知识转移。另外,在培养许继自己的二次开发队伍方面也做了一定的工作。如果这样发展下去,或许许继会成为国内成功实施 ERP 企业的典范。然而,计划赶不上变化。

到了 1998 年 8 月份,许继内部为了适应市场变化,开始发生重大的机构调整。原来,许继没有成立企业内部事业部,而是以各个分厂的形式存在。而各个分厂在激烈的市场竞争中,出现了这样的怪现象:许继自己制造的零部件,比如每个螺钉在公司内部的采购价格是 5 分钱,在市场上却 3 分钱就可以拿到。这样必须进行大调整。

大调整的结果是将这些零部件分厂按照模拟法人的模式来进行运营。许继的想法是给这些零部件厂商两到三年的时间,如果还生存不下去,再考虑其他办法,如工人下岗、企业转产、倒闭等。

实施 ERP 在先,公司结构大调整在后。但是许继高层在调整的过程中,更多的是关注企业的生存,企业经营的合理化和利润最大化,显然没有认真考虑结构调整对 ERP 项目的影响。

企业经营结构变了,而当时所用的 ERP 软件流程却已经定死了,Symix 厂商也似乎无能为力,想不出很好的解决方案。于是许继不得不与 Symix 公司友好协商,项目暂停,虽然已经运行了 5 个月,但是继续运行显然已经失去了意义。Symix 的 ERP 只是在许继一些分公司的某一些功能上还在运行。

许继实施 ERP 不成功的根源,有三个主要因素

第一个因素,许继进行非常大的经营结构调整,关键业务流程重组,在上 ERP 之前应该有明确的计划和认识,或者提前进行,或者同时进行。但关键业务流程重组是应该提前进行,同时进行的只能是部分非关键业务流程的改造。那么如果选择功能更强大的管理软件会不会好一些? 也许当时选用 SAP 是个正确的选择。如果软件的适应性比较强,也就不会出现这么大的影响。

第二个因素是厂商。美国人在设计软件的时候,是不会想到中国企业会在短短几个月的时间里出现这么大的变化。任何一个产品都有它的适应性,它也有不擅长的领域,企业发生这么大的变动,肯定超出了软件所能适应的范围。但厂商的责任应该更重,因为厂商或者顾问咨询公司有责任来帮助企业进行分析业务流程,指出一些不合理性,Symix 在来中国之前并非不知道咨询顾问的作用。

第三个因素是"一把手"的作用不能贯彻始终和有效发挥。企业上 ERP 是"一把手工程",是考验企业最高领导人意志和魄力的过程。许继的决策层在 1998 年花 500 万元上 ERP,决心不可谓不大。可是老总毕竟精力有限,你不可能指望他把所有的时间都用在这一方面。在实施过程中,许继高层的做法是把这个权力移交给信息中心,并要求各部门积极配合,谁不配合谁下岗。然而,即使手中拿着老总的"尚方宝剑"到处挥舞,但信息中心依然发现,在执行过程中其他部门仍然没有按照信息中心的整体布局执行。那么为什么不能"杀一儆百",或者采取其他的强制措施? 因为软件流程已经设定了,而这时企业为了适应市场做了一个结构调整,于是出了问题也就分不清责任在哪一方,到底是软件不行,还是人的配合不够,造成流程不顺畅。无法界定责任,就不知道该惩罚谁。

当时许继应该怎么办,一种说法是考虑和更大的 ERP 供应商沟通咨询,进行诊断,找出一个合适的做法。还有就是与国内有 ERP 理论的、有技术支撑的软件供应商合作,结合许继信息中心的队伍合作开发。到目前为止,许继依然靠自己开发的程序来支撑运行自己的信息系统。而 500 万买来的管理软件只是在一个子公司运行,但每年依然要支付高昂的软件升级维护费用。许继这几年保持高速发展,但与 500 万元的冤枉钱无关。

(选自:http://tech.sina.com.cn/s/s/2008-04-16/0824633860.shtml)

问题:1.你认为许继公司应如何做好 ERP 工作?

     2.在 ERP 运行过程中领导如何发挥更好的作用?

复习与讨论题

1.简述 MRP/MRPⅡ/ERP 的核心管理理念及相互之间的关系。

2.物料需求计划为什么能够发展?

3.MPRⅡ管理模式的特点。

4. ERP 系统的管理思想。

5.为什么说引入 ERP 是一场管理变革?

习　题

1.假设产品 Y 由 2 个单位 A 和 4 个单位 B 组成,A 由 3 个单位 C 和 4 个单位 D 组成,B 由 2 个单位 D 和 3 个单位 E 组成。每种产品的采购周期或加工期为:Y 为 2 周;A、B、C、D 各 1 周;E 为 3 周。第 10 周需要 100 单位 Y(假定这些物料没有库存)。

要求:

(1)画出物料清单(产品结构树);

(2)制定一个 MRP 计划表,确定相应的毛需求量和净需求量以及计划订单下达以及计划订单接受日期。

2.产品 A 由 1B 和 2C 组成,而 C 由 5D 和 1E 组成。现有 A、B、C、D、E 的库存和预计到货量见下表,要在第 8 周生产 200 件 A,第 9 周生产 300 件 A,第 10 周生产 100 件 A。

品名	提前期(周)	存货(件)	预计到货
A	1		
B	5	500	500 件,第 4 周
C	3	500	
D	3	200	1000 件,第 2 周
E	4	1000	

要求:(1)画出产品结构树。

     (2)试确定 C、D 的库存状况。

第九章 质量管理原理

学习目标

➤掌握质量管理和质量成本的相关概念

➤理解质量管理的八项原则

➤熟悉 PDCA 循环

➤理解 ISO9001 的主要思想

➤了解主要的质量管理奖

引例:海尔空调推"两年包换"见证全球领先品质

　　海尔空调公司正式宣布即日起在全国范围内推出"两年免费包换服务",只要是产品本身出现任何质量问题,海尔承诺两年内免费包换。而事实上,据了解,海尔空调的品质非常过硬。"我们最近开展了一项'寻找中国第一代变频空调用户'的活动,我们的变频老用户有 10 年、15 年还有 16、17 年的,使用时间这么长说明产品品质是过硬的,这也是我们有底气、敢于推出两年免费包换的重要原因"。海尔空调公司有关负责人表示。

　　领先品质经得起时间打磨。据了解,海尔空调推出的两年免费包换政策远远高于国家规定的"三包"标准。该政策的推出不仅对空调品质提出了更高要求,也加快推动了节能变频等行业领先产品的推广和节能产业的升级。在海尔空调公司近期发起的"中国变频空调 20 年寻找中国第一代变频空调用户"活动中,不断刷新的使用时间便证实了海尔空调领先的品质。从 1998 年、1997 年再到 1995 年,不少老用户家的变频空调仍在使用。而这些老用户对海尔变频空调的喜爱恰恰也说明了海尔变频空调的品质好。"这出乎我们的意料,但又在情理之中。"海尔空调公司有关负责人表示。这是因为他们对自己的产品有足够的自信。在这样的时机推出两年免费包换的服务,不仅是希望回馈更多老用户对这个品牌的信赖,同时也是在向消费者证明海尔空调所具备的领先品质是经得起时间打磨的。

科技创新铸造全球领先品质。海尔空调公司能有这份自信还要归咎于其长期以来对科技创新和不断掌握核心科技的执著追求。据悉,早在1993年国内大多数空调企业还不知"变频"为何物时,海尔空调已率先研发成功变频空调。为了加快变频技术升级步伐,海尔空调公司投入了大量的研发实力,并引领了中国变频的每个技术发展阶段。特别是在今年,海尔空调又在日本建成中国品牌在日的变频研发中心,进一步确立其在全球技术创新领域的领先实力。领先的技术创新带来了领先、可靠的产品,让消费者直接感受到了科技创新带来的舒适生活。最重要的是,这些技术创新成果为海尔空调烙上了"全球领先品质"的印记,也为其收获了全球用户的信赖。因此,对于海尔空调公司来说,两年免费包换绝不仅仅是一句口头承诺,而是长期坚持、落到实处的对消费者的承诺与关爱。

(改编自:尧远:《中国质量报》,2012-04-12)

第一节　质量管理概念

美国质量学家朱兰博士曾指出:"将要过去的二十世纪是生产率的世纪,将要到来的二十一世纪是质量的世纪"[①]。也就是说,二十世纪的经济增长主要是产量和规模扩大的粗放型增长,而二十一世纪将是以质量为主的集约型增长,市场竞争将由数量竞争逐步转为质量竞争。质量已成为进入国际市场的关注焦点,未来企业的竞争,实质是质量的竞争。所以企业必须重视质量管理,以适应顾客和相关方的需要。

一、质量管理的发展阶段

研究质量管理的发展阶段,有助于正确认识质量管理的产生、发展的必然性和实施全面质量管理的重要性。人类社会从产生以来,就逐步重视质量及质量管理工作,这些为提高生存水准而努力的动力持续至今。从时间上来分,质量管理的发展大致经历了质量检验、统计质量控制和全面质量管理三个阶段。

1. 单纯质量检验(SQI)

20世纪初至20世纪40年代,这一时期的质量管理工作主要依靠工匠或工人的经验和技能进行检测剔出废品,以保证产品质量。其主要方法是全数检验或抽样检验,作用是事后把关,不让不合格品出厂或转到下道工序。后来随着

[①]　朱兰.质量手册(第五版)[M].焦叔斌,等,译.北京:中国人民大学出版社,2003:13-16.

企业规模的扩大，企业设立专门质检人员，挑出成品中的不合格产品。这种质量管理只是事后检验"一个点"（最终检验站），对质量形成这个动态过程没有有效检验，且这种检验方法经常导致次品被漏检，不能预防不合格品的发生。而对那些不便全数检验的产品，如炮弹、感光胶片等，也无法起到"把关"的作用。

2. 统计质量控制（SQC）

1924年美国统计学家休哈特将统计方法应用于质量控制，提出控制图和统计过程控制理论；同年美国科学家道奇等人利用统计方法进行抽样检验，提出产品检验批质量概念及抽样方法；1932年美国人皮尔森发表了有关在质量控制中应用统计方法的论文。但直到20世纪40年代，这些方法才被广泛应用到生产实践中。20世纪40年代至50年代，欧美一些国家不少企业开始运用概率论与数理统计方法，控制生产过程，预防不合格品的产生。数理统计方法是在生产过程中进行系统的抽样检查，而不是事后全检。它的具体做法是将测得的数据记录在控制图上，可及时观察和分析生产过程中的质量情况。当发现生产过程中质量不稳定时，能及时找出原因，采取措施，消除隐患，以达到防止废品再发生并保证产品质量的目的。统计质量控制关注质量形成过程，做到了积极预防，使质量管理实践从检验"一点"（最终检验）发展到管理"一条线"（生产过程）。但是，由于片面强调质量管理统计方法，忽视组织管理和系统管理的积极作用，使人们误认为质量管理就是运用数理统计方法。同时，因数理统计理论比较深奥，计算方法也较为复杂，人们对它产生了高不可攀的错觉。因此，在一定程度上限制了统计质量控制方法的普及与推广。

3. 全面质量管理（TQC）

第二次世界大战以后，科技和生产力的发展使得人们对产品质量的要求不断提高，仅仅依靠统计质量控制难以满足顾客日益增长的要求。20世纪50年末和60年代初，美国通用电器公司管理学家费根堡姆和质量管理专家朱兰提出了全面质量管理的概念，简称TQC。质量管理也由仅关注制造过程中的统计质量控制逐渐发展为关注顾客需求的各个方面。经过五十多年来的实践、总结和提高，全面质量管理的理论和方法不断充实和提高。

20世纪后期，全面质量管理由TQC演变为了TQM，这意味着质量问题已不简单的是控制问题，它逐渐成为一种以质量为主体的，综合的管理理念，在很大程度上丰富质量管理的内涵和管理方式。随着国际贸易和国际合作的加深，质量问题成为跨越国界和地区的问题。为了有效发展国际贸易，提供合作标准，国际标准化组织于1987年发布了ISO9000体系，成为全球质量管理体系认证的统一标准。

二、质量管理的基本概念

1. 质量

ISO9000：2005 中将质量定义为：一组固有特性满足要求的程度。定义中的"质量"可使用形容词如差、好或优秀来修饰；"固有的"（其反义是"赋予的"）就是指在某事或某物中本来就有的，尤其是那种永久的特性，如产品的适用性、可信性、经济型和安全性等；"要求"是指明示的、通常隐含的或必须履行的需求或期望；"特性"则可理解为可区分的特征。质量可以指产品质量，也可以指过程质量，还可以指体系质量。其中，产品指过程的结果，可以分成服务、软件、硬件和流程性材料四类；过程指一组将输入转化为输出的相互关联或相互作用的活动；体系指相互关联或相互作用的一组要素。

2. 质量管理

关于质量管理的定义，ISO9000：2005 将质量管理定义为：在质量方面指挥和控制组织的协调的活动，主要强调质量管理是项活动，重点是协调。该定义综合了不少质量管理专家的观点，如朱兰认为"质量管理就是制定与贯彻质量标准方法的综合体系"；费根堡姆认为"质量管理就是为了在最经济的水平上生产出充分满足顾客质量要求的产品，而综合协调企业各部门为保证与改善质量的有效体系"。

3. 相关的术语

（1）要求（requirement）：明示的、通常隐含的或必须履行的需求或期望。

（2）顾客满意（customer satisfaction）：顾客对其要求已被满足的程度的感觉。

（3）管理体系（management system）：建立方针和目标并实现这些目标的体系。

（4）质量管理体系（quality management system）：指导和控制组织的关于质量的管理体系。

（5）质量方针（quality policy）：由组织的最高管理者正式发布的该组织总的质量意图和质量方向。

（6）质量目标（quality objective）：关于质量的所追求的目的。

（7）质量控制（quality control）：质量管理的一部分，致力于满足质量要求。

（8）持续改进（continual improvement）：增强满足要求的能力的循环活动。

(9)质量特性(quality characteristic):有关要求的产品、过程或体系的固有特性。

(10)预防措施(preventive action):为消除潜在不合格或其他潜在不期望情况的原因所采取的措施。

(11)纠正措施(corrective action):为消除已发现的不合格或其他不期望情况的原因所采取的措施。

(12)纠正(correction):为消除已发现的不合格所采取的措施。

三、全面质量管理

企业应通过全过程、全员和全面三个方面实施质量管理。质量的产生、形成和实现等过程联系紧密,每个环节都影响最终的产品质量。全过程意味着要严格控制影响质量控制的所有环节,从而保证产品质量。另外,还需要注重全体员工的参与、全面做好质量管理。

1. 概念

美国质量管理专家费根堡姆于 1961 年在其《全面质量管理》一书中首先提出了全面质量管理的概念:"全面质量管理是为了能够在最经济的水平上,并考虑到充分满足用户要求的条件下进行市场研究、设计、生产和服务,把企业内各部门研制质量、维持质量和提高质量的活动构成为一体的一种有效体系。"[①]全面质量管理观点在世界范围内得到广泛的接受,但各个国家在实践中都结合自己的实际进行了创新。特别是 20 世纪 80 年代以来,全面质量管理得到了进一步的扩展和深化,其含义远远超出一般意义上的质量管理的领域,而成为一种综合的、全面的经营管理方式和理念。在这一过程中,全面质量管理的概念也得到了进一步的发展。2005 版 ISO9000 标准中对全面质量管理的定义为:一个组织以质量为中心,以全员参与为基础,目的在于通过让顾客满意和本组织所有成员及社会受益而达到长期成功的管理途径。这一定义反映了全面质量管理概念的最新发展,也得到了质量管理界广泛认可。

2. 全面质量管理的特点

全面质量管理的推行,是一个系统性的工作,需要多方面的参与,其主要特点如下。

(1)全过程的质量管理

任何产品或服务的质量,都有一个产生、形成和实现的过程。从全过程的

---

① Hoyer, R. W. , Hoyer, B. B. Y. , 2001. What is quality? [J]. Quality Process, 34:53-62.

角度来看,质量产生、形成和实现的整个过程是由多个相互联系、相互影响的环节所组成的,每一个环节都或轻或重地影响着最终的质量状况。为了保证和提高质量就必须把影响质量的所有过程和因素都控制起来。为此,全过程的质量管理包括了从市场调研、产品的设计开发、生产、销售、服务等全部有关过程的质量管理。

(2)全员的质量管理

产品和/或服务质量是企业各方面、各部门、各环节工作质量的综合反映。企业无论哪个人的工作质量都会不同程度地直接或间接地影响着产品质量或服务质量。因此,产品质量人人有责,人人关心产品质量和服务质量,人人做好本职工作,全员参与质量管理,才能生产出顾客满意的产品。

(3)全面的质量管理

全面的质量管理可以从纵横两个方面来加以理解。从纵向的组织管理角度来看,质量目标的实现有赖于企业的上层、中层、基层管理乃至一线员工的通力协作,其中高层的领导作用尤为重要。从企业职能间的横向配合来看,要保证和提高产品质量必须使企业研制、维持和改进质量的所有活动构成为一个有效的整体,需要注意各方面质量的提高。

(4)多方法的质量管理

影响产品质量和服务质量的因素也越来越复杂:既有物质的因素,又有人的因素;既有技术的因素,又有管理的因素;既有企业内部的因素,又有企业外部的因素。要把这一系列的因素系统地控制起来,全面管理好,就必须根据不同情况,区别不同的影响因素,广泛、灵活地运用多种多样的现代化管理办法来解决质量问题。

3. 全面质量管理的基本内容

(1)设计、试制过程的质量管理

根据用户调查和收集来的质量情报制定质量目标,避免设计的盲目性,确保设计满足用户需要,具有一定的超前性;会同和组织产品设计人员和市场营销部门等有关人员,根据验证及试验资料,认真分析企业的技术与工艺条件,共同评议和审查产品设计质量,选择合理的设计方案;针对新产品试制和鉴定过程中所得出的问题,对产品设计进行必要的修改和校正,检查和监督新产品的定型质量,确保其成功投产;保证设计图纸、工艺说明、技术资料等文件质量。

(2)生产制造过程的质量管理

主要内容围绕人、机器、原材料、方法、环境等五项因素(即 4MIE)展开。

不断改善和优化设计,加强工艺管理,以提高生产运营过程质量,从根本上确保产品质量;健全和完善工艺卡、工序卡等工艺文件,改善现场工作环境和秩序,严格现场操作管理;采用合适的检验方式,按照自检、互检、专检相结合的原则;严格把好各工序的质量关,以保证按质量标准进行生产,防止不合格品转入下道工序;组织质量分析,掌握产品质量和过程、质量管理的现状及发展动态。

(3)辅助服务过程的质量管理

企业辅助生产过程主要包括物资供应、工具供应、设备维修等内容。这些工作的好坏都直接影响着制造过程的质量。因此,要重视提高这些辅助环节的工作质量。

(4)使用过程的质量管理

积极开展技术服务,包括编制科学的产品说明书,举办培训班,设立技术咨询服务站等;进行使用效果与使用要求的调查;认真处理出厂产品的质量问题。

四、PDCA 循环

PDCA 循环是提高产品质量,改善企业经营管理的重要方法,也是质量保证体系运转的基本方式。

1. PDCA 循环的四阶段

PDCA 管理循环是质量管理的基本工作方法(程序),把质量管理的全过程划为 P(plan 计划)、D(do 实施)、C(check 检查)、A(action 处理)四个阶段。第一阶段是计划(plan),它包括分析现状,找出存在问题的原因;分析产生问题的原因;找出其中主要原因;拟订措施计划,预计效果四个步骤。第二阶段是实施(do),即执行技术组织措施计划。第三阶段是检查(check),即把执行的结果与预定目标对比,检查计划执行情况是否达到预期效果。第四阶段是处理(action),即巩固成绩,把成功的经验尽可能纳入标准,进行标准化,对遗留问题转入下一个 PDCA 循环去解决。

2. PDCA 循环的特点

PDCA 循环有以下几方面的特点:

(1)PDCA 循环一定要按顺序进行,它靠组织的力量来推动,像车轮一样向前进,周而复始,不断循环,如图 9-1 所示。

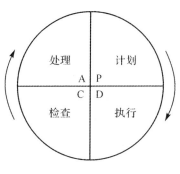

图 9-1　PDCA 循环

（2）大环套小环，一环扣一环，小环保大环，推动大循环。企业每个科室、车间、工段、班组，直至个人的工作，均有一个 PDCA 循环，这样一层一层地解决问题，如图 9-2 所示。

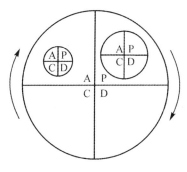

图 9-2　大环和小环

（3）重点是 A 阶段。每通过一次 PDCA 循环，都要进行总结，提出新目标，再进行第二次 PDCA 循环，使质量管理的车轮滚滚向前。PDCA 每循环一次，质量水平和管理水平均提高一步，如图 9-3 所示。但重点是 A 阶段，如果没有处理，许多工作都无法进行。

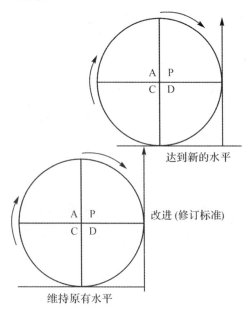

图 9-3 提升的 PDCA 循环

第二节 质量管理体系

ISO9000 族标准是国际标准化组织(international organization for stand-ardization,ISO)汇集西方发达国家质量管理专家,在总结发达国家质量管理科学经验的基础上起草并正式颁布的一套质量管理的国际标准,并以此作为质量体系认证的依据。ISO9001 标准是国际标准化组织发布的关于质量管理体系的标准,从 1987 年首次提出至今已经修改了 4 次,最近一次是 2008 年 11 月 14 号发布的 ISO9001:2008 版。ISO9001 旨在证实组织具有提供满足顾客需求和适用法规要求的产品的能力,目的在于增进顾客满意。

一、ISO9000 族标准介绍

ISO9000 族标准遵循管理科学的基本原则,以系统论、自我完善与持续改进的思想,明确了影响企业产品/服务质量的有关因素的管理与控制要求,并且作为质量管理的通用标准,适用于所有行业/经济领域的组织。

1. ISO9000 族标准的原则和思想

推行 ISO9000 族标准的原则主要包括尊重所有受益方意愿的原则、策划的原则、过程控制和规范管理的原则、自我证实的原则,其指导思想有预防为主的思想、自我完善与持续改进的思想,目的是通过提高企业经营的效果与效率,使所有相关方受益,达到顾客满意,促进质量管理在全球范围的开展与提高。ISO9000 族标准是企业间交流与合作的"共同语言";推行 ISO9000 族标准有助于消除非关税壁垒,促进国际贸易的开展。

2. ISO9000:2008 族标准

2008 版 ISO9000 族标准继承 2000 年 ISO9000,进一步总结了全球范围内质量管理与质量认证科学实践与成果,体现了广大标准使用者对 ISO9000 族标准更高的要求与期望;进一步吸收了管理实践的科学经验与原则,更加全面、系统与科学,其价值与未来前景已为国内外广泛认同。2008 版 ISO9001 全面应用过程方法,提出了 4 大板块结构的过程方法模式:管理职责、资源管理、产品实现以及测量、分析和改进四大过程,体现了计划 P—实施 D—检查 C—改进 A 的循环(图 9-4)。

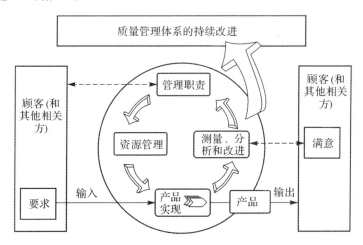

图 9-4　基于过程的 ISO9001:2008 质量管理体系

3. ISO9000:2008 族标准的特点

ISO9000:2008 族标准的特点主要有:①通用性强,能更好地适用于不同产品类别、不同规模和各种类型的组织,特别是服务业;②确定了质量管理的八项基本原则;③采用过程方法,有助于企业针对自身的业务流程,注重实效地开展质量工作,以应对世界经济一体化所带来的挑战。其他如结构简明、强化最高管理者的领导作用和责任、以顾客满意为中心、突出持续改进及进一步增强了与 ISO14001 等其他管理体系标准的相容性,也是其特点。

4.2008 版 ISO9000 族标准的构成

（1）核心标准

ISO9000：2005（GB/T19000—2008）质量管理体系—基本原理和术语；

ISO9001：2008（GB/T19001—2008）质量管理体系—要求；

ISO9004：2009（GB/T19004—2009）质量管理体系—业绩改进指南；

ISO 19011：2011 管理体系审核指南。

（2）其他标准

ISO 10012 测量设备质量保证要求。

（3）技术报告（TR）

ISO/TR 10006 项目管理指南；

ISO/TR 10007 技术状态管理指南；

ISO/TR 10013 质量管理体系文件指南；

ISO/TR 10014 质量经济性指南；

ISO/TR 10015 教育和培训指南；

ISO/TR 10017 统计技术在 ISO9001 中的应用。

（4）小册子

质量管理原理、选择和使用指南；

ISO9001 在小型企业的应用。

二、质量管理八项原则

为了便于组织推行质量管理体系，ISO 在 ISO9000：2005 中提出了质量管理的八项原则。质量管理的八项原则成为指导质量管理体系的指南针。这八项原则是世界各国质量工作者长期实践总结出来的质量管理基本规律、基本理念。

1.原则 1：以顾客为关注焦点

组织依存于顾客，因而组织应理解顾客当前和未来的需求，满足顾客需求并争取超过顾客的期望。这里的顾客是指接受产品的组织或个人，既包括组织外部的采购方，也包括组织内部接受前一个过程输出的部门、岗位或个人。为了赢得顾客，组织必须首先深入了解和掌握顾客当前的和未来的需求，在此基础上才能满足顾客要求并争取超越顾客期望。为了确保企业的经营以顾客为中心，企业必须把顾客要求放在第一位。

2.原则 2：领导作用

领导者建立组织相互统一的宗旨、方向和内部环境，所创造的环境能使员工充分参与实现组织目标的活动。领导与企业的发展密切相关。一个优秀的企业,必定有一批具有战略眼光,能够激励员工,协调各项事务的领导班子。企业领导能够带领全体员工一道去实现目标。

3. 原则 3：全员参与

各级人员都是组织的根本,员工是企业之本,他们的参与,将为企业带来更多的利益。质量管理不仅需要领导的指挥,更需要全员的积极参与。因此,企业需培养员工的职业道德和质量意识,并加强知识,培训技能,实现员工参与。为了激发全体员工参与的积极性,管理者应该对职工进行质量意识、职业道德、以顾客为中心的意识和敬业精神的教育,还要通过制度化的方式激发他们的积极性和责任感。在全员参与过程中,团队合作是一种重要的方式,特别是跨部门的团队合作。

4. 原则 4：过程方法

将相关的资源和活动作为过程来进行管理,可以更高效地达到预期的目的。过程就是利用资源,并通过有效管理将输入转化为输出的活动。过程方法强调系统地识别并管理每个过程,并注意各个过程的相互作用,以此来提高管理有效性和效率。在开展质量管理活动时,必须要着眼于过程,要把活动和相关的资源都作为过程进行管理,才可以更高效地得到期望的结果。

5. 原则 5：系统管理

针对制订的目标,识别、理解并管理一个由相互联系的过程所组成的体系,有助于提高组织的有效性和效率。质量管理,需把关联过程作为系统加以识别、管理,以实现质量管理目标。开展质量管理要用系统的思路,这种思路应该体现在质量管理工作的方方面面,在建立和实施质量管理体系时尤其如此。

6. 原则 6：持续改进

持续改进是一个组织永恒的目标。持续改进是不断提高组织业绩的有效措施。组织应在测量和评审结果的基础上,坚持持续改进,使组织持续进步。企业必须要持续改进才能持续获得顾客的支持。另一方面,竞争的加剧使得企业的经营处于一种"逆水行舟,不进则退"的局面,要求企业必须不断改进才能生存。

7. 原则 7：基于事实的决策方法

有效的决策需在事实和数据的基础上,加以具体分析,并作出适当的决定。应充分利用各种数据、信息,在分析数据和总结经验的基础上,做出决策,并赋予行动。为了确保信息的充分性,应该建立企业内外部的信息系统。坚持以事实为基础进行决策就是要克服"情况不明决心大,心中无数点子多"的不良决策作风。

8. 原则 8：互利的供方关系

供应商和组织的关系是非常紧密的，合理协调两者的关系，可以达到双赢的效果。需识别并选择重要供应商，和供应商合作时，应统筹考虑眼前和长远利益，可与重要供应商共享技术和信息资源。营造适应的沟通环境，提高解决问题的效率。在目前的经营环境中，企业与企业已经形成了"共生共荣"的企业生态系统，企业之间的合作关系不再是短期的、甚至一次性的合作，而是要致力于双方共同发展的长期合作关系。

质量管理八项原则是以顾客为关注焦点，强调领导作用，有三种方法促进持续改进，在内部要求全员参与，外部做好供方关系（图 9-5）。

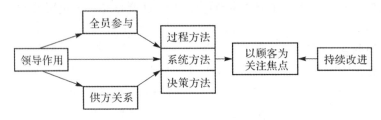

图 9-5　质量管理八项原则关系

三、质量管理体系的建立与实施

采用质量管理体系应当是组织的一项战略性决策。一个组织质量管理体系的设计和实施受其商业环境、环境的变化或与环境有关的风险的影响，也受各种需求、具体的目标、所提供的产品、所采用的过程以及组织的规模和结构的影响。即使是提供同类产品的组织，其所处的商业环境不同，所设计的质量管理体系也有所不同，而且随着商业环境的变化，其质量管理体系也应发生变化，规避相关风险。所以，每个组织都应建立其各具特色的质量管理体系，并随着经营环境的变化持续改进。

1. 组织准备阶段

要进行教育培训，统一认识，明确标准要求，组织落实，拟定计划。

2. 调查分析阶段

要进行现状调查，确定范围，制定方针目标，调整机构，配备资源。

3. 编制文件阶段

要做到文件的系统性，注意接口。质量体系文件要有法规性，注意与标准、法规符合。质量体系文件要有适宜性，符合自身的特点，便于操作实施，合理优化。

4. 质量管理体系运行阶段

主要做的工作有任命管理者代表,文件的发放到位,实施前的培训和考核。在建立和运行质量管理体系的时候,应该做到该说的必须说到,以符合充分性的要求。

5. 质量管理体系改进阶段

质量管理体系究竟实施得怎么样,必须通过检查才知道。2008 版的 ISO9001:2008 标准特别重视顾客反馈和内部审核这两种检查手段。通过检查,若发现不符合项,必须立即纠正并采取纠正和预防措施。

第三节　质量管理的经济性分析

一、质量成本的概念

质量成本,是指"为确保和保证满意的质量而引起的费用及没达到满意的质量而造成的损失"。它表明了与质量有关的成本,是产品质量经济性的重要体现。

质量成本按性质一般分为两大类。

1. 内部运行质量成本

内部运行质量成本是指为达到和保持所规定的质量水平所支付的费用和因质量问题而造成的经济损失,包括预防成本、鉴定成本、内部故障成本和外部故障成本等。

（1）预防成本

预防成本是指为预防故障所支付的费用,具体包括质量培训费、质量管理活动费、质量改进措施费、质量评审费、质量管理人员工资及福利基金等内容。

（2）鉴定成本

鉴定成本是指为评定质量要求是否满足检验和检查所支付的费用,具体包括试验检验费、质量检验部门办公费及质量检验工作人员的工资和福利基金、检测设备维修折旧费等内容。

（3）内部故障成本

内部故障成本是指由于产品在交付前不能满足质量要求所造成的损失,具体包括报废损失、返修费、降级损失、停工损失、产品质量事故处理费等内容。

（4）外部故障成本

外部故障成本是指由于产品在交付使用后不能满足质量要求所造成的损失。具体包括索赔费、退货损失、保修费和折价损失等内容。它未考虑因质量问题造成的企业声誉受损、市场份额下降等间接效果。

2. 外部活动质量成本

外部活动质量成本是指按合同要求，为向顾客提供所需要的客观证据所支付的费用，包括特殊的和附加的质量保证措施、程序、数据、证实试验和评定的费用。

二、产品质量成本分析

一般采用质量成本法对企业内部运行质量成本进行分析，目的是为了将质量控制在一个适宜的水平上，以使质量成本最低，从而取得最佳的经济效果。

如图 9-6 所示，质量与成本之间的关系呈 PAF（预防、鉴定、故障）模式。企业在质量管理方面的投入越多，即预防成本和鉴定成本越大，产品质量越有保障，而随着产品质量的提高，内部和外部故障成本相应减少，反之亦然。可见，预防成本、鉴定成本和产品质量水平呈相同方向变化，故障成本和产品质量水平呈反方向变化。因此，预防及鉴定成本和故障成本之和所构成的质量成本，必然会在某一特定水平上达到最小，此时所对应的质量成本即为最佳质

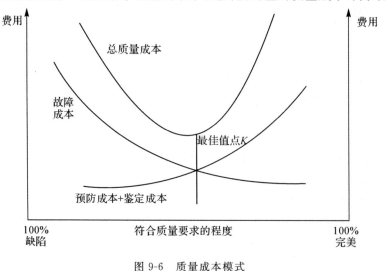

图 9-6　质量成本模式

量成本,对应的质量水平也为最合理的质量水平。

由于准确地定量描述质量水平与各种质量成本之间的关系比较困难,在实际工作中常根据经验统计结果进行产品质量成本分析,并以此为基础作出改进。当质量成本总额中故障成本达到 70％以上,而预防成本低于 10％时,质量成本总额一般很高,且产品质量水平很低,因此应着手改进质量,增加预防、鉴定方面的投入;当故障成本占到质量成本总额的 50％左右,而预防成本占 10％左右时,质量成本总额往往接近最佳质量成本值,这时如找不到适宜的进一步改进措施,则应把工作重点放在控制上,努力保持这种最适宜状态;当故障成本低于质量成本总额的 40％、而鉴定成本高于 50％时,产品质量虽很理想,但质量成本总额过高,因而此时应研究降低鉴定成本的措施,使质量成本总额降下来,一般可考虑原质量标准是否要求过高,能否放宽标准或减少检验量。在分析质量成本和规划降低成本的计划时,我们需了解预防和鉴定工作所扮演的角色。在多数组织中,鉴定工作的预算通常大于预防工作,此为一常见错误,此项不正确做法的主因在于鉴定工作的预算通常包含在质量保证和制造范围内。一个正确的认知使预防成本的投入所能带来的效益远大于鉴定成本。

近年来整个质量成本的目光倾向于增加预防成本,以降低内部失败及外部失败与检测成本,并进而使整个的质量成本降下来。应尽量避免多余不必要的检验与质量保证,把注意力集中到重要的管制项目,重点放在不良品的预防上,将有限的资源运用到最能发挥功效的地方。

现代质量管理理论认为,高质量绝不意味着高成本,追求高质量的投入成本,能够比由于产品和服务的内在缺陷所造成的损失要少;质量的不断改进不仅具有社会效益,而且具有经济效益,无缺陷的质量有可能使总质量成本达到最小化。正如美国学者克劳斯比(P. B. Crosby)所说:"质量是免费的,真正费钱的是不合质量标准的事情——没有在第一次就把事情做对"。据美国国家标准和技术局的"质量股票"虚拟投资实验的结果数据,质量好的公司的平均投资回报率高达 248.7％,而质量一般和差的公司的平均投资回报率只有58.5％,证实了提高质量与提高企业经济效益存在一致的关系。

之所以存在质量与成本的矛盾,现代质量管理理论认为,根源在于传统的管理方式。要克服这种矛盾,达到完美的无缺陷的质量,并使质量成本随质量的提高而下降而不是上升,关键在于改造传统的管理方式,把改进质量看作是一个渐进的、持续努力的过程而不是强化检验和加大技术投入的短期行为,要从源头上杜绝产生质量问题。

第四节　质量认证

质量认证也叫合格评定,是国际上通行的管理产品质量的有效方法。

一、质量认证分类

按认证的对象分为产品质量认证和质量体系认证两类。

1. 产品质量认证

产品质量认证是指依据产品标准和相应技术要求,经认证机构确认并通过颁发认证证书和认证标志来证明某一产品符合相应标准和相应技术要求的活动。就是说,产品质量认证的对象是特定产品包括服务。认证的依据或者说获准认证的条件是产品(服务)质量要符合指定的标准的要求。

2. 质量体系认证

质量体系认证亦称质量体系注册,是指由公正的第三方体系认证机构,依据正式发布的质量体系标准,对企业的质量体系实施审核评定,并颁发体系认证证书和发布注册名录,从而向公众证明企业的质量体系符合某一质量体系标准,有能力按规定的质量要求提供产品,可以相信企业在产品质量方面能够按照质量体系运行。质量体系认证都是自愿性的,获准认证的证明方式是通过颁发具有认证标记的质量体系认证证书,但证书和标记都不能在产品上使用。

二、质量体系认证的必要性

ISO9001 标准是由国际标准化组织(ISO)发布的国际标准,主要是西方国家百年工业化进程中质量管理经验的科学总结,已被世界各国广泛采用和认同。由第三方独立且公正的认证机构对企业实施质量体系认证,可以有效避免不同顾客对企业能力的重复评定,减轻了企业的负担,提高了经济贸易的效率。国内的企业贯彻 ISO9001 标准,按照国际通行的原则和方式来经营与管理企业,这有助于树立国内企业"按规则办事,尤其是按国际规则办事"的形象,符合我国加入 WTO 的基本原则,为企业对外经济与技术合作的顺利进行,营造一个良好的环境。

三、如何选择认证机构

企业在选择体系认证机构时,一般应考虑四个因素:权威性、价格、顾客是否接受和认证机构的业务范围。此外,产品没有出口的企业多选择国内认证机构。产品出口时,如果外商没有要求提供指定的认证机构的认证证书时,则向国内认证机构申请;反之,向外商指定的认证机构申请。无论是选择国内的或是国外的认证机构,都应注意选择那些经国家认可的认证机构,识别办法是请该认证机构出示本国认可机构颁发的认可证书。

四、企业申请质量认证的条件

企业申请产品质量认证必须具备以下基本条件:

(1)中国企业持有工商行政管理部门颁发的"企业法人营业执照";外国企业持有有关部门机构的登记注册证明。

(2)产品质量稳定,能正常批量生产。质量稳定指的是产品在一年以上连续抽查合格。小批量生产的产品,不能代表产品质量的稳定情况,必须是正式成批生产产品的企业,才能有资格申请认证。

五、质量体系认证实施步骤

体系认证过程总体上可分为四个阶段:认证申请、体系审核、审批与注册发证、监督。

1.认证申请

企业向其自愿选择的某个体系认证机构提出申请,按机构要求提交申请文件,包括企业质量手册等。体系认证机构根据企业提交的申请文件,决定是否受理申请,并通知企业。按惯例,机构不能无故拒绝企业的申请。

2.体系审核

体系认证机构指派数名国家注册审核人员实施审核工作,包括审查企业的质量手册,到企业现场查证实际执行情况,提交审核报告。

3.审批与注册发证

体系认证机构根据审核报告,经审查决定是否批准认证。对批准认证的企业颁发体系认证证书,并将企业的有关情况注册公布,准予企业以一定方式使用体系认证标志。证书有效期通常为三年。

4.监督

在证书有效期内,体系认证机构每年对企业至少进行一次监督检查,查证企业有关质量体系的保持情况,一旦发现企业有违反相关规定的事实证据,即对相应企业采取措施,暂停或撤销企业的体系认证。

第五节　质量管理奖项

20 世纪 50 年代开始,国际社会对质量的追求一直没有停止。在质量管理评价方面,日本的戴明奖开了先河,以后陆续有奖项出现。国外比较流行的是美国的波多里奇质量奖和欧洲质量奖评价模型。

一、日本戴明奖

世界范围内影响较大的质量奖中,日本戴明奖是创立最早的一个。1951 年,为了纪念戴明对日本质量管理的贡献,日本科学技术联盟(JUSE)设立了戴明奖,以促进日本质量管理的发展。日本业界认为,他的教诲帮助日本建立了这样一个基础,正是在这个基础之上,日本的产品质量才达到了今天这样被世界广泛承认的水平。

1. 戴明奖的组成

(1)戴明奖:颁发给在以下三个领域作出贡献的个人或组织:①对全面质量管理的研究取得杰出成绩;②对用于全面质量管理的统计方法的研究取得杰出成绩;③对传播全面质量管理作出杰出贡献。

(2)戴明应用奖:颁发给组织或者领导一个独立运营机构的个人。获奖条件是,在规定的年限内通过运用全面质量管理使组织获得与众不同的改进。

(3)质量控制奖:颁发给组织中的一个部门,这个部门通过使用全面质量管理中的质量控制和质量管理方法,在规定的年限内获得了与众不同的改进效果。

2. 戴明实施奖的审核

戴明实施奖主要审核要点如表 9-1 所示。

表 9-1　戴明实施奖主要审核要点

项　目	审查要点
方针	1. 有关经营及质量方面的方针 2. 确定方针的方法 3. 方针的适当性与一致性 4. 统计方法的应用 5. 方针的传达与贯彻 6. 方针及落实情况的评估 7. 与长、短期计划之间的联系

项　目	审查要点
组织及其运营	1.职责与权限的清晰性 2.授权的适当性 3.部门间的协调 4.委员会活动 5.职工的作用 6.QC 小组活动
教育及普及	1.教育的计划与结果 2.质量意识及其管理，对质量管理的理解 3.统计概念和方法的教育及普及程度 4.效果的把握 5.协作公司的教育 6.QC 小组活动 7.改进建议系统及其状况
信息收集，传递及应用	1.外部信息的收集 2.部门间的沟通 3.沟通的速度（计算机的应用） 4.信息的处理、统计分析与应用
分析	1.重要的问题与改进项目的选择 2.分析方法的适当性 3.统计方法的应用 4.与行业固有技术的联系 5.质量分析与过程分析 6.分析结果的应用 7.针对改进建议所采取的行动
标准化	1.标准体系 2.制定、修订和废止标准的方法 3.制定、修订和废止标准的实际情况 4.标准的内容 5.统计方法的应用 6.技术的积累 7.标准的应用
控制/管理	1.质量及其他相关要素的管理系统 2.控制点及控制项 3.统计方法和概念的应用，如控制图等 4.QC 小组活动的贡献 5.控制/管理活动的贡献 6.控制状态

续表

项　目	审查要点
质量保证	1.新产品、服务的开发方法（质量展开及分析,可靠性试验与设计评审） 2.安全性和产品责任方面的预防活动 3.顾客满意度 4.过程的设计、分析、控制与改进 5.过程能力 6.仪器仪表与检验 7.设施、供应商、采购与服务的管理 8.质量保证体系与诊断 9.统计方法的应用 10.质量评价与审核 11.质量保证的现状
效果	1.效果的测量 2.有形效果,如质量、服务、交货期、成本、利润、安全性与环境等 3.无形效果 4.实际绩效与预期效果的符合性
将来的计划	1.对当前状况的具体把握 2.解决缺陷问题的测量指标 3.未来的提升计划 4.未来计划与长期计划间的关系

资料来源：日本科学技术联盟

二、美国国家质量奖

20世纪80年代,美国经济的领导地位受到崛起中的日本的威胁,美国提出需建立类似日本戴明奖的国家质量奖,来规范促进质量管理活动。1987年,马尔科姆·波多里奇国家奖应运而生,此又称为"卓越绩效模式"。波多里奇质量奖运用系统观点,以顾客为中心,支持基于目标的质量诊断,注重展现卓越业绩,从领导、战略规划、顾客和市场、信息和分析、过程管理、人力资源、经营结果等7个方面评价组织质量管理。波多里奇国家质量奖标准在提高组织的业绩,改进组织整体效率,促进美国所有组织相互交流并分享最佳经营管理实践等方面发挥了重要的作用。

1. 波多里奇奖的评审标准

波多里奇奖的评审标准是一个完整的框架结构,如图9-7所示,整个系统从顶到底包括组织轮廓、系统业务和系统基础三个要素。组织轮廓全面描述了组织业务,其中环境、关系和竞争构成了整个绩效管理系统的指南。中间的系统业务包括 7 个评审项目,其中领导力、战略规划和以顾客和市场为关注焦点构成以领导力为主要动力的"领导作用"三角关系,人力资源的开发与管理、过程管理和经营管理则构成了"绩效表现"的三角关系。双向箭头连接着这两个三角,表明领导影响绩效,而绩效对领导也有反馈作用。

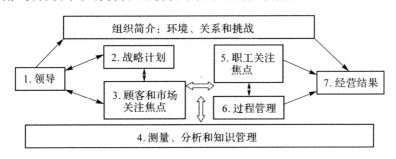

图 9-7 卓越绩效评价准则的模型

2. 波多里奇奖的理念

波多里奇国家奖的评审标准体系是基于一系列的核心价值观的,这些理念渗透到了评价准则的各个组成部分中,具体内容组成如下:

具有远见的领导;

客户驱动;

组织和个人的学习;

重视员工和合作伙伴;

反应迅速;

关注未来;

创新基于事实的管理;

社会责任感;

关注结果,创造价值;

系统的观点。

这些核心价值观也体现在评审准则的 7 类要求中,具体准则包括 7 个类目,17 个条目和 31 个重点,如表 9-2 所示。

表 9-2　2011—2012 年美国波多里奇国家质量奖卓越绩效准则结构

类　目	条　目	重　点
前言:组织摘要	1.组织描述	(1)组织环境 (2)组织关系
	2.组织挑战	(1)竞争环境 (2)战略背景 (3)绩效改进系统
1.领导(120 分)	1.1 高层领导(70 分)	(1)愿景和价值观 (2)沟通和组织绩效
	1.2 治理和社会责任(50分)	(1)组织的治理 (2)法律和道德行为 (3)社会责任和对关键社会共同体的支持
2.战略计划(85 分)	2.1 战略制定(40 分)	(1)战略制定过程 (2)战略目标
	2.2 战略展开(45 分)	(1)行为计划的制订和展开 (2)绩效预测
3.聚焦顾客(85 分)	3.1 顾客的声音(45 分)	(1)倾听顾客的声音 (2)确定顾客满意和契合
	3.2 顾客契合(40 分)	(1)产品供应及顾客支持 (2)建立顾客关系
4.测量、分析和知识管理(90 分)	4.1 组织绩效的测量、分析与改进(45 分)	(1)绩效测量 (2)绩效分析和评审 (3)绩效改进
	4.2 信息、知识和信息技术管理(45 分)	(1)数据、信息和知识的管理 (2)信息资源和技术的管理
5.聚焦员工(85 分)	5.1 员工环境(40 分)	(1)员工能力与量能 (2)员工氛围
	5.2 员工契合度(45 分)	(1)员工增值 (2)员工契合度的评价 (3)员工与领导的发展
6.聚焦运营(85 分)	6.1 工作系统(45 分)	(1)工作系统设计 (2)工作系统管理 (3)突发事件应对
	6.2 工作过程(40 分)	(1)工作过程设计 (2)工作过程管理

续表

类　目	条　目	重　点
7.经营结果(450 分)	7.1 产品和服务结果(120分)	(1) 产品结果 (2) 运营过程有效性结果
	7.2 聚焦顾客的结果(90分)	(1) 以顾客为关注焦点的结果
	7.3 聚焦员工的结果(80分)	(1)员工结果
	7.4 领导和治理结果(80分)	(1)领导、治理和社会责任结果
	7.5 财务和市场结果(80分)	(1)财务和市场结果

资料来源:2011—2012 版美国波多里奇卓越绩效评价准则

三、欧洲质量奖

欧洲质量奖从领导、合作伙伴和资源、过程、人员管理政策和战略、人员管理结果、顾客满意、社会结果和关键业绩结果等方面来评价组织的业绩。1988年,由欧洲 14 家大企业发起成立了欧洲质量管理基金委员会,建立了 EFQM(European Foundation for Quality Management)模型(图 9-8),设立 EQA 欧洲质量奖,引导企业持续改进,追求卓越,并于 1992 年设立了欧洲质量奖,以表彰那些在实施 TQM 取得优秀业绩的企业。

1. 欧洲质量奖的评审标准

如图 9-8 所示,欧洲质量奖的框架模型中包括 5 项促成因素和 4 项结果因素。促成因素中,领导是驱动因素,它将人员、方针、资源和过程联系起来,导出人员、顾客和社会结果,并给出最终业务表现。在这个过程中,促成因素是实现结果的手段和途径,学习与创新则将结果反馈到促成因素,有助于改进促成因素。

2. 欧洲质量奖的理念

欧洲质量奖强调八个基本理念:

结果导向;

以顾客为中心;

领导和持久的目标;

基于过程和事实的管理;

人力资源的开发和全员参与;

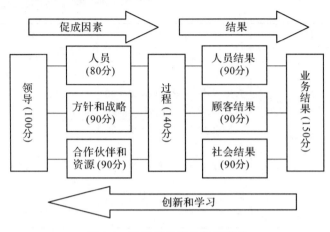

图 9-8　欧洲质量奖的逻辑模型

持续的学习、创新和改进；

建立合作伙伴关系；

社会责任。

欧洲质量奖的使命有：激励和帮助欧洲企业进行质量改进；支持欧洲企业加快全面质量管理；进行有效的全球竞争。

四、中国的全国质量奖

中国于 2004 年在借鉴卓越绩效模式的基础上，由国家质量监督检验检疫总局正式颁布了"卓越绩效评价准则"国家标准，现已成为全国质量管理奖的评审标准，有力地推动了卓越绩效模式在中国广大企业及其他各类组织中的学习和实践，将促进中国企业在经济全球化的新形势下，加速观念的转变和管理的创新，从而实现国际竞争力的提升。《卓越绩效评价准则》（GB/T19580—2012）经国家质检总局、国家标准化管理委员会批准正式公布，于 2012 年 8 月 1 日正式实施。

GB/T19580 卓越绩效评价准则建立在一组相互关联的基本理念基础上。基本理念共有 9 条：远见卓识的领导；战略导向；顾客驱动；社会责任；以人为本；合作共赢；重视过程与关注结果；学习、改进与创新；系统管理。这些基本理念反映了国际上先进的经营管理理论和方法，也是许多世界级成功企业的经验总结，它贯穿于卓越绩效模式的各项要求之中，应成为企业全体员工，尤其是企业高层经营管理人员的理念和行为准则（图 9-9，表 9-3）。

卓越绩效模式其主要目的有：①为企业追求卓越提供了一个经营管理模

式;②为企业诊断当前管理水平提供一个系统的检查表;③为国家质量奖和各级质量奖的评审提供评价卓越绩效的依据。它将产生下列作用:①有助于改进组织经营方面的实践、能力和结果;②促进在中国的各类组织中交流并分享最佳的运营方法与思路;③作为一种通用的理解并管理组织经营的工具,指导策划,并为组织和组织成员提供学习机会。

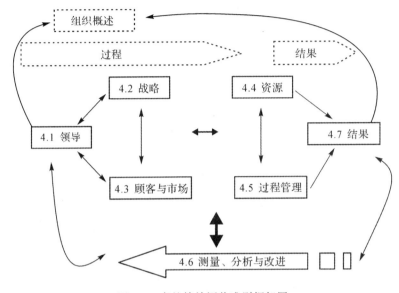

图 9-9　卓越绩效评价准则框架图

表 9-3　卓越绩效评价准则评分项分值表①

评分项	类目分值	评分项分值
4.1 领导	110	
4.1.1 高层领导的作用		50
4.1.2 组织治理		30
4.1.3 社会责任		30
4.2 战略	90	
4.2.1 战略制定		40
4.2.2 战略部署		50

① GB/T 19579—2012

续表

评分项	类目分值	评分项分值
4.3 顾客与市场	90	
4.3.1 顾客和市场的了解		40
4.3.2 顾客关系与顾客满意		50
4.4 资源	130	
4.4.1 人力资源		60
4.4.2 财务资源		15
4.4.3 信息和知识资源		20
4.4.4 技术资源		15
4.4.5 基础设施		10
4.4.6 相关方关系		10
4.5 过程管理	100	
4.5.1 过程的识别与设计		50
4.5.2 过程的实施与改进		50
4.6 测量、分析与改进	80	
4.6.1 测量、分析和评价		40
4.6.2 改进与创新		40
4.7 结果	400	
4.7.1 产品和服务结果		80
4.7.2 顾客与市场的结果		80
4.7.3 财务结果		80
4.7.4 资源结果		60
4.7.5 过程有效性结果		50
4.7.6 领导方面的结果		50

本章小结

质量管理经历了质量检验、统计质量管理、全面质量管理三个阶段。全面质量管理是一个组织以质量为中心，以全员参与为基础，目的在于通过让顾客满意和本组织所有成员及社会受益而达到长期成功的管理途径。

全面质量管理的特点有"三全一多"，其基本内容有设计和试制过程的质量管理、生产制造过程的质量管理、辅助服务过程的质量管理、使用过程的质量管理。PDCA 循环是有效的质量管理方法。

ISO9000 族标准遵循管理科学的基本原则，以系统论、自我完善与持续改进的思想，明确了影响企业产品/服务质量的有关因素的管理与控制要求，并且作为质量管理的通用标准，适用于所有行业/经济领域的组织。质量管理八项原则：以顾客为中心、领导作用、全员参与、过程方法原则、系统管理原则、持续改进原则、以事实为决策依据原则和互利的供方关系。

质量成本，是指为确保和保证满意的质量而引起的费用及没达到满意的质量而造成的损失。它表明了与质量有关的成本，是产品质量经济性的重要体现。

质量体系认证是由第三方认证机构对企业质量管理体系进行评定并颁发认证证书，证明其符合 ISO 国际标准要求的技术活动。由于"第三方"是独立于企业与企业的顾客之间的一方，因此质量体系认证实际上是一种公正行为，能够得到社会广泛认同。

追求卓越绩效是各国企业共同的目标，而为此产生的质量奖推动了质量管理的发展。国际上主要的质量奖有：日本的戴明奖、美国的波多里奇奖、欧洲的质量奖和中国的质量奖。

案例：西子孚信："无辜"屏蔽门半年开关百万次

即便通过严格的招投标程序，企业依旧不能松一口气，因为接下来还有一大堆真刀真枪的测试等着中标企业。

"中标不代表吃下了'定心丸'。"这一点，中标 1 号线屏蔽门的杭州西子孚信科技有限公司相关负责人戚奇伟深有感触。

此前只为香港地铁做过其中一站屏蔽门项目的西子孚信，投标杭州地铁屏蔽门项目时，拉上了全球数一数二的轨道交通屏蔽门企业法国"法维莱"组成联合体,并最终中标。在经过3天左右的中标公示期后,等待西子孚信的是几个月的合同谈判,随后地铁集团还上门实地考察。

更为严格的考验还在后面。"业主方提出,需要做一台样机,进行模拟环境下的运行试验。"让戚奇伟和同事没有想到的是,这项试验需要拿样机进行屏蔽门开关100万次的模拟环境试验。

"实打实地模拟环境测试,连续做了半年多时间,每天就是看着屏蔽门不停地开开关关,地铁集团派专门的技术人员监控、收集、分析信息。"这样的后续"考试项目"陆续出来,戚奇伟说甚至细微到屏蔽门上的导向标识方案,在两年中不断与地铁集团和中国美院的设计方沟通更改,前前后后将样门做了十几次,每次都需要重新打样,一直做到达到对方的理想要求为止。

"门开关太快也不行,太慢也不行,噪音太大也不行,所有的标准都近乎苛刻。"戚奇伟说,做完地铁项目才发现,这样严格的测试,其实给团队的整体技术能力带来了明显的提升。

据了解,轨道屏蔽门领域目前全国仅有10多家企业竞争,每年的市场空间能达到10亿元左右。通过参与地铁项目,西子孚信盼着能跻身这一市场。

(资料来源:《钱江晚报》,2012-10-16 B2)

问题:1.如何看待西子孚信的质量管理?
2.西子孚信的持续改进体现在哪些地方?

复习与讨论题

1.你是如何看待质量管理的发展的?
2.全面质量管理特点有哪些?
3.质量管理体系的建立与实施的程序。
4.PDCA循环的四阶段八个步骤。
5.质量成本的组成与质量管理的提高的关系。
6.ISO9000—2005八项质量管理原则在生产运营管理中的运用。
7.自行查阅资料,简述美国质量管理学家朱兰的主要观点。
8.质量管理体系认证有用吗?谈谈你的看法。

第十章　质量管理方法

学习目标

➤掌握因果分析图、排列图制作方法

➤理解 SPC 基本原理

➤熟悉控制图原理及计算

➤了解分层法、直方图原理

➤知晓新七种质量管理方法

引例：东阿阿胶——自动化让过程更洁净

　　2012 年 1 月 10 日，东阿阿胶与哈尔滨工业大学在京签署了战略合作协议，共建国家胶类中药工程技术研究中心自动化实验室。双方致力于改造和开发阿胶生产设备，以实现炼胶自动化，提高产品质量控制水平。该自动化实验室成立一年来，东阿阿胶和哈工大在细胞破壁超微粉碎技术等多项生产核心工艺与技术方面取得了突破，对胶液杂质分离等多项工艺设备进行了关键技术改造。这些技术的应用，将实现阿胶炼制全过程远程监控、精细生产，改进生产现场，提高产品质量均一性和稳定性。为东阿阿胶开发了可以实现微米级精细打粉和 0.1 克精确计量的滋补养生料理机，这将颠覆阿胶传统服用方式和口感体验。另外一款针对东阿阿胶"代客熬糕增值服务"研制的自动熬糕机，将把阿胶糕由人工熬制变为"一键自动"。阿胶滋补养生料理机的推出，将把客户在下午茶时间冲一杯速溶阿胶粉的时尚养生方式变为可能。自动化实验室研制出全自动和半自动熬糕机，将在半小时内封闭完成投料、熬制、切糕、封装等熬糕的全过程环节。在门店里，一个工作人员可同时操作几台熬糕机，大大提高了工作效率。

（李琪：《中国质量报》，2013-01-23）

质量管理及其体系的运行离不开各种方法的使用。质量管理方法可分为统计方法和非统计方法,其中统计方法是重要的组成部分,对解决企业生产活动中产生的质量问题起到十分有效的作用。

第一节　质量管理常用方法

全面质量管理常用七种工具,就是在开展全面质量管理活动中,用于收集和分析质量数据、分析和确定质量问题、控制和改进质量水平的常用七种方法,具体包括因果图、排列图、直方图、控制图、散布图、分层法、检查表。这些方法不仅科学,而且实用。这一节主要介绍检查表、排列图、因果图、分层法、散布图。

一、检查表

检查表又称调查表、统计分析表等。检查表是质量管理七大方法中最简单也是使用得最多的方法。但或许正因为其简单而往往不受重视,所以检查表使用的过程中存在不少问题。用检查表的目的是系统地收集资料、积累信息、确认事实并可对数据进行粗略的整理和分析,也就是确认有与没有或者该做的是否完成,检查是否有遗漏。检查表主要有以下几种。

1. 不良项目检查表

质量管理中"良"与"不良",是相对于标准、规格、公差而言的。一个零件和产品不符合标准、规格、公差的质量项目叫不良项目,也称不合格项目。不良项目检查表如表 10-1。

表 10-1　不良品项目调查

项目日期	交验数	合格数	不良品			不良品类型			
			废品数	次品数	返修品数	废品类型	次品类型	返修品类型	良品率（%）

2. 缺陷位置调查表

缺陷位置检查表主要是对产品的缺陷位置的分布进行检查,大多是先画出产品外形图、展开图,然后在图上标出缺陷位置的分布。缺陷位置检查表最好能与措施相联系,能充分反映缺陷发生的位置,便于研究缺陷为什么集中在那里,有助于进一步观察、探讨发生的原因。除产品外形图,也可用语言或文字描述缺陷发生的频数。

3. 频数检查表

运用频数检查表,在收集数据的同时,直接进行分解和统计频数。每得到一个数据,就在频数检查表上相应的组内作一个符号,测量和收集数据完毕,频数分布表也就作出。

为了能够获得良好的效果、可比性、全面性和准确性,检查表格设计应简单明了,突出重点;要填写方便,符号易记。调查、加工和检查的程序与检查表填写次序应基本一致;填写好的调查表要定时、准时更换并保存;数据要便于加工整理,分析研究后应能及时反馈。

二、排列图法

排列图又叫帕累托图(pareto diagram),建立在帕累托原理的基础上。帕累托原理是意大利经济学家帕累托在分析意大利社会财富分布状况时得到的"关键的少数和次要的多数"的结论。作为找出影响产品质量主要因素的一种有效方法,排列图法最早由美国质量管理学家朱兰引入到质量管理中来。质量问题是以质量损失的形式表现出来的,大多数损失往往是由几种不合格引起的,而这几种不合格又是少数原因引起的。因此,一旦明确了这些"关键的少数",就可以消除这些原因,避免造成更大的损失,用排列图法可以有效地实现这一目的。朱兰博士还尖锐地提出了质量责任的权重比例问题。他依据大量的实际调查和统计分析认为,在所发生的质量问题中,追究其原因,只有20%来自基层操作人员,而恰恰有80%的质量问题是由于领导责任所引起的。不少质量管理实践在客观上证实了朱兰博士的"80/20原则"所反映的普遍规律。

1. 排列图的概念

排列图是为了对发生频次从最高到最低的项目进行排列而采用的简单图示技术。排列图是建立在帕累托原理的基础上,主要的影响往往是由少数项目导致的,通过区分最重要的与较次要的项目,可以用最少的努力获得最佳的改进效果。排列图以从高到低的顺序显示出每个项目在整个结果中的相应作用,包括发生次数、有关每个项目的成本或影响结果的其他指标。用矩形的高度表示每个项目相应的作用大小,用累计频数表示各项目的累计作用。

2. 制作排列图的步骤

第一步，确定所要调查的问题以及如何收集数据。包括选题，确定所要调查的问题是哪一类问题；确定问题调查的期间；确定那些数据是必要的，以及如何将数据分类；确定收集数据的方法，以及在什么时候收集数据。通常采用检查表的形式收集数据。

第二步，设计一张数据记录表。

例 10-1 如表 10-2 所示，这是某铸造企业在调查铸件质量问题时的案例。试作出排列图并分析。

表 10-2　不合格项检查表

不合格类型	小计
断裂	10
擦伤	42
污染	6
弯曲	104
裂纹	4
砂眼	20
其他	14
合计	200

第三步，将数据填入表中，并合计。

第四步，制作排列图用数据表，表中列有各项不合格数据、累计不合格数、各项不合格所占百分比以及累计百分比。例 10-1 的排列图数据如表 10-3 所示。

表 10-3　排列图数据表

不合格类型	不合格数	累计不合格数	不合格比率（%）	不合格累计比率（%）
弯曲	104	104	52	52
擦伤	42	146	21	73
砂眼	20	166	10	83
断裂	10	176	5	88
污染	6	182	3	91

续表

不合格类型	不合格数	累计不合格数	不合格比率(%)	不合格累计比率(%)
裂纹	4	186	2	93
其他	14	200	7	100
合计	200	—	100	—

第五步,按数量从大到小顺序,将数据填入数据表中。"其他"项的数据由许多数据很小的项目合并在一起,将其列在最后,而不必考虑"其他"项数据的大小。

第六步,画两条纵轴和一条横轴。左边纵轴标上件数(频数)的刻度,最大刻度为总件数(总频数);右边纵轴标上比率(频率)的刻度,最大刻度为100%。左边总频数的刻度与右边总频率的刻度(100%)高度相等。横轴上将按频数从大到小依次列出各项。

第七步,在横轴上按频数大小画出矩形,矩形的高度代表各不合各项频数的大小。

第八步,在每个直方柱右侧上方,标上累计值(累计频数和累计频率百分数),描点,用实线连接,画累计频数折线(帕累托曲线)。

第九步,在图上记入有关必要事项,如排列图名称、数据、单位、作图人姓名以及采集数据的时间、主题、数据合计数等等。

根据以上数据制作出的排列图。例10-1的排列图如图10-1,从图中可知弯曲和擦伤是主要因素,占73%。

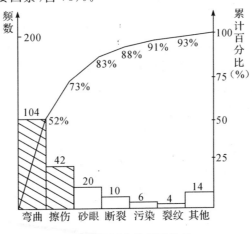

图 10-1　不合格项目排列

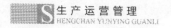
三、因果图法

因果图又叫特性要因图或鱼骨图,又称为石川图或鱼刺图,最早是由日本质量管理学家石川馨提出。因果图是用于考虑并表示已知结果与其所有可能原因之间关系的一种图形工具,它是寻找造成质量问题的原因的一种简明有效的方法。各种原因可归纳为类别原因和子原因,形成类似鱼骨的图样。因果图可用于分析和表达因果关系,通过识别症状,分析原因,寻找解决问题的方法措施。因果图常与排列图、对策表配合使用,也称为二图一表。

1. 基本原理

一个质量问题的产生,是多种复杂因素综合作用的结果。通常,可以从质量问题出发,首先分析那些最影响产品质量的原因,进而从大原因出发寻找中原因、小原因和更小的原因,并检查和确定主要因素,这就是因果图法的基本原理。在质量管理中,影响企业产品质量的主要因素称为 4M1E,即人(Man)、机(Machine)、料(Material)、法(Method)、环(Environment)五个主要的因素;也有质量管理专家在此基础上加上测量(Measure),形成 5M1E。在具体因果分析中,以上五大因素不一定全部存在,有时也要依据具体情况增减大原因,然后按照由粗到细,由浅入深,由表及里的步骤逐项进行原因分析,分别找出每个大原因中所包含的中原因、小原因或更小原因,越细越好,直到可以采取措施为止。一个大因素上的各种原因要找清,不能忽略。因果分析图形象地表示了探讨问题的思维过程,利用它分析问题能取得顺藤摸瓜、步步深入的效果。这样有条理地逐层分析,可以清楚地看出"原因—结果"以及"手段—目标"的关系,使问题的脉络完全显示出来(图 10-2)。

在进行质量分析时,如果通过直观方法能够找出属于同一层次的有关因素的主次关系(平行关系),就可以用排列图法。但往往在因素之间还存在着纵的因果关系,这就要求有一种方法能同时理出两种关系,因果分析图就是根据这种需要而构思的。

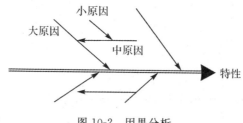

图 10-2　因果分析

2. 因果图的画法

(1)把决定特性放在箭头所对的方框内。

(2)画一主干线(水平向)箭头指向右边框内。

(3)确定影响质量的大枝,分别画在主干的两侧。

(4)进一步分析每一大枝所包含的中原因、小原因,分别以中枝、小枝的形式画出,中枝指向大枝,小枝指向中枝。

(5)反复讨论,将所有问题罗列清楚。

(6)对于可直接确定的主要因素可直接在图上加以特殊标记。画因果图所确定的质量特性必须是一个具体问题,原因分析要扣题,针对性强,有的放矢。在实际活动中,因果图中的各种因素可通过矩阵图把要因确定下来。

3. 基本说明

应用因果图进行质量问题分析一般有以下几个步骤:确定要分析的问题、分析作图、找主要原因。因果图的基本格式由特性、原因、枝干三部分构成,并围绕人、机器、原材料、方法、环境等五项因素(即 4M1E)展开因果分析。图 10-3 是一企业解决质量问题的因果分析图。

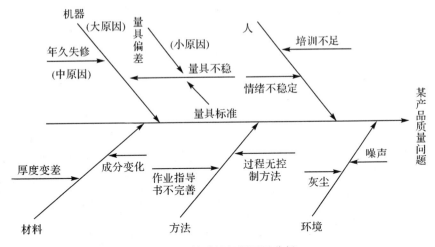

图 10-3　某质量问题因果分析

4. 注意事项

(1)因果图一般由小组集体绘制,但也可由有足够知识和经验的个人完成。

(2)结果要提得具体,应具有可操作和可度量性,否则因果关系不易明确。

(3)一个结果作一个因果图,针对不同结果寻找各自原因,做到有针对性地解决问题。

（4）明确作因果图的目的是为了改善还是保持当前状态，不同的目的，寻找原因的着眼点不同。

（5）发挥员工能动性，充分发表意见，使分析深入细致。讨论时要充分发挥民主，集思广益。别人发言时，不准打断，不开展争论，各种意见都要记录下来。

5. 因果图的分类

因果图通过箭线体系，表示结果和原因之间的关系。按体系不同可将其分为以下三类：

（1）结果分解型。结果分解型的核心是不停追问结果发生的原因，常按人、设备、材料、方法和环境等五大因素分成五个大枝，再分别找它们的影响因素作为中枝、细枝、小枝。这可以系统地把握各因素之间的关系，但也容易遗漏较小的问题。

（2）原因罗列型。原因罗列型是先把考虑到的所有因素不分层次罗列出来，再根据因果关系整理这些原因事项，作出因果图。它能做到不遗漏主要原因，同时又包括各种细枝原因，有利于全面、重点地解决问题。

（3）工序分类型。工序分类型是按照生产或工作的工序顺序作为主枝，然后把对工序有影响的原因填在相应的工序上。其缺点是相同的原因可能在不同的工序上多次出现，不利于综合考虑问题发生的原因。

四、分层法

分层法是分析影响质量因素的一种方法，也称分类法或分组法。如果把很多性质不同的原因搅在一起，那是很难理出头绪来的。这个方法就是把收集到的质量数据，按照不同目的进行统计、分析、归类，以便于数据反映质量特征，然后把性质相同、在同一生产条件下收集的数据归在一起。这样可使数据反映的事实更明显、更突出，便于找出问题，对症下药。

企业中处理数据常按以下原则分类：

（1）按不同时间分：如按不同的班次、不同的日期进行分类；

（2）按操作人员分：如按新、老工人、男工、女工、不同工龄分类；

（3）按使用设备分：如按不同的机床型号、不同的工夹具等进行分类；

（4）按操作方法分：如按不同的切削用量、温度、压力等工作条件进行分类；

（5）按原材料分：如按不同的供料单位、不同的进料时间、不同的材料成分等进行分类；

（6）按不同的检测手段分类；

（7）其他分类：如按不同的工厂、使用单位、使用条件、气候条件等进行分类。

例 10-2 某飞机公司在进行飞机装配时发现一配气阀部件漏油。经现场分析，密封垫生产厂不同。涂黏结胶时，工人操作方法不同。

现按操作者和密封垫制造分层，列出表 10-4。由表可以看出，工人 C 漏油发生率较低（0.2），甲厂生产的密封垫漏油发生率较低。因此决定采用 C 工人的操作方法，选用甲厂生产的密封垫，但采用此法后漏油发生率反而增加。

表 10-4　漏油调查

操作者	漏　油	不漏油	发生率
工人 A	8	7	0.53
工人 B	3	9	0.25
工人 C	4	16	0.2
共计	15	32	0.32
材料	漏　油	不漏油	发生率
甲厂	5	15	0.25
乙厂	10	17	0.27
共计	15	32	0.32

造成上述现象的原因是没有考虑到不同生产厂的密封垫和操作方法之间的相互关系。现考虑了这种关系，新的分层表如表 10-5 所示。

由表 10-5 可以看出，若采用前面所说的改进方法，由工人 C 操作，选用甲厂生产的密封垫，漏油 4 台，不漏油 7 台，漏油发生率为 $4/11 \times 100\% = 36\%$，比调查时的 32% 还高，不可取。正确的取法为：使用甲厂的密封垫时，应推广工人 B 的操作方法；使用乙厂的密封垫时，应推广工人 C 的操作方法。

总之，因为我们的目的在于把不同性质的问题分清楚，便于分析问题找出原因，所以，分类方法多种多样，并无任何硬性规定。

表 10-5　漏油分层

材料			密封垫		共　计
			甲　厂	乙　厂	
操作者	工人 A	漏油	6	2	8
		不漏油	2	5	7
	工人 B	漏油	0	3	3
		不漏油	5	4	9
	工人 C	漏油	4	0	4
		不漏油	7	9	16
共　计		漏油	9	6	15
		不漏油	10	22	32
			19	28	47

五、散布图法

散布图法,是指通过分析研究两种因素的数据之间的关系,来控制影响产品质量的相关因素的一种有效方法。在生产实际中,往往是一些变量共处于一个统一体中,它们相互联系、相互制约,在一定条件下又相互转化。有些变量之间存在着确定性的关系;有些变量之间却存在着相互关系。将这两种有关的数据列出,用点子打在坐标图上,然后观察这两种因素之间的关系。这种图就称为散布图或相关图。散布图法在工厂生产中会经常用到,例如,棉纱的水分含量与伸长度之间的关系;喷漆时的室温与漆料黏度的关系;热处理时钢的淬火温度与硬度的关系;零件加工时切削用量与加工质量的关系等。图10-4 是反映钢的淬火温度与硬度关系的散布图。由图可见,数据的点子近似于一条直线,在这种情况下可以说硬度与淬火温度近似线性关系。

根据测量的两种数据做出散布图后,观察其分布的形状和密疏程度,来判断它们关系密切程度。如图 10-5(a)所示的完全正相关表明,x 增大,y 也随之增大,x 与 y 之间可用直线 $y=a+bx$(b 为正数)表示。

散布图主要是将两个变量间的相互关系用直角坐标表示出来,通过图中点的分布状况观察、判断两个变量间的相互关系。在质量管理中常用以下三种类型的相关分析:

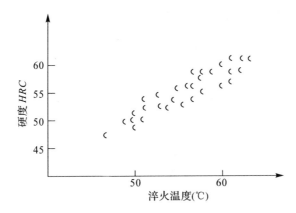

图 10-4　钢的淬火温度与硬度分布图

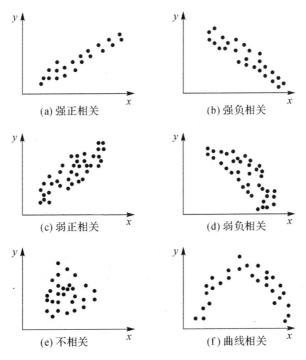

图 10-5　几种典型的相关图

(1)质量特性和影响因素之间的相关分析。

(2)质量特性和质量特性之间的相关分析。

(3)影响因素和影响因素之间的相关分析。

运用相关法时,除了绘制相关图外,还要计算相关系数。相关系数表示两个变量之间的相关程度,可为正也可为负;正值表示正相关,负值表示负相关。

第二节 工序质量控制和抽样检验

一、工序质量控制

作为过程控制的一种办法,统计过程控制根据产品质量统计观点,运用数理统计方法对生产过程的数据加以收集、整理和分析,从而了解、预测和监控过程的运行状态,排除发现的质量问题或隐患,达到控制质量的目的。统计过程控制要解决两个基本问题:一是工序质量状况是否稳定(用控制图来进行测定);二是过程能力是否充足(通过过程能力查定来实现)。

1. SPC技术原理

SPC即统计过程控制(statistical process control,SPC),是一种借助数理统计方法的过程控制工具。它对生产过程进行分析评价,根据反馈信息及时发现系统性因素出现的征兆,并采取措施消除其影响,使过程维持在仅受随机性因素影响的受控状态,以达到控制质量的目的。当过程仅受随机因素影响时,过程处于统计控制状态(简称受控状态);当过程中存在系统因素的影响时,过程处于统计失控状态(简称失控状态)。由于过程波动具有统计规律性,当过程受控时,过程特性一般服从稳定的随机分布;而失控时,过程分布将发生改变。SPC正是利用过程波动的统计规律性对过程进行分析控制的。因而,它强调过程在受控和有能力的状态下运行,从而使产品和服务稳定地满足顾客的要求。

统计过程控制强调全过程监控、全系统参与,并且强调用科学方法(主要是统计技术)来保证全过程的预防。SPC不仅适用于质量控制,也可应用于相当多的经营管理过程(如产品设计、市场分析等)。实行工序质量控制,是生产过程中质量管理的重要任务之一,工序控制可以确保生产过程处于稳定状态,预防次品的发生。工序质量控制的统计方法主要有直方图法和控制图法。

2. 质量的波动

在生产过程中,产品的加工尺寸的波动是不可避免的,它是由人、机器、材料、方法和环境等基本因素的波动影响所致。过程控制的目的就是消除、避免异常波动,使过程处于正常波动状态。有了以上的预防和控制,组织可以降低成本,降低不良率,减少返工和浪费,提高劳动生产率。

在生产过程中,无论工艺条件多么一致,生产出来的产品的质量特性绝不可能完全一致,这就是所谓质量波动。产品质量特性的波动分为正常波动和异常波动。

(1)正常波动。正常波动在每个工序中都是经常发生的,是偶然性原因(不可避免因素)造成的。它对产品质量影响较小,在技术上难以消除,在经济上也不值得消除。引起正常波动的影响因素很多,诸如机器的微小振动、原材料的微小差异等等。在工序中,尽管对单个产品的观察结果不尽相同,但从总体上看,其波动趋势是可以预料的,可以用某种统计分布来进行描述。

(2)异常波动。工序中的异常波动是由某种特定原因引起的,例如机器磨损、误操作等都可导致异常波动。在一个工序上按照某一产品规格加工出来的一批产品,其质量(特性值)不会完全相同。产品之间总是或多或少存在着质量上的差别。它对产品质量影响很大,但能够采取措施避免和消除。

产品质量的波动值,常称为误差。在加工一批零件时,误差的大小和方向的变化是随机的称为偶然性误差。误差的大小和方向或保持不变或按一定规律变化,称为系统性误差。产生偶然性误差的原因称为偶然性因素。偶然性因素在加工过程中是不可避免的,这时的工序过程状态称为处于稳定状态或统计控制状态。产生系统性误差的原因称为系统性因素。系统性因素在加工过程中是能够发现并消除的,这时的工序过程状态称为非稳定状态或非统计控制状态。

当工序只存在正常波动时,工序是处于正常控制之中,此时的工序生产性能是可以预测的。过程控制系统的目标是当工序出现异常波动时迅速发出统计信号,使我们能很快查明异常原因并采取行动消除波动。

3. 数据种类

在质量管理工作中,是根据数据资料对质量进行控制的,质量数据可以分为计量值数据和计数值数据等不同类型。

(1)计量值数据。具有可连续取值的,可用测量仪测出小数点以下数据的称为计量值数据。如长度、重量、电流、化学成分、温度等质量特性的数值皆是计量值数据。

(2)计数值数据。是指用"个数"表示的并具有连续性质的数值。计数值又可以分为两类:只能用件数表示的合格或不合格,称为计件值;只能用点数来表示质量特性值的,称为计点值,如气泡数、疵点等。

4. 正态分布曲线

产品质量虽然是波动的,但正常波动是有一定规律的,即存在一种分布趋

势,形成一个分布带,这个分布带的范围反映了产品精度。产品质量分布可以有多种形式,如平均分布、正态分布等等。

实践证明,在正常波动下,大量生产过程中产品质量特性波动的趋势大多服从正态分布。因此,正态分布是一个最重要、最基本的分布规律。正态分布图形是一条中间高、两边低的"钟形"状态曲线,它具有集中性、对称性和有限性特点(图10-6)。

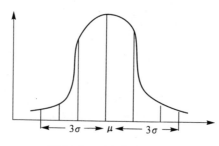

图 10-6 正态分布的特点

正态分布由两个参数决定:

一是均值,μ—衡量分布的集中趋势,在子样中即平均值 X。

二是标准差,σ—偏差,反映数据的离散程度,在子样中用标准偏差 S 代替。

当均值和标准差确定时,一个正态分布曲线就确定了。均值 μ 是正态分布曲线的位置参数。不同的正态曲线,当标准差 σ 相同时其曲线形态相同,只是曲线中心的位置不同。标准差 σ 是衡量数据分布离散程度的参数,不同的正态曲线,当 μ 相同时,曲线的中心位置相同,而曲线的形状不同。随 σ 值的增大曲线变得越来越"矮",越来越"胖"。

正态分布曲线与坐标横轴所围成的面积等于1。

从图 10-5 可以看出:在 $\mu\pm\sigma$ 范围内的面积为 68.26%;在 $\mu\pm2\sigma$ 范围内的面积为 95.45%;在 $\mu\pm3\sigma$ 范围内的面积为 99.73%。

从正态分布的这个特点可知,在对服从正态分布的产品进行质量分析中,质量特征值落在 $\mu\pm3\sigma$ 范围以内的概率为 99.73%,只有不足 0.3% 的质量特征值有可能落在此范围之外。因此,人们在工艺质量控制中,设置了"6σ"目标,创造了 6σ 控制方法。

二、工序能力及其计算

当影响工序质量的各种系统性因素已经消除,而各种随机因素也受到有效的管理和控制时,工序质量处于受控状态。这时,工序质量和特性值的概率分布反映了工序的实际加工能力。这种能力是工序固有的再现性或一致性的能力,可用工序质量特性值的波动范围来衡量。

工序能力是指工序在一定生产技术条件下所具有的加工精度,即工序处于稳定状态下所具有的实际加工能力。

工序能力指数是指该工序的加工精度能满足公差要求程度的大小。数值上,工序能力指数是技术要求或产品公差(T)与工序能力(P)的比值。即

$$C_p = \frac{T}{6\sigma}$$

若工序质量特性值的标准差为 σ,则工序能力 $B = 6\sigma$。由正态分布理论知,$P(\mu \pm 3\sigma) = 99.73\%$,故 6σ 近似于工序质量特性值的全部波动范围。显然,B 越小,工序能力就越强。在工序质量控制中,应用较多的是工序能力指数 C_p,工序能力指数表示工序能力满足工序质量标准(公差、工序质量规格)要求程度的量值。工序能力 6σ 在一定的工序条件下是一个相对稳定的数值,是工序固有的特性。工序能力指数则是个相对概念。工序能力相同的两个工序,如工序质量要求范围不同,则会有不同的工序能力指数。

在实际确定工序能力指数时,常以样本平均值 X 估计总体平均值 μ,以样本标准差 s 估计总体标准差 σ。例如,当在工序无偏,双向公差的情况下,工序能力指数可用下面的方法确定。设工序公差为 T,公差上限和下限分别为 T_U 和 T_L,公差中心为 T_m,则 $X = T_m$。

$$C_p = (TU - TL)/(6\sigma)$$

式中,T_U 和 T_L 分别为超上差或超下差的不合格率。

工序能力指数表明在现有工序条件下,对所要求的质量规格的保证能力,据此可采取相应对策,调整工序能力或提高工序经济性。表 10-6 列示了不同工序能力指数 C_p 对工序能力的判断标准。

表 10-6　工序能力指数判断标准

工序能力等级	工序能力指数 C_p	工序能力判断
特级	$C_p > 1.67$	过剩
一级	$1.67 \geq C_p > 1.33$	充足
二级	$1.33 \geq C_p > 1.00$	正常
三级	$1.00 \geq C_p > 0.67$	不足
四级	$C_p \leq 0.67$	严重不足

工序能力指数一般取值范围是1～1.33,太大则不经济,太小不能保证质量。

三、抽样检验

开展质量管理离不开质量检验。所谓检验,是指"对实体的一个或多个特性进行的诸如测量、检查、试验或度量并将结果与规定要求进行比较以确定每项特性合格情况所进行的活动。"

常用的检验方式有三种:全数检验(简称全检)、抽样检验(简称抽检)、免检。

进行抽样检验,首先要定出如何抽样,以及如何通过子样的检查结果判定产品批质量合格与否的规则,然后才能实施抽样检验。所谓的抽检方案就是关于从一批产品中应抽取的子样数、各子样的容量以及根据子样检查结果对产品批作接收与否判定的规则。抽检方案是抽样检验的核心,它是抽样检验效果好坏的决定因素。

抽样的两种风险:一是生产方风险,即 α 风险(error or producer's risk),总体本身是合格的却被认为出错或者工序处于稳定状态却被认为失控。二是需求方风险,即 β 风险(error or consumer's risk),总体本身出错的却被认为合格或者工序处于失控却被认为运行正常。计数型抽样方案设计需要考虑三个因素:一是成本决定检验方式;二是抽样方案的目的;三是可接受质量水平(AQL)。

四、工序质量控制图

控制图由美国统计学家休哈特于1924年提出,其目的是消除产品质量形成过程中异常波动。产品在制造过程中,质量波动是不可避免的,质量波动包括异常波动和正常波动。在质量改进过程中,控制图主要是用来发现过程中的异常波动。控制图法是以控制图的形式,判断和预报生产过程中质量状况是否发生波动的一种常用的质量控制统计方法。它能直接监视生产过程中的过程质量动态,具有稳定生产、保证质量、积极预防的作用。

1. 基本原理

在一个工序上按照某一产品规格加工出来的一批产品,其质量(特性值)不会完全相同。产品之间总是或多或少存在着质量上的差别。造成质量特性值波动的原因是由于材料、方法、设备、操作者和环境这五个因素的变异。制造过程诸因素处于控制状态和失控状态下,其质量特性值波动的原因、波动的大小和统计分布是不相同的。控制状态下的质量特性值变化的统计分布为基础,确定控制界限。当测得的质量特性值超过控制界限,说明制造过程失去控制,有系统原因存在。这时就应该找到原因,并采取措施消除系统原因,使制造过程恢复正常。

控制图基本上分为两大类:计量值(尺寸、重量等可以测量的连续性数值)控制图和计数值(如不合格品数、缺陷数等离散值)控制图。

2. 控制图的种类

控制图在实践中,根据质量数据通常可分为两大类七种。

(1)计量型数据的控制图

包括$\overline{X}$-R 图(均值-极差图);X-S 图(均值-标准差);X-MR 图(单值-移动极差图);X-R 控制图(中位数图)。

(2)计数型数据的控制图

包括 P 图(不合格品率图);np 图(不合格品数图);c 图(不合格数图);μ 图(单位产品不合格数图)。

3. 控制图的观察

如果点子落到控制界限之外,应判断工艺过程发生了异常变化。

如果点子虽未跳出控制界限,但其排列有下列情况,也判断工艺过程有异常变化:

(1) 点子在中心线的一侧连续出现 7 次以上;

(2) 连续 7 个以上的点子上升或下降;

(3) 点子在中心线一侧多次出现,如连续 11 个点中,至少有 10 个点(可以不连续)在中心线的同一侧;

(4) 连续 3 个点中,至少有 2 点(可以不连续)在上方或下方 2 横线以外出现(即很接近控制界限);

(5) 点子呈现周期性的变动,在 X-R 图、X-R 图和 X-Rs 图中,对极差 R 和移动极差 Rs 的控制观察,一般只要点子未超出控制界限,就属正常情况。

4. 控制图的作法

以$\overline{X}$-R 图的作法为例,其他控制图的作法大同小异。

$\overline{X}$-R 图是建立在正态分布基础上的。它由 $\overline{X}$ 控制图和 R 控制图组成,前者用来观察分布平均值的变化,后者用来观察分布分散情况的变化。

作图步骤为:

(1)收集数据。应注意必须在相应条件下随机取样,样本大小通常取 4～5 个,数据最好在 100 个以上。

（2）计算各组平均值和总平均值，其中

$$\overline{x_i} = \frac{\sum_{i=1}^{n} x_i}{n}$$

$$\overline{X} = \frac{\sum_{i=1}^{m} \overline{x_i}}{m}$$

式中，$\overline{x_i}$—— 小平均值$(i = 1, 2, \cdots, n)$；

$\overline{X}$—— 整体平均值$(j = 1, 2, 3, \cdots, m)$。

（3）计算各小组极差和极差平均值。其中，小组极差＝组内最大值－组内最小值。

（4）计算中心线和控制界限。

$$\overline{X}$$
$$CL = \overline{X}$$
$$UCL = \overline{X} + A_2 R$$
$$LCL = \overline{X} - A_2 R$$
$$UCL_R = D_4 \overline{R}$$
$$LCL_R = D_3 \overline{R}$$

式中，A_2 是由样本大小 n 确定的系数，可由表 10-7 查得。

（5）绘制控制图并加以修正。

表 10-7　计量值控制图计算公式中的系数值表

小组观察数目 n	A_2	D_3	D_4	$m_3 A_2$	E_2	$1/d_2$
2	1.830	—	3.267	1.880	2.660	0.886
3	1.023	—	2.575	1.187	1.772	0.591
4	0.729	—	2.232	0.796	1.457	0.486
5	0.577	—	2.115	0.691	1.290	0.430
6	0.483	—	2.004	0.549	1.184	0.395
7	4.419	0.076	1.924	0.509	1.109	0.370
8	0.373	0.136	1.864	0.432	1.054	0.351
9	0.337	0.184	1.816	0.412	1.010	0.337
10	0.308	0.223	1.777	0.363	0.945	0.32

例 10-3 某茶叶出口商,希望对包装的过程进行控制,使每包茶叶的平均重量为 $X_0 = 100.6$ g。如表 10-8 所示,根据以往的包装过程,估计 $\delta = 1.4$。

表 10-8 茶叶抽样数据

序号	x_1	x_2	x_3	x_4	x_5		均值	极差
1	101.6	100.5	100.7	100.6	98.2		100.32	3.4
2	100.3	103.3	101.3	99.3	102.3		101.3	4
3	99.6	100.6	98.4	99.5	99.7		99.56	2.2
4	101.3	98.2	101.5	100.4	100.6		100.4	3.3
5	98.5	98.8	101.2	98.9	99.4		99.36	2.7
6	99.5	101.5	97.7	100.5	98.5		99.54	3.8
7	98.3	102.4	99.4	101.4	100.4		100.38	4.1
8	100.5	100.5	100.5	100.8	98.5		100.16	2.3
9	101.1	101.1	101.1	102.1	99.9		101.06	2.2
10	100.3	100.1	100.5	103.3	98.7		100.58	4.6
11	102.1	97.1	100	100.2	100.1		99.9	5
12	97.5	103.6	97.5	97.5	99.6		99.14	6.1
13	99	98.7	101.2	99.4	99.2		99.5	2.5
14	97.4	100.4	98.4	102.4	97.3		99.18	5.1
15	97.9	102.4	98.9	98.4	98.9		99.3	4.5
16	98.5	99.5	97.5	101.6	97.5		98.92	4.1
17	98.3	101.3	99.6	97.5	98.6		99.06	3.8
18	100.9	99.5	101.9	99.5	97		99.76	4.9
19	100.5	101.5	97.5	99.6	97.6		99.34	4
20	97.5	97.8	102.5	100.5	98.5		99.36	5
21	97.5	97.5	102.1	97.5	101.1		99.14	4.6
22	100.4	101.4	99.4	102.4	98		100.32	4.4
23	98.2	103.1	100.1	102.1	101.1		100.92	4.9
24	98.9	100.9	101.9	97.2	99.9		99.76	4.7
25	101.7	98.3	99.7	98.7	100.7		99.82	3.4
						合计	2496.08	99.6

X

$UCL = 100.6 + (1.342 \times 1.4) = 102.479 \text{ g}$

$CL = 100.6 \text{ g}$

$LCL = 100.6 - (1.342 \times 1.4) = 98.721 \text{ g}$

R

$UCL = 4.918 \times 1.4 = 6.885 \text{ g}$

$CL = 2.326 \times 1.4 = 3.256 \text{ g}$

$LCL = 0 \times 1.4 = 0$

画出有初始控制界限的控制图,并将样本统计量 X 和 R 逐一描点在图上,然后用折线连接起来,如图10-7。对超出控制界限的样本点要进行分析,若是系统原因引起的要加以剔除。然后利用剩余的样本统计量重新修正控制界限。

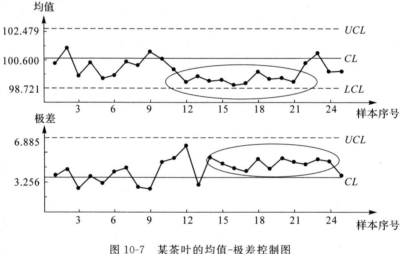

图10-7 某茶叶的均值-极差控制图

结论:控制图有连续7个点在中心线一侧,表明该过程对于预期的过程水平失控,需要改进。

5. 控制图的使用和改进

经过修正的控制图投入使用后通常要继续改进,以保证和提高控制质量的能力和水平。如此继续下去,可以清楚看到控制图的不断改进。这时,如果认为基本目的达到,就不必再做控制图的每月修正,只做定期抽样检验判断工序状态的保持情况就可以了。

五、直方图

直方图法是从总体中随机抽取样本,将从样本中获得的数据进行整理,根据这些数据找出质量波动规律,预测工序质量好坏,估算工序不合格率的一种工具。它是用一系列宽度相等、高度不等的长方形表示数据的图。长方形的宽度表示数据范围的间隔,长方形的高度表示在给定间隔内的数据数。

直方图的作用有:①显示质量波动的状态;②较直观地传递有关过程质量状况的信息;③通过研究质量波动状况之后,就能掌握过程的状况,从而确定在什么地方集中力量进行质量改进工作。

用直方图可以将杂乱无章的资料解析出规则性,比较直观地看出产品质量特性的分布状态,对于资料中心值或分布状况一目了然,便于判断其总体质量分布情况。在制作直方图时,牵涉到一些统计学的概念,首先要对数据进行分组,因此如何合理分组是其中的关键问题。分组通常是按组距相等的原则进行的,两个关键数字是分组数和组距。

例 10-4　数据如表 10-9 所示。

表 10-9　实测数据

组号	实测数据(单位:克)										X_{max}	X_{min}
1	61	55	63	39	49	55	50	55	55	50	63	39
2	44	38	50	48	53	50	50	50	50	52	53	38
3	48	52	52	52	48	55	45	49	50	54	55	45
4	45	50	55	51	48	54	53	55	60	55	63	40
5	56	43	47	50	50	50	63	47	40	43	63	40
6	54	53	45	43	48	43	45	43	53	53	54	43
7	49	47	48	40	48	45	47	52	48	50	52	40
8	47	48	54	50	47	49	50	55	51	43	56	43
9	45	54	55	55	47	63	50	49	55	60	63	45
10	45	52	47	55	55	62	50	46	45	47	60	45

(1)收集数据

一般收集数据都要随机抽取 50 个以上质量特性数据,并按先后顺序排列。表 10-9 是收集到的某产品数据,其样本大小用 $n=100$ 表示。

（2）找出数据中的最大值、最小值和极差

数据中的最大值 X_{max} 表示，最小值用 X_{min} 表示，极差用 R 表示。

（3）确定组数

组数常用符号 k 表示。k 与数据数多少有关。数据多，多分组；数据少，少分组（表 10-10）。

表 10-10　数目与分组

数据数目	常用分组数 k	组数 k
50～100	5～10	
100～250	7～12	10
250 以上	10～20	

（4）求出组距（h）

组距即组与组之间的间隔，等于极差除以组数，即

$$组距\ h=\frac{X_{max}-X_{min}}{k}=\frac{63-38}{9}=2.78\approx3$$

（5）确定组界

为了确定边界，通常从最小值开始。先把最小值放在第一组的中间位置上。

本例中数据最小值 $X_{min}=38$，组距 $h=3$，故第一组的组界为：

$$X_{min}-\frac{h}{2}\sim X_{min}+\frac{h}{2}$$

（6）计算各组的组中值（w_i）

所谓组中值，就是处于各组中心位置的数值，又叫中心值。某组的中心值（w_i）＝（某组的上限＋某组的下限）/2。

第一组的中心值（w_1）＝（36.5＋39.5）/2＝38

第二组的中心值（w_2）＝（39.5＋42.52）/2＝41

其他各组类推，组中值如表 10-11 中所示。

（7）统计各组频数

统计频数的方法如表 10-11 所示。

表 10-11　频数统计表

组　号	组界	组中值 w_i	频数 f	累计频数	相对累计频率(%)
1	36.5～39.5	38	2	2	2
2	39.5～42.5	41	2	4	4
3	42.5～45.5	44	16	20	20
4	45.5～48.5	47	18	38	38
5	48.5～51.5	50	23	61	61
6	51.5～54.5	53	17	78	78
7	54.5～57.5	56	15	93	93
8	57.5～60.5	59	3	96	96
9	60.5～63.5	62	4	100	100

(8)画直方图

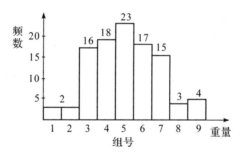

图 10-8　直方图

以分组号为横坐标,以频数为高度作纵坐标,作成直方图,如图 10-8 所示。从直方图可见,此加工状况正常。

2. 常见直方图的类型(图 10-9)

标准型:对称型;

锯齿型:分组过多;

偏峰型:频数突然增加或减少;

陡壁型:平均值远左离(或右离)直方图的中间值;

平顶型:几种平均值不同的分布混合在一起;

双峰型:靠近直方图中间值的频数较少;

孤岛型:工序异常、测量错误或混有另一分布的数据。

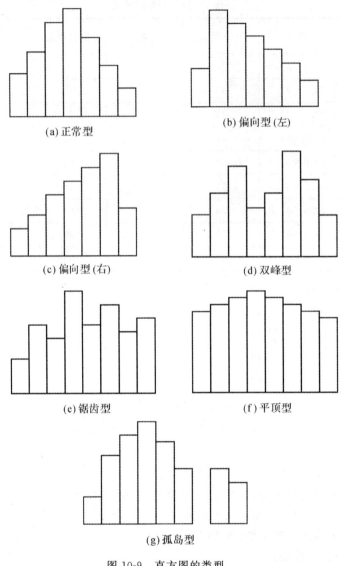

(a) 正常型

(b) 偏向型 (左)

(c) 偏向型 (右)

(d) 双峰型

(e) 锯齿型

(f) 平顶型

(g) 孤岛型

图 10-9　直方图的类型

第三节　新质量管理工具介绍

　　日本在开展全面质量管理的过程中通常将分层法、排列图、因果图、检查表、直方图、控制图和散布图称为"老七种工具",而将关联图、KJ 法、系统图、矩阵图、矩阵数据分析法、PDPC 法以及箭条图统称为"新七种工具"。

新七种工具是日本科学技术联盟于 1972 年组织一些专家运用运筹学或系统工程的原理和方法,经过多年的研究和现场实践后于 1979 年正式提出用于质量管理的。这新七种工具的提出不是对"老七种工具"的替代而是对它的补充和丰富。

一般来说,"老七种工具"的特点是强调用数据说话,重视对制造过程的质量控制;而"新七种工具"则基本是整理、分析语言文字资料(非数据)的方法,用来着重解决全面质量管理中 PDCA 循环的 P(计划)阶段的有关问题。因此,"新七种工具"有助于管理人员整理问题、展开方针目标和安排时间进度。整理问题,可以用关联图法和 KJ 法;展开方针目标,可用系统图法、矩阵图法和矩阵数据分析法;安排时间进度,可用 PDPC 法和箭条图法。

一、关联图法

关联图法,是指用连线图来表示事物相互关系的一种方法。它也叫关系图法。如图 10-10 所示,图中各种因素 A、B、C、D、E、F、G 之间有一定的因果关系。其中因素 B 受到因素 A、C、E 的影响,它本身又影响到因素 F,而因素 F 又影响着因素 C 和 G,……这样,找出因素之间的因果关系,便于统观全局、分析研究以及拟定出解决问题的措施和计划。

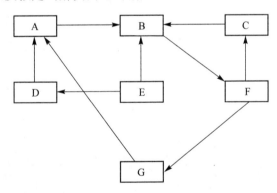

图 10-10　关联示意图

关联图可应用于许多方面,如制定质量管理的目标、方针和计划,产生不合格品的原因分析,制定质量故障的对策,规划质量管理小组活动的展开,用户索赔对象的分析等。

1. 关联图的绘制步骤

(1) 揭出认为与问题有关的各种因素;

（2）用简明而确切的文字或语言加以表示；

（3）把因素之间的因果关系，用箭头符号作出逻辑上的连接（不表示顺序关系，而是表示一种相互制约的逻辑关系）；

（4）根据图形进行分析讨论，检查有无不够确切或遗漏之处，复核和认可上述各种因素之间的逻辑关系；

（5）指出重点，确定从何处入手来解决问题，并拟订措施计划。

在绘制关联图时，箭头的指向通常是：对于各因素的关系是原因-结果型的，从原因指向结果（原因→结果）；对于各因素间的关系是目的-手段型的，则是从手段指向目的（手段→目的）。

2. 关联图的绘制形式

（1）中央集中型的关联图。它是尽量把重要的项目或要解决的问题，安排在中央位置，把关系最密切的因素尽量排在它的周围（图 10-11）。

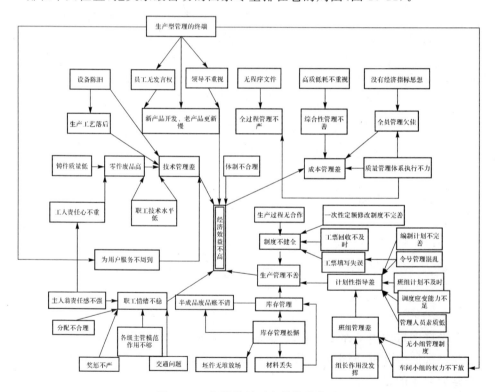

图 10-11　经济效益不高的关联关系

(2) 单向汇集型的关联图。它是把重要的项目或要解决的问题,安排在右边(或左边),把各种因素按主要因果关系,尽可能地从左(从右)向右(或左)排列。

(3) 关系表示型的关联图。它是以各项目间或各因素间的因果关系为主体的关联图。

(4) 应用型的关联图。它是上述三种图形为基础而使用的图形。

二、KJ 法

KJ 法是日本川喜二郎提出的。"KJ"二字取的是川喜(KAWAJI)英文名字的第一个字母。这一方法是从错综复杂的现象中,用一定的方式来整理思路、抓住思想实质、找出解决问题新途径的方法。

KJ 法不同于统计方法(参见表 10-12),统计方法强调一切用数据说话,而 KJ 法则主要靠用事实说话、靠"灵感"发现新思想、解决新问题。KJ 法认为许多新思想、新理论,往往是灵机一动、突然发现。但应指出,统计方法和 KJ 法的共同点,都是从事实出发,重视根据事实考虑问题。

表 10-12 KJ 法与统计方法的不同点

	统计方法	KJ 法
1	验证假设型	发现问题型
2	现象数量化,收集数值性资料(数据)	不需数量化,收集语言、文字类的资料(现象、意见、思想)
3	侧重于分析	侧重于综合
4	用理论分析(即数理统计理论分析)	凭"灵感"归纳问题

1. KJ 的运用

KJ 法一般可用于:认识新事物(新问题、新办法);整理归纳思想;从现实出发,采取措施,打破现状;提出新理论,进行根本改造,"脱胎换骨";促进协调,统一思想;贯彻上级方针,使上级的方针变成下属的主动行为。川喜二郎认为,按照 KJ 法去做,至少可以锻炼人的思考能力。

2. KJ 法的工作步骤

(1)确定对象(或用途)。KJ 法适用于解决那种非解决不可,且又允许用一定时间去解决的问题。对于要求迅速解决、"急于求成"的问题,不宜用 KJ 法。

(2)收集语言、文字资料。收集时,要尊重事实,找出原始思想("活思想"、"思想火花")。

收集这种资料的方法有三种:①直接观察法,即到现场去看、听、摸,吸取感性认识,从中得到某种启发,立即记下来;②面谈阅览法,即通过与有关人谈话、开会、访问,查阅文献、集体 BS 法(brain storming,"头脑风暴"法)来收集资料;③个人思考法(个人 BS 法),即通过个人自我回忆,总结经验来获得资料。可根据不同的使用目的对以上收集资料的方法进行适当选择,参见表 10-13。

(3)把所有收集到的资料,包括"思想火花",都写成卡片。

(4)整理卡片。对于这些杂乱无章的卡片,不是按照已有的理论和分类方法来整理,而是把自己感到相似的归并在一起,逐步整理出新的思路来。

(5)把同类的卡片集中起来,并写出分类卡片。

(6)根据不同的目的,选用上述资料片段,整理出思路,写出报告来。

表 10-13　方法与目的

使用目的＼收集方法	直接观察	面谈阅览	查阅文献	BS	回忆	检讨
认识新事物	◎	△	△	△	○	×
归纳思想	○	◎	○	○	○	◎
打破现状	◎	○	○	◎	◎	◎
脱胎换骨	△	◎	◎	×	○	○
参与计划	×	×	×	◎	○	○
贯彻方针	×	×	×	◎	○	○

符号说明:◎常用;○使用;△不大使用;×不使用。

在应用 KJ 法时,若要认识新事物,打破现状,就要用直接观察法;若要把收集到的感性资料提高到理论的高度,就要查阅文献。

三、PDPC 法

PDPC 法(process decision program chart),即过程决策程序图图法,它是在制订达到研制目标的计划阶段,对计划执行过程中可能出现的各种障碍及结果,作出预测,并相应地提出多种应变计划的一种方法,如图 10-12 所示。这样,在计划执行过程中,遇到不利情况时,仍能有条不紊地按第二、第三或其他计划方案进行,以便达到预定的计划目标。它不是走着看,而是事先预计好。

如图 10-12 所示,假定 A_0 表示不合格品率较高,计划通过采取种种措施,要把不合格品率降低到 Z 水平。

先制订出从 A_0 到 Z 的措施是 $A_1,A_2,A_3,\cdots,A_p$ 的一系列活动计划。在讨论中,考虑到技术上或管理上的原因,要实现措施 A_3 有不少困难。于是,从 A_2 开始制订出应变计划(即第二方案),经 $A_1,A_2,B_1,B_2,\cdots,B_q$ 到达 Z 目

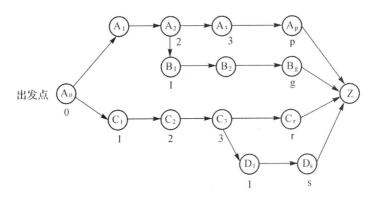

图 10-12　过程决策程序图

标。同时,还可以考虑同样能达到目标 Z 的 $C_1, C_2, C_3, \cdots, C_r$ 或者 $C_1, C_2, C_3,$ $D_1, \cdots, D_s$ 这两个系列的活动计划。这样,当前面的活动计划遇到问题、难以实现 Z 水平时,仍能及时采用后面的活动计划,达到 Z 的水平。当在某点碰到事先没有预料到的问题时,就以此点为起点,根据新情况,重新考虑和制订新的 E、F 系列的活动计划,付诸实施,以求达到最终目标 Z(图 10-13)。

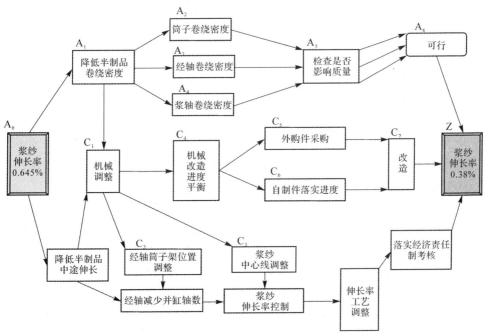

图 10-13　降低仿羽绒布浆纱伸长率的过程决策程序图

四、系统图(Tree Diagram)

系统图是以问题为着眼点作分支式的思考,用以得到问题的解决方案,并明确改善对象内容的一种方法。它将问题分成目的与手段的关系进行有系统的追求、以获得解决问题的可实施方案;将构成改善对象的要素分成目的与手段或原因与结果的关系,经过系统整理后,明确改善对象之构成要素的相互关系,如图 10-14 所示。

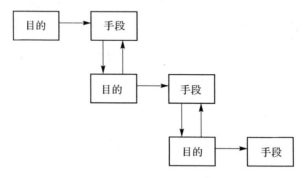

图 10-14 系统图形式

企业中的改善对象包括:产品、生产过程、服务、组织、业务等。为了针对这些对象进行改善,必须对改善对象的构成要素(例如质量特性及功能)及其相互间的关系进行明确。

1.构成要素展开型系统图分类

(1)功能展开型系统图:明确基本功能与必要功能之间的关系。比如:火机的基本功能是用来点火。将此功能作为最上位的目的,进行手段展开,再层层细化,最终必须实现哪些必要的功能,才能实现"火机点火"的功能。以此方法可以很容易地找到改善点。

(2)质量展开型系统图:要明确要求质量与代用特性之间的关系。要求质量是指顾客所期望和要求达到的产品或服务的质量。为了实现顾客所期望的质量,则产品或服务在各个阶段或层次上所需具备的特性称为代用特性。如此将代用特性依生产流程或结构进行细分,则此类图可以使人明白要求质量是通过什么样的代用特性来实现的。

(3)特性要因系统图:要明确代用特性与质量因素之间的关系。想要知道是什么原因造成产品的特性不良时,首先要想一想,调查调查,找出认为最有影响的要因,并且加以整理。将特性当做最上位的结果,再将造成此一结果的要因当做下一层次的结果,层层进行因果关系的展开。于是便可以明确特性与要因之间的因果关系。由此图可以很容易地找出对特性造成很大影响的要因,另外,也可以很容易地看出是什么原因会造成特性不良。

2. 系统图法的工作步骤

(1)确定目的。将想要解决的问题以"为了……"的形式表示,以此作为基本目的或是想要解决的问题。

(2)提出手段和措施。全员通过脑力激荡来讨论达成目标所需采取的手段,并记录在卡片上(一般以"要如何做","对……做……")。一次手段是以方便往下思考为目的,并不是可以直接实施的阶层。

(3)评价手段和措施,决定取舍。

(4)把各种手段(或方法)都写成卡片。摊开大白纸,将基本目的写在最左侧的中央,一次手段在其右侧,依上下配置后以虚线连接。

(5)把目的和手段系统化。将一次手段当做目的,找到达成其目的的方法,将其当做二次手段,以下再以二次手段当做目的,此手段继续往 3 次、4 次连接过去。直到达到可实施阶层的手段后才停止展开。

(6)确认系统图(图 10-15)。

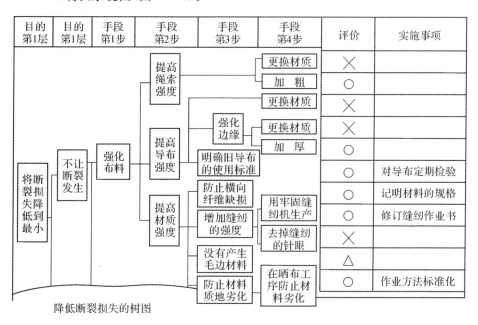

图 10-15　解决断裂问题系统图

达到以上步骤,基本上完成了系统图的形式。在粘贴卡片以前,要确认目的与手段的关系。确认由基本目的开始到可实施阶层为止,是否有遗漏、疏忽和矛盾的地方。然后制订实施计划。

五、矩阵图法

矩阵图法,是指借助数学上矩阵的形式,把与问题有对应关系的各个因素,列成一个矩阵图,然后根据矩阵图的特点进行分析,从中确定关键点(或着眼点)的方法。在寻求问题的解决手段时,若目的(或结果)能够展开为一元手段(或原因),则可用系统图法;若有两种或两种以上的目的(或结果),则其展开用矩阵图较为合适。

这种方法,先把要分析问题的因素,分为两大群(如 R 群和 L 群),把属于因素群 R 的因素($R_1,R_2,\cdots,R_m$)和属于因素群 L 的因素($L_1,L_2,\cdots,L_n$)分别排列成行和列。在行和列的交点上表示着 R 和 L 的各因素之间的关系,这种关系可用不同的记号予以表示(如用"○"表示有关系等)。图 10-16 为矩阵图法示意图。矩阵图法在用于多因素分析时,可做到条理清楚、重点突出。它在质量管理中,可用于寻找新产品研制和老产品改进的着眼点,寻找产品质量问题产生的原因等。

		R					
		R_1	R_2	R_3	R_1		R_m
L	L_1		○				
	L_2			◎			
	L_3	△					
	L_i				○		
	L_n	△					

◎密切关系;○有关系;△像有关系

图 10-16　矩阵图法示意图

六、矩阵数据分析法

矩阵数据分析法与矩阵图法类似。它与矩阵图法不同的是:不是在矩阵图上填符号,而是填数据,形成一个分析数据的矩阵。它是一种定量分析问题的方法,要对大量的数据与变量进行分析,以求得能够掌握全体的较好的结论。在质量管理上,一般使用在计划和执行的阶段中对大量的数据进行分析时使用。其主要作用有:牵涉到复杂的因素之工程解析,从多个的资料中解析不良要因,自市场调查的资料中把握顾客所要求的质量,外观检查时的系统化分类,复杂的质量评价,正态分布等数据分析及新产品开发的规划等。

七、箭条图法

箭条图法,又称矢线图法。它是计划评审法在质量管理中的具体运用,使质量管理的计划安排具有时间进度内容的一种方法。它有利于从全局出发,统筹安排,抓住关键线路,集中力量,按时和提前完成计划。一项任务或工程可以分解为许多作业,这些作业在生产工艺和生产组织上相互依赖、相互制约,用箭条图可以把各项作业之间的这种关系清晰地表示出来。通过箭条图,能找出影响工程进度的关键和非关键因素,统筹协调,合理利用资源,提高效率。

箭条图的主要用途有:制订详细的计划;在计划阶段对方案仔细推敲,保证计划的严密性;计划实施后,对于情况的变化和计划的变更可作出适当的调整;能够具体而迅速地了解某项工程延期对总体进度的影响,从而及早采取措施。

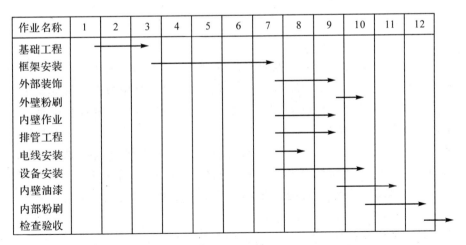

图 10-17　某项目管理 Gantt 图

第四节　六西格玛方法

六西格玛（6σ）管理能使企业的质量管理活动同时为顾客、员工、合作伙伴、社会创造价值和经济利益，它注重质量的经济性。

一、六西格玛的概念

西格玛（σ）在统计学中用来表示标准差，即数据的分散程度，可用来衡量一批产品的质量特性总体上对目标值的偏离程度。六西格玛即"6 倍标准偏差"。如图 10-18，六西格玛的产品质量波动明显地比三西格玛（3σ）要小得多。

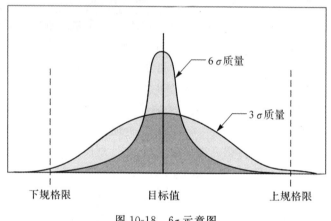

图 10-18　6σ 示意图

1. 六西格玛的含义

在质量上，西格玛代表过程能力、质量水平，六西格玛表示每百万个产品的不良品率（PPM）不大于 3.4，意味着每一百万个产品中最多只有 3.4 个不合格品，即合格率是 99.99966%。在整个企业流程中，六西格玛是指每百万个机会当中缺陷率或失误率不大于 3.4，这些缺陷或失误包括产品本身以及采购、研发、产品生产的流程、包装、库存、运输、交货期、维修、系统故障、服务、市场、财务、人事、不可抗力等等。在六西格玛管理中，有许多缺陷评估方法来度量六西格玛质量水平，常用的方法有：单位缺陷数（DPU），单位机会缺陷率（DPO），百万机会缺陷数（DPMO）。

2. 六西格玛管理的内涵

六西格玛管理是通过过程的持续改进，追求卓越质量，提高顾客满意度，降低成本的一种突破性质量改进方法论,是根据追求卓越领先目标,针对重点管理项目自上而下进行的管理变革和改进活动。其内涵如下。

(1)建立和改善企业质量文化

企业在推行六西格玛管理理念的同时,也是建立和改善企业文化的契机。而企业能否形成良好的质量文化,是成功实施六西格玛管理的关键过程。一个以六西格玛为目标的企业组织在不断追求完美的同时,努力打造质量文化,形成六西格玛管理的文化氛围,然后实现近乎完美的产品。

(2)以事实和数据驱动的决策理念

六西格玛管理是一种高度重视数据,强调用数据来说话,依据数据进行决策的管理方法,即企业通过收集数据进行集中的统计分析,寻找影响企业关键指标的根本原因,制定相应的改善措施,最后要用改进后的数据来证明改善是有效果的。在六西格玛管理中,为分析这些数据提供了很多科学的工具和方法,保证数据分析过程的专业性和分析结果的准确性。

(3)重视流程改进

在六西格玛中,流程是采取改进行动的主要对象。无论是改进生产效率、提高设计产品质量、改善服务质量、度量业绩、提高客户的满意度等,都可看做是流程改进。实现流程的改进,是六西格玛管理的一大特点,从而使企业获得显著效益。

流程改进不仅是必要的,而且是在给顾客提供价值时建立竞争优势的有效方法。一切活动都可以看做是流程,所有的流程都有变异,而六西格玛正是要帮助我们有效减少过程的变异。

(4)重视团队协作

六西格玛改进项目往往是跨部门的,要想成功就必须打破部门间的壁垒,实现团队协作共同解决企业面临的问题。通过这种做法促使企业内部横向和纵向的合作,使企业从中获得了许多受益机会。项目组成员在遇到问题时,及时进行沟通,通过团队协作来共同解决问题。

二、六西格玛实施模型

六西格玛管理是通过确定客户关键需求,测量目前生产能力,分析存在差距的关键原因,对其改善、优化,确定最大的生产能力并对过程加以控制。在企业里,通过建立以下模型来实施六西格玛管理。

其核心的工作流程分为五个阶段(DMAIC),即定义(D)、测量(M)、分析(A)、改进(I)、控制(C)(图 10 10)。定义阶段(define)是 DMAIC 循环的第一

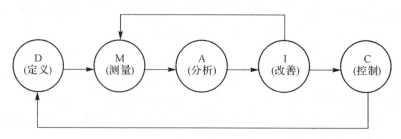

图 10-19　DMAIC 流程

步,也是最重要的步骤,它是六西格玛项目的开始,主要说明为什么要解决这个问题,决定六西格玛项目的方向。确定顾客的关键需求并识别需要改进的产品或过程,将改进项目界定在合理的范围内。测量阶段(measurement)是DMAIC 的第二步,此阶段主要是通过分析统计数据,筛选初步问题,同时对测量系统、过程能力及其他因素进行分析与改进。分析阶段(analysis)是DMAIC 的第三步,此阶段主要是分析流程中的影响因素,找出影响流程的关键因素。改进阶段(improvement)是 DMAIC 的第四步,此阶段主要是制定改进方案,实施改进活动,验证改进的有效性。控制阶段(control)是 DMAIC 的第五步,此阶段主要是把改善阶段取得的成果保持下来,使改进后的过程程序化并通过有效的监测方法保持过程改进的成果。把相关的改变和新方法进行文件化,永久固化下来。

三、六西格玛方法

六西格玛方法有许多,以下主要介绍百万机会缺陷数 DPMO。

缺陷是指产品、服务或过程的输出没有达到顾客要求或超出规范规定,而缺陷机会数是指产品、服务或过程的输出可能出现缺陷之处的数量。机会缺陷率 DPO(defects per opportunity),即每次机会中出现缺陷的比率,表示了每个样本量中缺陷数占全部机会数的比例。

$$DPO = \frac{缺陷数}{产品数 \times 机会数} = \frac{单位缺陷数}{出错机会}$$

当 DPO 以百万机会的缺陷数表示时称为 DPMO,即:DPMO = DPO × 10^6,它由下式计算:

$$DPMO = \frac{全部的缺陷数 \times 10^6}{产品数 \times 机会数} = \frac{单位缺陷数}{出错机会} \times 10^6$$

例 10-5　假定在 100 块电路板中,每一个电路板都含有 1000 个缺陷机会,若在制造这 100 个电路板时共发现 21 个缺陷。则:

$$DPO = \frac{21}{100 \times 1000} = 0.00021$$

当 DPO 为 0.00021，则 DPMO 为 210。

四、合理选择六西格玛项目

选择好项目是企业实现六西格玛成果的关键一步。第一次选择六西格玛项目时,应注意遵循先易后难的原则,确保第一个项目取得成功,此时重点不应放在专业的统计技术上,重要的是激发员工兴趣,引导员工参与,让员工满怀信心,积极参与六西格玛活动。一个良好的开始不但可以给大家以信心,还可以激发大家的热情和积极性。

六西格玛管理是一种植根于企业文化的管理方法,已被世界各地的企业运用于管理过程的各个方面,并取得了很好的效果。企业的运营基于企业的流程,六西格玛重视流程改善,对流程进行优化,减少不良品的发生,提高产品的优良率,保证产品的质量,不断提高客户的满意度。当然要注意六西格玛管理是自上而下推行的,领导的介入和承诺是六西格玛管理成功的前提。

本章小结

质量管理方法有分层法、散点图、检查表、排列图、因果图、直方图和控制图。

实行工序质量控制是生产过程中质量管理的重要任务之一,工序控制可以确保生产过程处于稳定状态,预防次品的发生。工序质量和特性值的概率分布反映了工序的实际加工能力。这种能力是工序固有的再现性或一致性的能力,可用工序质量特性值的波动范围来衡量。

新七种工具由以下组成:关联图、KJ 法、系统图、矩阵图、矩阵数据分析法、PDPC 法以及箭条图,有助于管理人员整理问题、展开方针目标和安排时间进度。

六西格玛管理是一种植根于企业文化的管理方法,已被世界各地的企业运用于管理过程的各个方面,并取得了很好的效果。

复习与讨论题

1.SPC 的基本原理。

2.六西格玛管理的内涵。

3.系统图法的工作步骤。

习 题

1. 某厂建筑型材料 QC 小组，统计了某月生产线上的废品，某结果如下：磕伤 78 件，弯曲 198 件，裂纹 252 件，气泡 30 件，其他 42 件。请画出排列图（附频数统计表），并指明主要质量问题。

2. 某工序加工某零件，其外圆直径的加工要求为 50 ± 0.15 mm。现从该工序加工的零件中抽检 100 件，测算出其直径的平均值为 50.00 mm，标准偏差为 0.04 mm。试计算该工序的工序能力指数，并作出判断，指出应采取的措施。

3. 横海橡胶加工厂 QC 小组开展提高产品合格率活动，统计三月份内胎不合格情况，分布如下表所示。请用排列图进行分析，并指出主要影响因素。

项目	数量（条）
伤痕	730
欠硫	350
杂质	120
胶垫移动	86
接头不密	42
夹沟	25
其他	29
厚薄	18
总计	

4. 某工序利用 $\bar{X}$-R 控制图进行螺栓外径加工的控制，每次抽样 10 件，共抽 25 次，测出平均值数总和为 $\sum \bar{X} = 160.5$ mm，$\sum \bar{R} = 0.225$，求 $\bar{X}$-R 控制图的中心线和控制界限。（当 $n = 10$ 时，$A_2 = 0.333$，$D_4 = 1.782$，$D_3 = 0.245$，$E_2 = 0.975$，$d_2 = 3.087$）

5. 设某螺栓直径设计要求为直径 10 ± 0.023 mm，从某车床加工的螺栓中随机抽取样本 100 件，其直径平均值 9.997 mm，标准偏差为 0.007。求该作业的工序能力指数。

第十一章　准时化生产方式(JIT)与精益生产(LP)

学习目标

➤掌握 JIT 的主要原理

➤理解 JIT 的设计技术

➤熟悉精益生产的主要特征

➤了解看板管理

引例:嘉陵公司推行 JIT:注重多品种作业和"准时制生产"

由于市场竞争的压力,嘉陵公司被迫实施"多品种、小批量、转产快"的生产方式。这样就可以满足市场多品种、小批量的需求。在摩托车生产线上可以间隔生产多种不同品种的产品,而且不同型号产品生产的换线速度很快。这样就提高了企业对市场的适应能力,能够尽快地满足用户的需求。

嘉陵股份有限公司制定了"准时制"生产管理办法。具体做法是:首先,制定了成品总装及配送的时间段;其次,承认延时的客观存在,制定所允许的延时量的范围;再次,加强检查考核,促进延工、误时等现象的逐步减少,直至"0"延时量——准时化的实现。

第一节　准时化生产方式

在当今社会,市场竞争越来越激烈,从过去的产品竞争、质量竞争到目前的市场响应竞争,而时间成为重要的资源。生产工艺的改进对于降低生产成本固然重要的,但当各企业在生产工艺上不存在很大的差异时,只有通过合理配置和使用设备、人员、材料等资料,才能较多地降低成本,而准时化生产方式在节省时间的基础上更加注重最大限度地地减少浪费,提高企业的竞争力。

一、准时化生产方式的产生

准时化生产方式(just in time,JIT)是日本在二十世纪五六十年代研究和开始实施的生产管理方式,是一种有效地利用各种资源降低成本的准则。其主要含义是:在需要的时间和地点,生产必要数量和合适质量的产品和零部件,以杜绝超量生产,消除无效劳动和浪费,达到用最少的投入实现最大产出的目的。

JIT 的基本思想是科学进行生产的计划和控制以及库存的有效管理,也就是追求一种无库存,或库存达到最小的生产系统。JIT 系统以准时生产为出发点,首先揭示出生产过量造成的浪费,进而暴露出其他方面的浪费,然后对设备、人员等进行淘汰、调整,达到降低成本、简化计划和有效控制的目的。如此不断循环,使成本不断降低,计划和控制水平也随之不断提高。

JIT 的概念是 1953 年首先由日本丰田汽车工业公司提出,1961 年在全公司推广。通过实施 JIT 系统,丰田公司生产经营有了很大改进,到 1976 年,该公司的年流动资金周转率高达 63 次,为日本平均水平的 8.85 倍,为美国的10 倍多。20 世纪 70 年代初日本大力推广丰田公司的经验,将其用于汽车、机械制造、电子、计算机、飞机制造等工业中,取得不错的效果。JIT 是日本工业竞争战略的重要组成部分,它是日本在重复性生产运营过程中的管理思想和方法的标志。通过 JIT 的应用,日本企业管理者将精力集中于生产过程本身,通过生产过程整体优化,改进技术,理顺物流,消除无效劳动与浪费,达到有效利用资源,改善质量的目的。20 世纪 80 年代,随着日本企业在国际市场竞争中的胜出,准时化生产方式被作为日本企业成功的秘诀受到广泛的关注。现在 JIT 已被许多国家推广、运用,它是精益生产方式的核心。

二、准时化生产的目标

JIT 方式的目标是彻底消除无效劳动造成的浪费。日本丰田公司提出"制造工厂的利润寓于制造方法中",也就是说,要彻底消除制造过程中的无效劳动的浪费,降低成本,合理规划时间,取得尽可能高的利润。

1. 无效劳动和浪费

日本丰田公司将无效劳动和浪费分为下列几种:①制造过剩的零部件的无效劳动和浪费;②空闲待工的浪费;③无效的搬运劳动;④库存积压的无效劳动和浪费;⑤加工本身的无效劳动;⑥动作方面的无效劳动;⑦生产不合格品的无效劳动和浪费。

为消除上述无效劳动和浪费,就要不断追求最优的生产系统设计和最佳的操作状态。"设计一个生产系统,最高效地生产100％优良产品,并且在需要的时间、按需要的数量、生产所需的工件",这是对JIT目标最简单的概括。

2.JIT寻求的目标

JIT寻求达到以下七个目标:①废品量最低(零废品);②准备时间最短(零准备时间);③库存量最低(零库存);④搬运量最低;⑤机器损坏率低;⑥生产提前期短;⑦批量小。

3.JIT生产系统的特点

JIT系统与传统的生产系统相比较,有以下特点:

(1)零废品。传统生产管理很少提出零废品的目标。一般企业只提出可允许的不合格品百分数的可接受的质量水平。它们的基本假设是:不合格品达到一定数量是不可避免的。而JIT的目标是消除各种引起不合格品的原因,在加工过程中每一工序都要求达到最好水平。

(2)零库存。在传统生产系统中,工厂的效率是用车间设备利用率来考核的,车间管理人员的责任是保持各设备及工作中心连续不断地运转,达到满负荷工作。设备加工的工作可能并不是现在订单所需的,这时生产出来的工件可能只是增加库存。在制品与成品库存难以得到有效的控制。

而JIT方式认为,库存是弊病,库存是生产系统设计不合理、生产过程不协调、生产操作不良的证明。当由不确定的供应者供应原材料和外购件时,原料和外购件的库存可视为缓冲器,它能作为供应者不能按期供货或顾客订购量增加时的缓冲。

(3)准备时间最短(零准备时间)。准备时间长短与批量选择相联系。如果准备时间接近于零,这就意味着批量生产的优越性不复存在。

(4)提前期最短。一切均是基于时间进行生产运营计划安排,避免了时间上的浪费。

(5)减少零件搬运。加工和装配操作中,常常包括大量无效(非增值的)活动。以装配作业为例,一般装配作业可视为以下活动之组合:①零件送进;②零件搬运;③零件装配;④检验;⑤专门作业。其中,零件送进、搬运是非增值的操作。如果能使零件和装配件运送量最少、搬运次数减少,可以节约装配时间、减少装配中可能出现的问题。在后面我们将看到,由传统的基于工艺专业化的生产布局,改变为对象专业化的生产布局,可以减少物料的搬运,节省运输的人力、设备和费用。

JIT力求消除所有的浪费、提高生产效率的最大障碍,来自于传统的生产方式的习惯与思想阻力。要推行JIT首先要更新传统的生产管理观念,用新的思维方式看待和解决生产管理中的问题,并且要不断追求优化的生产系统设计和最佳的操作状态。

三、准时化生产系统的设计技术

JIT 系统是建立在一系列生产管理技术或方法的基础上，这些技术主要涉及五方面，如图 11-1 所示。以下对准时化生产方式的技术体系作一个简要的说明。

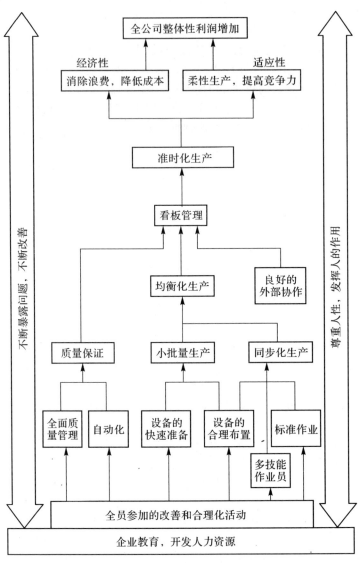

图 11-1　丰田准时化生产方式的技术体系构造

1. 快速应变的产品设计

产品设计应满足市场的需求是 JIT 方式的基本原则,为适应市场多变的要求,产品范围应不断拓宽。传统生产系统中,产品范围扩大,一般要增加工艺的变化范围,使加工过程更复杂。在 JIT 方式中,试图通过产品的合理设计,使产品易生产、易装配。当产品范围增加时,力求维持工艺过程不增加,具体采用的方法有:

(1)系列化产品设计。在产品基本型的基础上,改动少量零部件,形成各种变型产品,用以满足不同需求。

(2)模块化设计。设计为数不多的基本模块,将这些模块按不同的组合方式,可以形成多种多样的产品。

(3)实现生产自动化的产品设计。

(4)通用化设计。新设计的产品尽量采用通用件、标准件或采用通用设备、通用工具生产的零部件。

2. 均衡化生产

达到准时生产,其基础为均衡化生产,即平均制造产品,使物流在各作业之间、生产线之间、工序之间、工厂之间平稳、均衡地流动。假如物流不均衡,流量时高时低,所需能力也不均匀。在这种情况下,现场必须有适应高峰物流所需之能力,即拥有适应高峰生产的人员、设备、机械和材料等。在低峰时就会有能力过剩,造成浪费。

均衡化生产是实现生产过程同步化的基础。自流水线生产方式问世以来,其作业的高效率和几乎没有在制品库存,显示出优越的技术经济性。但传统的流水生产因其品种单一、生产刚性和只适合大批量生产的性质,使其应用范围大受限制。它尤其难以适应当今多品种、小批量、订货型生产方式的要求。而 JIT 生产新思维是要将多品种的批量轮番生产以大量流水生产的方式来完成的。这里关键是缩短作业准备时间。作业准备时间越短,加工批量就可以越小,材料和零部件在生产过程中的停放和等候时间就越短,流动就越顺畅、越连续,整个生产过程就越接近于流水状态。

3. 持续地降低在制品库存

在制品库存的基本功能是使生产过程保持均衡和连续。在制品库存应当控制在一定范围内。否则就会引起很大浪费。现在的问题是在制品数量的失控,使它成为一种掩盖生产中问题的手段。毕竟比起解决这些生产问题来,增加在制品库存要容易得多。

与传统管理方式相反,JIT 生产方式是要不断暴露生产中的问题,把发现

问题看作是一种机会,认为只有不断地发现问题、解决问题才能不断改进生产管理,生产效率才能提高,成本才会降低。不能发现问题,就没有努力方向,也不会有改进。JIT 就是要通过不断地重新规定在制品目标,持续降低在制品数量,使潜在的问题暴露出来,从而在解决问题过程中,重塑生产系统。

4. 生产资源的优化

JIT 生产资源的优化包括充分调动工人的积极性,实现"少人化"和提高设备柔性两个方面。

(1)调动工人的积极性

在传统流水生产中,作业在细致分工基础上专业化和标准化,要求工人遵循流水线的节拍,在规定时间完成规定的操作,工人是被动地、尽可能熟练准确地重复简单的操作,不需发挥创造性,工作本身不能构成对工人的激励。

JIT 客观上要求操作工人承担更多责任,从而就必须授予他们更多的作业管理决策权。此外,JIT 还要求不断地、持之以恒地改进生产过程,缩短作业更换时间,减少批量和努力消灭不合格品,这就必须充分发挥工人的主动性、创造性和参与管理的热情。

(2)弹性作业人数的实现方法

JIT 生产方式中实行弹性作业人数的思路和方法也是很值得一提的。在历来的生产系统中通常实行"定员制",相对于某一设备群,即使生产量减少了,也必须有相同的作业人员才能使这些设备全部运转,进行生产。但在市场需求变化多且快的今天,生产量的变化是很频繁的,人工费用也越来越高。因此,在劳动集约型的产业,通过削减人员来提高生产率、降低成本是一个重要的课题。JIT 生产方式就是基于这样的基本思想打破历来的"定员制"观念,创出了一种全新的"少人化"技术,来实现随生产量而变化的弹性作业人数。

作为降低成本的手段,少人化技术具有两个意义:一是按照每月生产量的变动弹性增减各生产线以及作业工序的作业人数,保持合理的作业人数,从而通过排除多余人员来实现成本降低。少人化需要通过持续改进来实现,首先应该考虑的是进行作业流程的改善,下一步才应该是设备的改善。二是通过不断减少原有的作业人员实现成本降低,节省人力成本。要有训练有素、具有多种技艺的作业人员,即"多面手"。培养多面手的方法很多,"工作定期轮换"(job rotation)是其中的方法之一。标准作业组合的改变可以通过不断改善作业方法和设备来进行。这种改善活动的目的在于,即使生产量不变或增加,也要尽可能使作业人数保持最少。

（3）提高设备柔性

在传统生产系统中,市场的多变需求与生产过程可能提供给市场的产品之间存在矛盾,生产厂家一般希望产品品种及数量变化尽量少。JIT 方式试图克服上述矛盾,它在产品设计时就考虑加工问题,发展多功能设备使之能提供满足市场不同需求的加工能力。大批量生产所有的专用设备,不适用于轮番生产,可以对这些机器进行改造,或在这些机器中加入一些工装、工具使之成为能生产一定范围产品的多功能机器。多功能机器应能支持 JIT 生产,并有利于生产的稳定,这种概念的发展,就形成了柔性加工中心或柔性制造系统。

（4）要有适当的设备布置

JIT 的设备布置要根据生产的产品特点和物流的畅通而进行科学安排,而 U 型布置是一种比较有效的方式。U 型布置的模型如图 11-2 所示。

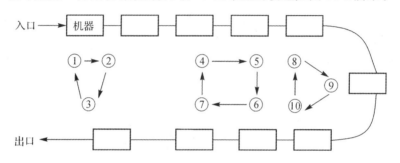

图 11-2　U 型设备布置

U 型布置的本质在于生产线的入口和出口在同一个位置,灵活增减作业现场的作业人员主要靠此实现。U 型布置中,每个作业人员的工作范围可以简单地扩大或缩小,但前提是必须有多面手的存在。在利用 U 型布置增减作业人员时,遇到的最主要的问题是,在按照生产量重新分配各作业人员的工作时,如何处理节省出来的非整数工时。例如,即使可能减少半个人的工时,因实际上不可能抽调 1 人,所以在某个工序就会产生等待时间或生产过剩。这种问题在生产增加的情况下也同样会发生。解决这个问题的方法是把几条 U 型生产线作为一条统一的生产线连接起来,使原先各条生产线的非整数工时互相吸收或化整为零,以实现以整数形式增减作业人员。这就是所谓的联合 U 型布置。

5.JIT 的质量控制

在传统的生产系统中,都规定了可接受的废品百分数,用在制品库存来弥

补不合格产品和机器故障所引起的问题,以保证稳定生产。这种处理方法受到 JIT 方式促进者的批评,他们认为,这不是揭露问题的本质和解决问题的方法,是治标不治本的方法。JIT 方式中强调全面质量管理(TQM),目标是消除不合格品,消除可能引起不合格品的根源,并想办法解决问题。

JIT 追求"零库存",要达到零库存并能稳定生产,就应消除所有生产过程中的浪费,包括产品返修、不合格品返修等。为达到零库存,还要不断改进工艺过程,一方面利用成组技术,用较少工艺步骤能生产一定范围的产品;另一方面开展技术革新活动,鼓励操作人员利用其科学知识、技术经验进行革新活动。

检验人员的任务是防止不合格品,而不是简单的检出不合格品。设计能自动检出不合格品的机器,这种机器应有两个功能:①机械化的检出不正常情况或不合格品;②当不合格品或不正常情况发生时,能自动停机或停线。不合格品发生时让机器停止,可迫使人们重视问题、调查问题的原因、进行改正活动,防止再发生类似的问题。

JIT 中还包含许多有利于提高质量的因素,如批量小,零件很快移动到下一道工序,质量问题可以及早发现。JIT 强调预防维修、设备保养及清洁的工作环境等,这些对提高质量、提高生产效率和安全生产都有很大好处。

第二节　精益生产

第二次世界大战以后,丰田汽车公司的丰田英二和大野耐一考察了美国福特汽车公司轿车厂。当时,这个厂日产 7000 辆轿车,比丰田公司一年的产量还多。但丰田却没有想仅简单地照搬福特的生产模式,他认为"那里的生产体制还有待改进的可能"。回到日本后,丰田和大野进行了一系列的探索和实验,根据日本国情(社会和文化背景、严格的上下级关系、团队工作精神),建立了一整套新的生产管理体制,采用精益生产方式组织生产和管理,使丰田汽车的质量、产量和效益都跃上一个新台阶,变成世界汽车之王。与此同时,其他的汽车公司和别的行业也纷纷采用这种组织管理方式,使日本经济得到飞速发展。

与技艺性生产和大批量生产不同,精益生产组合了前两者的优点,避免了技艺性生产的高费用和大批量生产的高刚性。为此目的,精益生产采用的是由多能工人组成的工作小组和柔性很高的自动化设备。与大批量生产不同,精益生产的一切都是"精简"的;与大批大量生产相比,只需要一半的劳动强度、一半的制造空间、一半的工具投资、一半的产品开发时间、库存的大量减少、废品大量的减少和品种大量的增加。两者的最大区别在于它们的最终目标上:大量生产强调"足够"好的质量,因此总是存在着缺陷;而精益生产则追求完美性。

一、精益生产的由来和含义

精益生产方式(lean production,LP)是美国在全面研究以 JIT 生产方式为代表的日本生产方式在西方发达国家以及发展中国家应用情况的基础上,于 1990 年提出的一种较完整的生产经营管理理论。

1. 精益生产的由来

二十世纪七八十年代日本汽车工业取得巨大的成功。为揭开日本汽车工业成功之谜,1985 年美国麻省理工学院确定了一个名为"国际汽车计划"的研究项目,组织了 53 名专家、学者,从 1984 年至 1989 年历时五年,对 14 个国家的近 90 个汽车装配厂进行了实际考察,并对西方的大量生产方式与日本的丰田生产方式进行分析对比,最后于 1990 年出版了《改变世界的机器》一书,第一次把丰田生产方式称为 lean production,即精益生产方式。在书中指出:"世界并不是面临供大于求的危机,而是面临着严重短缺具有竞争力的精益生产方式的生产能力的危机。各工业普遍采用精益生产方式后,将会改变消费者的选择、工作的涵义、公司的命运、世界的经济。"

2. 精益生产的含义

精益生产方式是指运用多种现代管理方法和手段,以社会需要为依据,以充分发挥人的积极性为根本,有效配置和合理使用企业资源,以彻底消除无效劳动和浪费为目标,最大限度地为企业谋取经济效益的生产方式。

精益生产方式的内涵十分广泛,涉及企业生产活动的各个领域。它将丰田生产制造领域的 JIT 扩展到产品开发、协作配套、销售服务等各领域,贯穿于企业生产经营活动全过程,使之更加丰富、全面,对指导生产方式的变革更具有指导性。

3. 精益生产的支柱

精益生产方式的原意即"瘦型"生产,它是通过调查对比,指出大量生产中存在的缺陷和问题,如臃肿的组织结构、大量的非生产人员、宽松的厂房、超量的库存储备等。要治理好大量生产方式这种"肥胖症"必须依照精益生产方式来一个"消肿减肥"活动。从这个意义上看,精益生产方式有普遍的推广价值。

如把精益生产体系看做是一幢大厦,那么大厦的基础就是计算机网络支持下的小组工作方式。在此基础上的三根支柱就是：①准时生产（JIT），它是缩短生产周期，加快资金周转和降低成本，实现零库存的主要方法；②成组技术（GT），它是实现多品种、小批量、低成本、高柔性，按顾客订单组织生产的技术手段；③全面质量管理（TQM），它是保证产品质量、树立企业形象和达到无缺陷目标的主要措施（图 11-3）。

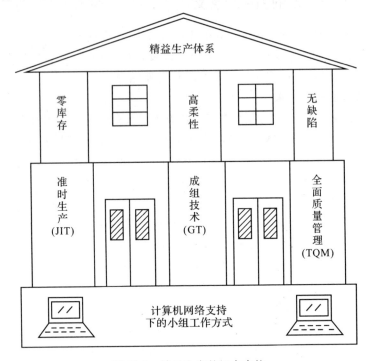

图 11-3　精益生产的三大支柱

二、精益生产的基本思想

精益生产的基本思想可以用非常简练的一句话来概括：千方百计地减少一切不必要的活动，杜绝浪费。它认为，企业中的不必要活动的效果，如同人体内多余的脂肪造成人体负担过重、甚至危害人的生命、不利于人体健康一样，不仅会造成资源大量浪费，严重影响企业的经济效益，而且还掩盖了企业运行和管理中存在的问题，使企业竞争力下降，危及企业的生存和发展。所以，应该努力找出一切不必要的活动，并从根本上加以消除。精益生产体现着以下全新的思想理念：

1. 以反对"成本主义"、提倡积极进取为指导思想

成本主义可以用"售价＝成本＋利润"来表示,而精益企业认为更积极的表达式应为"利润＝售价－成本"来表示,也就是产品价格是由市场竞争所决定的,是市场自然选择的结果,企业只能通过不断努力降低成本来提高利润。这种积极进取的做法更符合实际情况,能够真正不断地帮助企业创新发展。以"精简"为手段,在组织机构方面实行精简化,去掉一切多余的环节和人员。实现纵向减少层次,横向打破部门壁垒,将层次多、分工细的管理模式转化为分布式平行网络的管理结构。

2. 树立最高理想的"双零"奋斗目标——"零库存"和"零缺陷"

精益企业采取积极进取的做法,其对策就是消除一切浪费。依据精益企业对浪费的理解,凡是不能够增加价值的都属于浪费,最典型的浪费就是库存和废品。精益企业以"零库存"和"零缺陷"作为目标,然而这一目标不可能实现,但在实际生产中可以无限接近这一目标。"双零"目标使得企业必须正视生产过程中所存在的缺陷。同时,企业还要在追求目标的过程中提高员工对工作的热情及兴趣,产生工作动力。有了这一奋斗目标,使得企业的改进永无止境,从而使竞争力不断提升。采用 JIT 和看板方式管理物流,大幅度减少库存,直至实现零库存,也减少了库存管理人员、设备和场所。"零缺陷"工作目标。精益生产所追求的目标不是"尽可能好一些",而是"零缺陷",即最低的成本、最好的质量、无废品、零库存与产品的多样性。当然,这样的境界是一种最理想的境界,但企业应无止境地去追求这一目标。

3. 强化永不满足、持续改进的意识

为实现"双零"目标,要求树立不满足现状、永远改进的意识。企业只有这样才能更为主动地发现所存在的问题,究其原因并提出改进措施。精益生产理论认为,无论是跳跃式的创新还是渐进式的改善,都是一种改进,都可以带来企业的发展。从一定意义上讲,精益企业更重视渐进式的改善,这是因为企业日常的小改小革经过日积月累,使改进更便于检验,同时所带来的巨大成功不亚于创新。

4. 坚持视问题为发展机会的辩证思维

精益企业将问题视为企业发展的机会,是一种积极进取的态度,精益企业通过反复追问为什么,来寻求问题的根源,提出根本的解决问题的措施。使得企业更为强壮,更有能力参与国际竞争。

三、精益生产方式的基本特征

精益生产不断降低价格、零缺陷、零库存和无限多的品种，在产品开发、生产制造等方面有不同于其他生产方式的特征。

1. 产品开发方面的特征

精益生产的关键是能使精益生产长期维持下去的未来产品的精益设计。精益生产方式在产品开发和生产技术准备上，克服了大量生产方式中由于分工过细所造成的那些信息传递滞后、协调困难、开发周期长等缺陷，采用"主查负责制"和并行工程的方法，从确定产品开发项目开始就成立精益设计工作的核心——由产品设计、工艺、质量、生产、成本、销售等各种专业人员组成的项目开发小组，并由能力强的组长来领导。它强调的是小组的团队工作和共享专业知识。并行的工作方式使大家能够拥有充分良好的协同工作条件，避免出现严重问题。在整个设计过程中，应始终强调"便于制造"，最终目的是减少工作量以及成品的制造周期。

产品开发工作是一个系统工程，需要企业的许多部门共同进行。精益的产品开发把销售看成是产品开发的起点，把消费者看做是系统内的成员，直接吸收顾客意见，对需求作出设计上的反应，变化能力强。由主管领导下的产品开发小组是比较紧密的矩阵式工作小组，小组成员稳定，其核心成员自始至终参与项目全过程。小组成员在业务上受主管和所在部门的双重领导，主管拥有实权，对产品开发所需的一切资源条件包括人力、财力、物力有支配权，对产品的设计方面和计划的进展有指挥权和决策权。各部门之间沟通流畅，保证了主管权利的发挥。精益生产方式采用并行工程程序，改变以往串联式的工作方式，能够按市场信息开发多种多样的产品，满足社会需要多元化。产品面向顾客，与顾客保持密切联系，将顾客纳入产品开发过程；以多变的产品，尽可能短的交货期来满足顾客的需求；不仅要向顾客提供周到的服务，而且要洞悉顾客的思想和要求，生产出适销对路的产品。

2. 生产制造方面的特征

精益生产方式组织生产制造过程的基本做法是用拉动式管理替代传统的推动式管理。所谓"推动式"（push system）就是根据某个时期的市场需求预测和在制品库存计算出计划生产的数量。推动式的特点是用超量的在制品库存保证生产过程的连续性，每个生产环节都规定在制品定额和标准交接期；生产指令即生产作业计划直接下达给各工序，各工序按计划由前道工序制造出成批零件送到后道工序，工序间物流采用送货制。在传统的生产方式下由于生产安排与实际需要经常脱节,不可避免地造成某些零件大量堆积,某些零件供不应求,由此产生了一系列无效劳动和浪费。

"拉动式"(pull system)则与前者相反,每一道工序的生产都是由其下道工序的需要拉动的。生产什么,生产多少,什么时候生产都是以正好满足下道工序的需要为前提。这种拉动式方法的特点是坚持生产准时化和看板管理。坚持一切以后道工序需求出发,杜绝超前超量生产,通过"准时化生产"保证在必要的时候生产必要数量的合格产品。通过看板向前道工序传递信息,并对生产过程进行实时控制。精益生产的实现过程如图 11-4 所示。生产需要产生于对产品的实际需求。从理论上讲,当有一件产品卖出时,市场就从系统的终端(在此例中是指总装线)拉动一个产品,于是形成了对生产线的订货。接着,总装线工人从物流的上游工作站拉动一个新产品补充被取走的产品。这个上游工位又从更上游的工位拉动产品需求。这一过程不断循环,直到原材料投入流程。为了保证流程平稳工作,精益生产要求流程的各阶段都要具有高质量水平、与供应商的良好关系以及对最终产品需求的准确预测。系统的每个步骤都紧密联系在一起,只有需求出现时,才能逆向拉动物料进行生产。

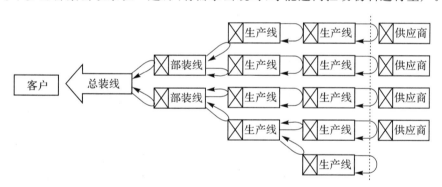

图 11-4　精益生产拉动系统示意图

拉动式方法在生产制造过程中的具体运用主要表现在以下 4 个方面:①以市场需求拉动企业生产。坚持"以销定产"原则。②在企业内部以后道工序拉动前道工序生产,把系统的单一品种大量生产流水线改为多品种混合流水线,由"一"字型布置改造为"U"型布置的"单件流"生产线。把大量、少批次生产改造为小批量、多批次生产,从而大幅度压缩在制品储备,消除无效劳动。③后方准时服务于生产现场。④以主机厂拉动协作配套厂生产。这是拉动式生产在协作体系中的延伸,尽可能采用直达送货,取消不必要的中间环节,多次少量的准时交货,压缩协作产品储备,减少搬运费用。

3. 协作配套方面的特征

精益生产理论认为,主机厂的发展有赖于协作厂的发展。协作产品的质量、制造成本和协作管理素质最终会反映到主机厂的质量和成本上,因而主张在主机厂和协作厂之间建立起一种长期的相互依存、相互信任的"血缘关系",贯彻"共存共荣"原则,对协作厂在技术、管理、资金上给予帮助、支持。JIT供货方式可以保证最小库存和最少在制品数。为了实现这种供货方式,应与供货商建立起良好的合作关系,相互信任,相互支持,利益共享。

4. 销售服务方面的特征

精益生产方式把销售看做是生产过程的起点,改变了过去那种不知道顾客是谁就组织生产的方法,实行按顾客订单组织生产,从而大幅度降低了经销系统的成品库存。精益的经销体系由分销渠道—经销商—营业所三级组成,每个分销渠道经销不同的产品系列,服务于不同的消费群体。经销商被视为生产体系中的一部分,是实现拉动式生产的第一个环节,他们不仅推销产品,而且为产品规划和设计提供顾客需求信息,参加产品开发小组;精益的经销体系只有有限数量的经销商,销售部门的组织机构也比较精干。

四、精益思想的五项原则

精益生产是一组活动的集合,旨在利用最少量库存的原材料、在制品以及产成品实现大批量生产。零件"准时"到达下道工作站,并被迅速加工和转移。精益生产的理念还基于以下逻辑:任何产品,只在需要时才进行生产。精益生产具有以下五项原则。

1. 价值观(value)

精益思想认为企业产品(服务)的价值只能由最终顾客来确定,价值也只有满足特定顾客需求才有存在的意义。精益思想重新定义了价值观与现代企业原则,它同传统的制造思想,即主观高效率地大量制造既定产品向顾客推销,是完全对立的。

2. 价值流(value stream)

价值流是指从原材料到成品赋予价值的全部活动。识别价值流是实行精益思想的起步点,并按照最终顾客的立场寻求全过程的整体最佳。精益思想的企业价值创造过程包括:从概念到投产的设计过程;从订货到送货的信息过程;从原材料到产品的转换过程;全生命周期的支持和服务过程。

3. 流动(flow)

精益思想要求创造价值的各个活动(步骤)流动起来,强调的是"动"。传统观念是"分工和大量才能高效率",但是精益思想却认为成批、大批量生产经常意味着等待和停滞。精益将所有的停滞作为企业的浪费。精益思想号召"所有的人都必须和部门化的、批量生产的思想做斗争,因为如果产品按照从原材料到成品的过程连续生产的话,我们的工作几乎总能完成得更为精确有效"。

4. 拉动(pull)

"拉动"的本质含义是让顾客按需要拉动生产,而不是把顾客不太想要的产品强行推给顾客。拉动生产通过正确的价值观念和压缩提前期,保证顾客在要求的时间得到需要的产品。实现了拉动生产的企业具备当顾客需要时,就能立即设计、计划和制造出顾客真正需要的产品的能力,最后实现抛开预测,直接按顾客的实际需要进行生产。实现拉动的方法是实行 JIT 生产和单件流(one-piece flow)。JIT 和单件流的实现必须对原有的制造流程做彻底的改造。流动和拉动将使产品开发周期、订货周期、生产周期降低 50%～90%。

5. 尽善尽美(perfection)

精益制造的目标是通过尽善尽美的价值创造过程(包括设计、制造和对产品或服务整个生命周期的支持)为顾客提供尽善尽美的价值。精益制造的"尽善尽美"有 3 个含义:顾客满意、无差错生产和企业自身的持续改进。

五、精益企业

全面实行精益生产的企业是精益企业。精益企业包括以下五个方面的含义。

1. 产品

产品实质上是一种需求满足物,是企业向外界提供的东西,包括有形的和无形的。产品必须精细。只要能提供满足顾客需求的功能,产品包含的物化劳动和活劳动越少越好,任何多余的劳动都是浪费。从这点出发,不仅要求所设计的产品在制造中要尽可能少地消耗原材料、能源、资金和人工,而且要求产品使用成本低。使用成本关系到企业能否实行精益生产,具有重要的社会效益。使用成本与产品质量的关系十分密切。

2. 生产过程

包括产品设计、工艺编制、供应、加工制造和库存等方面。要加快生产过程,提高对市场变化的响应速度;要运用并行工程的思想,缩短从设计到出产品的整个生产周期,并运用看板系统实现准时代生产和准时化采购,使原材料、在制品和成品的库存向零挑战。

271

3. 工厂布置

尽可能少地占用并最有效地利用土地和空间。精益工厂必须占地少,生产设备要有柔性,可以一机多用;设备布置要紧凑有序,充分利用空间,并能按产品变化方便地进行重新布置。工厂布置是实行精益生产的前提。

4. 组织

精益企业具有全新的组织以及人际关系。在企业内部,不仅要求彻底改变机构臃肿、人浮于事的状态,而且要对劳动分工作出调整。要在组织的各个层次建立功能交叉、任务交叉的小组,实行协力工作,保证不同职能的工作人员相互沟通。实行并行工程,缩短新产品开发周期和生产技术准备周期,提高工作过程的质量。要广泛实行分权,让下级和工人分享权力与责任,有充分的自主权和积极性去做好各自的工作。在处理本企业与供应厂家、协作厂家的关系上,精益企业与它们建立长期、互利的关系。

5. 环境

经济发展带来了环境污染。大量生产,大量消费,大量污染,使我们居住的地球失去了生态平衡,也使人类受到惩罚,遭受各种灾害。对自然资源掠夺性的开采,导致人类生存的危机。防治污染应该是企业的一项社会责任。耗油量少的汽车排放的废气也少,占用和消耗资源少的企业对环境的污染也小。因此精益企业是污染小的企业,这也是精益的一个含义。

六、精益生产的主要内容

精益生产的主要内容包括准时生产、员工参与、全面质量管理、优化生产运作系统设计和新型公共关系五大类别。每种方式有其特点和适用范围,企业需要根据自身情况加以分析、斟选、调整后才能应用于实践。

1. 准时生产

主要适用于重复性的生产,一个接一个的生产相同或类似的产品。虽然其不一定要求在大批量生产中应用,但其对上下流配合的严格要求,决定了其很难推广到以研发、产品试制以及成熟产品依靠外包为主的轻资产创新型公司。

2. 员工参与

精益生产对现场运作的重视程度和操作层自主权利的授予大大增强了对企业员工在技能、主观能动性方面的要求。如成组技术中要求员工能够操作几种不同的设备,全面质量管理中要求员工能够承担停线的责任等等都对员工和管理层的习惯思维提出了挑战。因此对于我国大量仍然依靠廉价劳动力、以人海战术取胜的企业而言,其采用精益模式后,往往流于形式,仅仅体现在口号和标语上,而不是产出上。

3. 全面质量管理

强调质量不是依靠检验得到保证,而是通过使用统计质量控制方法和员工培训的自然结果。其要求企业追求质量超过速度,通过员工沉淀积累来实现质量保证。而对于员工流动频繁的中国民营企业而言,很难花大力气去培养短期零工。

4. 优化生产运营系统设计

要求企业有对自身生产工艺和精益生产同时熟悉的专家存在,能够在生产布局时考虑到生产实际、精益模式以及业务扩展的需要。

5. 新型公共关系

主要要求用长期的眼光来对待供应商和顾客,即对供应商不能仅仅考察价格或单次的投标表现,而是根据长期合作关系及其一贯表现;对顾客要用一贯的优质服务来赢得长期合作关系。

第三节 看板管理

JIT 生产系统具有一种内在的动态自我完善机制,即在"准时化"的激发下,通过不断地缩小加工批量和减少在制品储备,使生产系统中的问题不断地暴露出来,使生产系统本身得到不断完善,从而保证准时化生产的顺利进行,而看板管理是 JIT 有效的生产工具。很多人都把丰田生产方式称为看板管理,其实这是错误的。丰田生产方式是产品的制造方式,是一种生产制度,而看板管理则是实现准时化生产的一种手段。实施看板管理是有条件的,如生产的均衡化、作业的标准化、设备布置合理化等。如果这些先决条件不具备,看板管理就不能发挥应有的作用,从而难以实现准时化生产。

一、看板管理的定义

看板管理,简而言之,是对生产过程中各工序生产活动进行控制的信息系统。通常,看板是一张在透明塑料袋内的卡片。准时化生产方式以逆向"拉动式"控制着整个生产过程,即从生产终点的总装配线开始,依次由后退工序从前进工序"在必要的时刻领取必要数量的必要零部件",而前道工序则"在必要的时刻生产必要数量的必要零部件",以补充被后道工序领取走的零部件。这样,看板就在生产过程中的各工序之间周转着,从而将与取料和生产的时间、数量、品种等有关的信息从生产过程的下游传递到了上游,并将相对独立的工序个体联结为一个有机的整体(图11-5)。

看板是实现JIT生产的重要工具。JIT生产方式是以降低成本为基本目标,在生产系统的各个环节、各个方面全面展开的一种使生产能同步化、能准时进行的方法。为了实现同步化生产,开发了后工序领取、单件小批量生产、生产均衡化等多种方法。而为了使这些方法能够有效地实行,JIT生产方式又采用了"看板"管理工具。看板作为管理工具,犹如联结工序的神经而发挥着作用。

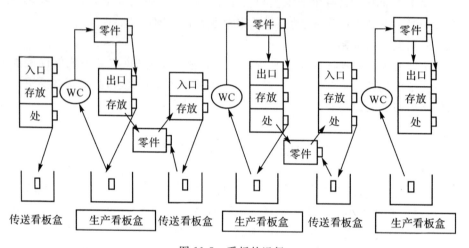

图 11-5 看板的运行

二、看板的机能

看板最初是丰田汽车公司于20世纪50年代从超级市场的运行机制得到启示,作为一种生产、运送指令的传递工具而被创造出来的。经过50多年的发展和完善,现在在很多方面都发挥着重要的机能。

1. 生产以及运送的工作指令

这是看板最基本的机能。公司的生产管理部根据市场预测以及订货而制定的生产指令只下达到总装配线,各个前工序的生产均根据看板来进行。看板中记载着生产量、时间、方法、顺序以及运送量、运送时间、运送目的地、放置场所、搬运工具等信息,从装配工序逐次向前工序追溯。在装配线上将所使用的零部件上所带的看板取下,以此再去前工序领取;前工序则只生产被这些看板所领走的量。"后工序领取"以及"适时适量生产"就是这样通过看板来实现的。

2. 防止过量生产和过量运送

看板必须按照既定的运用规则来使用。其中的一条规则是:"没有看板不能生产,也不能运送"。根据这一规则,各工序如果没有看板,就既不进行生产,也不进行运送;看板数量减少,则生产量也相应地减少。由于看板所表示的只是必要的量,因此通过看板的运用能够做到自动防止过量生产以及过量运送。

3. "目视管理"的工具

看板的另一条运用规则是,"看板必须附在实物上存放"、"前工序按照看板取下的顺序进行生产"。根据这一规则,作业现场的管理人员对生产的优先顺序能够一目了然,易于管理。他们只要看到看板所表示的信息,就可知道后工序的作业进展情况、本工序的生产能力利用情况、库存情况以及人员的配置情况等等。

4. 改善的工具

看板是改善的工具,改善机能主要通过减少看板的数量来实现。看板数量的减少意味着工序间在制品库存量的减少。在 JIT 生产方式中,通过不断减少看板数量来减少在制品库存。在运用看板的情况下,如果某一工序设备出现故障,生产出不合格产品,根据看板的运用规则之一"不能把不合格品送往后工序",后工序所需得不到满足,就会造成全线停工,由此可立即使问题暴露,从而必须立即采取改善措施来解决问题。这样通过进行改善活动不仅使问题得到了解决,也使生产线的"体质"不断增强,带来了生产率的提高。JIT生产方式的目标是要最终实现无库存生产系统,而看板则提供了一个朝着这个方向迈进的工具。

三、看板的形式和分类

看板管理是一种生产现场物流控制系统,它是通过看板的传递或运动来控制物流的一种方法。实际生产管理中使用的看板形式很多,常见的有塑料夹内装的卡片或类似的标识牌,运送零件小车、工位器具或存件箱上的标签、指示部件吊运场所的标签、流水生产线上各种颜色的小球或信号灯、电视图像等。

1. 看板的种类

看板根据功能和应用对象的不同,可以分为不同类型,如图 11-6 所示。

(1)生产看板。生产看板指在一个工厂内,指示某工序加工制造规定数量工件所用的看板。它又有两种类型:一是加工看板,其内容如图 11-7 所示,它

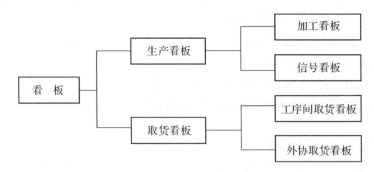

图 11-6　看板的种类

指出了需加工工件的件号、件名、类型、工件存放位置、工件背面编号、加工设备等；二是信号看板，它是在固定的生产线上作为生产指令的看板，一般的表现形式是信号灯或不同颜色的小球等。

加　工　看　板		加工设备
存放货架号 F14—26	工件背面号 A3—252	机加工
工件号　56790—321		1D—6
工件名　曲轴	存器容量　16	
产品型号　SX50BM—170		

图 11-7　加工看板

　　(2)取货看板。取货看板指后工序的操作者按看板上所列件号、数量等信息，到前工序(或外协厂)领取零部件的看板。取货看板又可分为两种类型：一是工序间取货看板，如图 11-8 所示，它指出应领取的工件件号、件名、类型、工

存货点号　5E215　背面号 A2—15			前工序
工件号　34510S06			制　造
工件名　主轴			B—2
产品类型　SX5DBC			
容器容量	容器形状	发行张数	后工序
20	15	4/8	机加工 M—6

图 11-8　工序间取货看板

件存放位置、工件背面编号、紧前加工工序号、紧后加工工序号等,是厂内工序间的取货凭证;二是外协取货看板,如图11-9所示,它除了指出有关外协件特征信息外,还指出本企业名称、外协厂名、交货时间、数量等,它是向固定的协作厂取货的凭证。

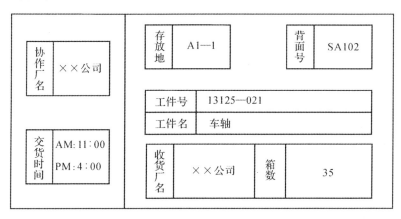

图 11-9　外协取货看板

2. 看板的分类

看板的分类可分为在制品看板和领取看板(图11-10)。

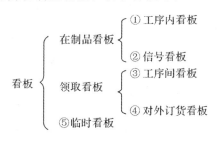

图 11-10　看板的分类

(1)工序内看板。指某工序进行加工时所用的看板。这种看板用于装配线以及即使生产多种产品也不需要实质性的作业更换时间(作业更换时间近于零)的工序,例如机加工工序。看板的形式并不局限于记载有各种信息的某种卡片形式,实现信息功能的形式是可以多种多样的,例如小圆球、圆轮、台车等。近年来随着计算机的普及程度提高,已经越来越多地引入了在各工序设置计算机终端,在计算机屏幕上显示看板信息的做法。

(2)信号看板。信号看板是在成批生产的工序所使用的看板。信号看板

中必须记载的特殊事项是加工批量和基准数。加工批量是指信号看板摘下时一次所应加工的数量。基准数是表示从看板摘下时算起还有几个小时的库存,也就是说,是从看板取下时算起,必须在多少小时内开始生产的指示。

(3)工序间看板。工厂内部后工序到前工序领取所需的零部件时使用的看板。

(4)对外订货看板。这种看板与工序间看板类似,只是"前工序"不是在本厂内,而是外部的协作厂家。对外订货看板上需记载进货单位的名称和进货进度。

四、看板的使用规则

为使看板系统有效运行,必须严格遵循以下使用规则。

(1)看板在使用的时候,必须附在装有零件容器上。

(2)后工序来取件。改变生产"供给后工序"的传统做法,由后工序在必要时来领取必要数量的零件。后工序来取件时的具体规定有三方面:①禁止不带看板和空容器来取件;②不能领取超过看板规定的数量;③领取工件时,须将看板系在容器内的工件上。

(3)只生产后道工序取的工件数量。应该做到:①超过看板规定的数量不生产;②按看板出现的顺序生产。要使用标准容器,不许使用非标准容器,或者虽使用标准容器但不按标准数量放入。

(4)均衡化生产。

(5)严禁将次品交给下道工序。

按照这些规则,就会形成一个十分简单的牵引式系统。每道工序都为下道工序准时提供所需的零件,每个工作地都可以在需要的时候从其上道工序得到所需的零件,使物料从原材料加工到最终的装配同步进行。使生产不合格件的工序,能及时发现本工序不合格件的出现。如果不及时解决不合格问题,后工序就会停止生产,不合格件积压在本工序,本工序的问题就很快暴露出来,使管理人员、监督人员不得不共同采取对策,防止再发生类似问题。

五、利用看板提高管理水平的循环过程

利用看板提高管理水平是一个减少看板数量的循环过程,每一循环的步骤如下:

(1)发出看板,开始取货和加工。

(2)当部门管理人员认为可在较小的在制品库存情况下进行生产时,可以

取出一些看板。

(3)取出看板使在制品库存降低,但可能使车间出现一些问题,如工件短缺,或需要加班加点才能供应后工序对工件的需求等。

(4)部门管理人员和操作者采取各种措施,以便在看板数降低的情况下仍能正常地生产。他们可能采用更新设备、变更工件的加工顺序、缩短生产提前期等措施,以改善生产循环。

(5)一轮改善顺利实施后,在适当时候再取出一两个看板,继续进行改善活动。通过多次循环,达到控制在制品库存的目标。

在上述改善循环中,操作人员应当是改善循环的促进者。丰田公司特别强调应尊重操作人员,提高操作人员改善看板循环的积极性和信心,是用好看板的关键。

本章小结

JIT 生产方式的基本思想是"只在需要的时候,按需要的量,生产所需的产品",也就是追求一种无库存或库存达到最小的生产系统。要推行 JIT 首先要更新传统的生产管理观念,用新的思维方式看待和解决生产管理中的问题,并且要不断追求优化的生产系统设计和最佳的操作状态。准时化生产系统的设计技术有:①快速应变的产品设计;②均衡化生产;③持续地降低在制品库存;④生产资源的优化;⑤JIT 的质量控制。

精益生产的基本思想是千方百计地减少一切不必要的活动,杜绝浪费。精益生产体系三根支柱就是:①准时生产(JIT);②成组技术(GT);③全面质量管理(TQM)。价值观、价值流、流动、拉动、尽善尽美是精益思想的五项原则。精益企业包括以下五个方面的含义:①产品;②生产过程;③工厂布置;④组织;⑤环境。精益生产的主要内容有准时生产、充分发挥人的主观能动性、从根源上保证质量和优化生产运营系统设计。

看板管理是一种生产现场物流控制系统,它是通过看板的传递或运动来控制物流的一种方法。看板的种类包括生产看板和取货看板。看板有其使用规则。

案例：丰田生产管理模式——TPS
（Toyota Production System）

丰田的生产管理系统长期以来一直是丰田公司的核心竞争力和高效率的源泉，同时也成为国际上企业经营管理效仿的榜样。

丰田的生产方式（TPS，Toyota production system）是世界公认的汽车制造业最成功的管理模式，概括为精益生产（LP）。丰田生产方式的本质就是"美国的工业工程在日本企业管理中的应用"。

1. 丰田公司生产模式 TPS 的基本理念

丰田的基本理念是"为客户提供更好的产品"。在这里，"更好的产品"包含了两层意思：一是要"提供给客户高品质的产品"；二是要以"满意的价格"为客户提供产品。为了确保实现以上两点，丰田公司在生产中便采取了一系列措施，从而形成了现今我们所熟知的丰田生产模式（TPS）。其采取的措施主要包括以下两点：一是采用不使次品流入到下一个流程的系统，各个流程均保证产品质量，从而保证得到高品质的产品；二是通过不断改善，排除不必要的程序，以降低产品成本，确保产品拥有一个顾客满意的价格。这两点可以说便是丰田生产模式（TPS）的精髓之所在。

为做到上面谈到的第二点，丰田公司的做法是不断地改善措施。所说的"改善"就是发现每个流程中不必要的存在，认为发现不了不必要的流程比不必要流程的存在更成问题，彻底地排除生产中不必要的流程，消除生产中的一切浪费，以实现成本的最低化，从而确保产品的合适价格，并最终达到企业利润的最大化。

TPS 中的另一个核心物流理念是"平整化"。在丰田，订单会转换成平整性的生产计划。比如对于一批两辆白色、四辆红色、八辆黑色皇冠车的订单，在生产计划中并不是按照不同颜色排产，而是按照一辆白色、两辆红色、四辆黑色皇冠车的间隔顺序来安排生产。这样就能够使上下游供应商、物流商的工作实现平整化。

2. TPS 的管理方法与精髓

TPS 的主要思想就是在保持稳定质量的同时，能够使生产及时反映市场的变化，并在逐步改善提高的基础上，最大限度地降低成本。

这种指导思想反映在丰田的发展战略上，就表现为：不盲目地进行扩张，或步其他企业的后尘，匆匆进入某一市场，而是稳扎稳打，在充分了解市场和建立起自己完整的供应体系或竞争力后,再当机立断地进入海外市场。

3. 丰田实时物流(JIT)

实时物流是伴随实时生产而产生的。随着实时生产的发展与普及,实时物流也得到了迅速发展和广泛应用。实时物流与一般物流的不同的地方在于,实时物流不再是传统的规模经济学的范畴,而是立足于时间的经济管理学,核心是恰好在需求的时候到达。

2007年同方环球物流公司的成立,亦使丰田进一步降低了物流成本。同方环球由丰田、一汽和广汽三方共同投资成立,以整合三方物流资源为目的,很多人员来自于日本丰田汽车的物流企划部。作为丰田汽车在华整车物流的总承包商,同方环球的实际工作是利用丰田先进的管理经验,安排合理的物流路线,然后将实际货运外包给第三方物流公司执行,并且常常对物流分包商进行具体问题的指导。

由于水运成本比陆运大约低30%,同方环球的物流配送方式大量采用水运。目前,广州丰田约有60%的物流量,尤其是干线运输,采用水路运输,通过加大船运、南北对流和设计最佳路线等方法,将物流配送价格降至最低。据估算,同方环球2008年为丰田汽车的中国业务降低了超过1亿元人民币的物流成本。

结合"绿色物流"的理念和先进物流技术的发展,丰田物流表现出另外两个新的发展趋势。一是进一步降低物流成本,积极研讨多种运输方式相结合的物流方式,改变以往陆运为主的方式,倡导公路运输节能减排,比如对卡车进行改造以减少空气阻力、降低油耗等等;二是越来越强调电子信息技术的应用。此外,丰田汽车对于物流环节的安全和质量管理控制也在不断提高,TFL仓库里密布得如同银行的摄像头就印证了这点。

(罗文丽:《中国物流与采购》,2010年06期)

问题:1. 你是如何认识丰田生产方式的?
2. 实时物流的作用有哪些?

复习与讨论题

1. 准时生产的目标是什么?
2. 试对比说明"推动式"与"拉动式"两种不同的生产运营管理方式。
3. 说明看板的使用规则是什么?
4. 试述精益生产的含义和内容。
5. 如何认识JIT的质量控制?

第十二章 供应链管理

学习目标

➤掌握供应链管理的定义和特征

➤理解牛鞭效应的含义

➤了解 VMI 的内容

➤物流管理的内容

引例：香港的利丰公司

利丰公司是全球供应链管理中著名的创新者。它地处香港，为全世界约26 个国家的 350 个经销商生产制造各种服装。但说起"生产制造"，它却没有一个车间和生产工人。但它在很多国家和地区（主要是中国内地、台湾地区、韩国、马来西亚等）拥有 7500 个生产服装所需要的各种类型的生产厂家（如原材料生产运输、生产毛线、织染、缝纫等等），并与它们保持非常密切的联系。该公司最重要的核心能力之一，就是它在长期的经营过程中所掌握的、对其所有供应厂家的制造资源进行统一集成和协调的技术，其对各生产厂家的管理控制就像管理自家内部的各部门一样熟练自如。利丰公司依靠与供应商网络之间的相互信任以及高超的集成协调技术，可以向纱线生产商预定未染的纱，向有关生产厂家预订织布和染色的生产能力。在交货前 5 周，利丰从订货者那里得知所需颜色并迅速告知有关织布和染色厂，然后通知最后的整衣缝制厂。"我还不知道服装的特定式样，但我已为你组织了染色、织布和裁剪等前面工序，你有最后 3 周的时间制作这么多服装。"最后的结果当然是令人满意的。按照一般的情况，如果让最后的缝纫厂自己去组织前面这些工序的话，交货期可能就是 3 个月，而不是 5 周。显然，交货期的缩短，以及衣服能跟上最新的流行趋势，全靠利丰公司对其所有生产厂家的统一协调控制，使之能像一个公司那样行动。总之，它所拥有的市场和生产信息、供应厂家网络以及对整个供应厂家的协调管理技术是其最重要的核心能力。这种能力使它能像大公司一样思考和赢利，而像小公司一样灵活自如。

（邹辉霞：《科技进步与对策》，2002 年 12 期）

供应链管理是当今商业界的热门话题。这个观点是从系统整体性的角度来管理从原材料供应商到工厂、仓库直到最终顾客的信息流、物流和服务。供应链是由供应商、制造商、仓库、配送中心和渠道商等构成的物流网络。同一企业可能构成这个网络的不同组成节点，但更多的情况下是由不同的企业构成这个网络中的不同节点。在分工愈细、专业要求愈高的供应链中，不同节点基本上由不同的企业组成，在供应链各成员单位间流动的原材料、在制品库存和产成品等就构成了供应链上的物流。

第一节　供应链管理思想的提出

当今社会，我们已生活在市场日益多变和消费者需求日益多元化的时代。市场竞争的主要方面已由单个企业之间的竞争转向企业集团和企业供应链之间的竞争。供应链管理是现代企业运营管理的核心理论和方法，如何有效的处理好供应链管理与企业战略的契合关系，供应链系统中各环节之间的整合与效率问题，就变得至关重要。它从战略层次和整体的角度把握最终顾客的需求，通过企业之间有效的合作，获得成本、时间、效率、柔性等方面的最佳效果。供应链管理包括从原材料到最终顾客的所有活动，是对整个链的过程管理。

一、供应链管理的由来

一直以来，企业出于管理和控制上的目的，对与产品制造有关的活动和资源采取自行投资或兼并的"纵向一体化"的模式。纵向一体化主要是指某核心企业与其他为其提供原材料、半成品或零部件的企业是一种所有权关系。纵向一体化的战略在相对稳定的市场环境中是有效的，但在竞争日益激烈、顾客需求不断变化的局势下，不仅无法实现目的，而且加重了企业的负担，增大企业面临的风险。

进入 20 世纪 90 年代以后，随着科学技术的飞速进步，企业之间的竞争加剧，加上政治、经济、社会环境的巨大变化，使得需求不确定性大大加强。"3C"（顾客、竞争、变化）是带来市场需求多样性与不确定性的根源，也是促使企业不断提高自身竞争能力的外在压力。为了摆脱困境，企业采取了许多先进的技术，如 CAD、CAM、FMS、JIT、MRP Ⅱ 等，虽取得一定成效，但在灵活性、响应性方面没有太大改观。随着全球经济一体化和信息技术发展，企业之间的合作正日益加强，它们之间跨地区甚至跨国合作制造的趋势日益明显。

国际上越来越多的制造企业不断地将大量常规业务"外包"(outsourcing)出去给发展中国家,而只保留最核心的业务(如市场、关键系统设计和系统集成、总装配以及销售)。有必要对企业整个原材料、零部件和最终产品的供应、储存和销售系统进行总体规划、重组、协调、控制和优化,加快物料的流动、减少库存,并使信息快速传递,时刻了解并有效地满足顾客需求,从而大大减少产品成本,提高企业效益。这些都促成了供应链管理的产生。

1982年"供应链"(supply chain)这一术语第一次出现在企业管理文献中,标志着企业间协同运营的理念开始得到关注;1996年美国供应链协会的成立和同期沃尔玛的崛起标志着供应链开始成为企业更高层面上的一种战略理念。所谓供应链,是指产品生产和流通中涉及的原材料供应商、生产商、批发商、零售商以及最终消费者组成的供需网络。

供应链管理(supply chain management,SCM)是一种集成的管理思想和方法,它执行供应链中从供应商到最终顾客的物流的计划和控制等职能。从单一的企业角度来看,是指企业通过改善上、下游供应链关系,整合和优化供应链中的信息流、物流、资金流,以获得企业的竞争优势。

二、供应链管理的定义

供应链管理就是指对整个供应链系统进行计划、协调、操作、控制和优化的各种活动和过程,其目标是要将顾客所需的正确的产品能够在正确的时间、按照正确的数量、正确的质量和正确的状态送到正确的地点,并使总成本达到最佳化。

供应链管理还没有一个统一的定义,一般认为供应链管理是通过前馈的信息流(需方向供方流动,如订货合同、加工单、采购单等)和反馈的物料流及信息流(供方向需方的物料流及伴随的供给信息流,如提货单、入库单、完工报告等),将供应商、制造商、分销商、零售商直到最终顾客连成一个整体的模式。供应链是围绕核心企业,通过对信息流、物流和资金流的控制,从采购原材料开始,制成中间产品以及最终产品,最后由销售网络把产品送到消费者手中的将供应商、制造商、分销商、零售商、直到最终顾客连成一个整体的功能网链结构模式。在这个网络中,每个贸易伙伴既是其客户的供应商,又是其供应商的客户。他们既向其上游的贸易伙伴订购产品,又向其下游的贸易伙伴供应产品(图12-1)。供应链管理即是对供应链中的物流、信息流、资金流、增值流、业务流以及贸易伙伴关系等进行的计划、组织、协调和控制工作。

供应链管理的目标是在满足客户需要的前提下,对整个供应链(从供货商、制造商、分销商到消费者)的各个环节进行综合管理,例如从采购、物料管理、生产、配送、营销到消费者的整个供应链的货物流、信息流和资金流,把物流与库存成本降到最小。为什么供应链管理成为如此热门的话题呢?答案是许多公司通过设置和管理供应链获得了巨大的竞争优势。现代企业更加依赖供应链,围绕核心企业将其供应商、分销商直到最终客户联结为网链结构。信息技术的发展,使供应链管理得心应手,而合作关系的变化更加提升供应链的竞争力。

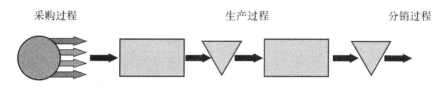

图 12-1　供应链示意图

三、供应链管理的特点

1. 强调核心竞争力

核心竞争力必须是竞争对手难以模仿的、能广泛应用于其他领域的且有益于最终产品的顾客利益的竞争力。将零部件生产外包给其他企业,供应链管理应突出供应链领导者的核心竞争力。

2. 资源外用

外包能使公司的注意力集中在自己的核心竞争力上,使得公司能在降低成本的同时获得竞争优势。能够外包的可以是一整项工作,也可以是一项工作的几个部分,而其余的由自己来完成。

3. 合作性竞争

企业必须能够在因特网上与它的供应商、客户充分合作,交换有关存货、生产时间表、预测、提升计划和例外处理的信息。与供应链企业共享某些信息,例如生产时间表和所需生产零部件,建立与发展供应链内各成员的相互信任,这是整个供应链顺利运行的基础。

4. 以顾客为关注焦点

优良的供应链管理,如果不同时去努力改进由提供产品给客户过程中的各种管理行为,仍然称不上是优良的供应链管理。供应链管理的目的,旨在使生产系统能较好地管理由原料到产品、到客户的生产过程,最终提高客户的满意程度,并缩小总生产成本。这种顾客链越多、忠诚度越高,核心竞争力就越能经久不衰。

5. 集成性

供应链是由供应商、制造商、分销商、削售商、客户和服务商组成的网状结构。链中各环节不是彼此分割的,而是环环相扣的一个有机整体。供应链管理的实施离不开物流、信息流、资金流、工作流的集成。供应链管理的关键是采用集成的思想和方法。它是一种从供应商开始,经由制造商、分销商、零售商直到最终客户的全要素、全过程的集成化管理模式,是一种新的管理策略。它把不同的企业集成起来以增加整个供应链的效率,注重的是企业之间的合作,以达到全局最优。

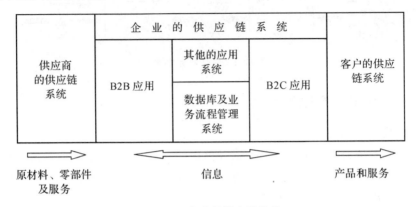

图 12-2　集成的供应链结构

6. 更加关注物流企业的参与

物流作为市场营销的一部分,不仅包括产品的运输、保管、装卸、包装,而且还包括在开展这些活动的过程中所伴随的信息的传播。供应链管理把物流、信息流、资金流、业务流和价值流的管理贯穿于供应链的全过程。它覆盖了整个物流,从原材料和零部件的采购与供应、产品制造、运输与仓储到销售各种职能领域。它要求各节点企业之间实现信息共享、风险共担、利益共存、并从战略的高度来认识供应链管理的重要性和必要性,从而真正实现整体的有效管理。

7. 延迟制造原则

就是供应链管理中实现客户化的重要形式,其核心的理念就是改变传统的制造流程,将最体现顾客个性化的部分推迟进行。

四、供应链管理的作用

供应链管理是协调各职能领域形成一体化管理,因此,供应链管理的关键在于从管理个别职能到把不同的职能活动整合成供应链关键业务过程的转变。

1. 选择供应商

供应链的一大作用在于选择供应商。对供应商进行选择评价,可从过去的业绩、市场响应、质量管理等进行选择。

2. 订购原材料/零部件

从供应目录中订购企业生产经营所需的原材料与零部件。

3. 发货和运输

供应链管理的重点不在于简单地使某个供应链成员的运输成本达到最小或减少库存,而在于通过采用系统方法来协调供应链成员,以使整个供应链总成本最低,使整个供应链系统处于最流畅的运营中,在系统控制下完成发货和运输。

4. 生产进度计划

供应链是一个动态的系统,随时间而不断地变化。制定生产进度计划要在供应链运营中得到体现。

5. 质量管理

随着顾客购买力的提高,供应商和制造商均面临着更大的压力来生产更多品种更具个性化的高质量产品。供应链核心企业对供应链成员的供应货质量进行有效控制。

6. 基于供应链管理的产品设计与制造

供应链是一个动态的系统,随时间而不断地变化。事实上,不仅顾客需求和供应商能力随时间而变化,而且供应链成员之间的关系也会随时间而变化。而在产品设计与制造时要充分加强供应链管理,使供应链为产品创新服务。

第二节　供应链系统设计

供应链系统的设计,就是要建立以一个重要的企业为核心、联盟上游企业和下游企业的协调系统。要想提高供应链管理的运营绩效,除了要有一个高效的运行机制外,建立一个优化的供应链系统也是极为重要的一环。供应链管理的目的是通过贸易伙伴间的密切合作,以最小的成本和费用提供最大的价值和最好的服务。

一、成功构建供应链的条件

成功构建供应链条件有以下四方面。

（1）信任。信任对于构建供应链来说是非常重要的，信任是供应商和客户之间建立成功合作关系的基本要素之一，企业间如果没有信任，一切合作都不能持续。只有信任才能使供应链正常运行。

（2）长期合作关系。长期合作是建立供应链的战略要求，有利于供应链成员更好地做好供应链管理工作，以达到协同效应，取得长期收益。

（3）信息共享。成功的供应链管理需要供应商与客户之间实现信息共享，从而可以更好地服务顾客，提高整个供应链的绩效。

（4）成员实力。在组成供应链中，成员的实力也是不可忽视的，实力强的成员有助于提高整个供应链的竞争力。

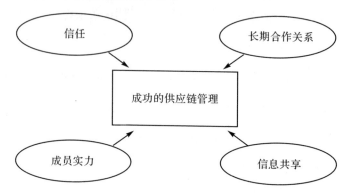

图 12-3　成功的供应链管理的条件

二、供应链的影响因素

供应链管理是从系统整体性的角度来管理从原材料供应商到工厂、仓库直到最终顾客的信息流、物流和服务。加强供应链的管理，应考虑供应链的影响因素。一般来说供应链的影响有以下几方面。

1. 供应商的数目

目前不少企业为了保证企业产品质量与长期合作关系，均减少了供应商的数目。对供应商进行科学管理，可使企业在竞争中处于有利地位。

2. 竞争的加剧

目前企业的竞争在一定程度上来说是供应链与供应链之间的竞争，而竞争的加剧，要求企业做好供应链的管理。在全球化的格局下，产品的同质化现象十分明显，供应链的发展一定会朝两端发展，即朝向原材料与顾客。

3. 产品生命周期

技术和经济的发展使产品的生命周期不断缩短。为了适应动态多变的市场,企业就必须快速开发并推出新产品,而这又需要供应链成员柔性地响应。

4. 供应商管理库存

根据企业的最高库存和最低库存,授权供应商如何及时补充库存。供应商可以直接参与到企业供应链中来,直接确定需要及时补充的库存数量,企业的仓库大大减少。

5. 技术的发展

技术对供应链影响越来越明显。互联网、电子商务为采购节省更多的费用,而且有效性大大提高。

6. 风险问题

企业为了减少风险在选择供应商时并不局限于某一个供应商,而需要有所储备。

三、企业供应链五阶段

企业供应链发展从开始到成熟经历以下五个阶段。

1. 企业内部功能部门整合

企业重点放在内部功能部门和业务流程改进,即寻找最佳方式通过各功能部门执行供应链各步骤。

2. 企业内部全面协作

供应链持续在企业内部各部门间得以改进,企业已意识到用全局观点审视供应链管理和执行,以及由此带来的总成本降低。

3. 企业同外部伙伴协作

使用一系列先进技术和管理手段将企业同合作伙伴联系在一起,本着利益共享原则协作,缩短产品进入市场时间和更有效共同利用资源。

4. 企业同合作伙伴之间的价值链协作

企业已成功建立起单个或多个供应链网络,同供应商和客户的合作关系更加举足轻重。这种稳固合作关系产生了所谓的价值链网络。

5. 完全供应链网络

所有供应链网络实现了无缝协作交流,信息完全电子化,最大限度利用协作和技术发挥供应链水平获取市场优势。

四、牛鞭效应

供应链设计应注意牛鞭效应。这种越处在供应链上游(从零售商、分销商到生产商)波动性越大的现象叫牛鞭效应,因为它正像牛鞭甩动时振幅的增加。

牛鞭效应不能提升供应链的绩效。在供应链的任何一点变动性增加都会导致产品短缺、过剩库存(导致降价费用)、产能利用率低和/或质量低劣。它对供应链上游产生冲击,使上游企业直接面对需求变动的影响,同时由于要处理上游的不可靠补货,又会对供应链下游产生影响。牛鞭效应是十分普遍的,由于成因相同,所以还是能够找到解决或者至少能够减轻这种现象的策略。

要减轻牛鞭效应,我们很自然会想到在供应链的各个阶段之间更好地实现信息共享。当零售商波动剧烈的时候,供应商要正确地预测出需求趋势尤为困难,即使所有的供应商都对数据作出过度反应也不足为奇。

信息共享可以有效地减轻牛鞭效应,但不能完全消除它。牛鞭效应有时是由供应链本身的限制(如同步订购和批量订购)所产生的。

牛鞭效应是需求信息扭曲的结果,这种现象广泛存在于制造业的供应链结构中。当供应链的各节点企业只根据来自其相邻的下级需求信息进行生产或供应决策时,需求信息的不真实性会沿着供应链逆流而上,产生逐级放大的现象,而各节点企业分别从自身角度进行预测,并倾向通过增加库存来应付需求的不确定性。在这种需求放大效应的影响下,上游供应商往往维持比下游供应商更高的库存水平,这样"牛鞭效应"就产生了。在供应链中,每一个供应链节点企业的信息都有一个信息的扭曲,并且这种扭曲程度沿着供应链向上游逐级放大,使订货量的波动程度沿供应链不断扩大。很显然,这种现象将会给企业带来严重后果:产品的库存水平提高、服务水平下降、供应链的总成本过高以及定制化程度低等,这必然降低供应链企业的整体竞争力,最终使每一个供应链成员蒙受损失。

五、供应链系统的设计步骤

供应链系统的设计(图 12-4),就是要建立以一个重要的企业为核心、联盟上游企业和下游企业的协调系统。要想提高供应链管理的运营绩效,除了要有一个高效的运行机制外,建立一个优化的供应链系统也是极为重要的一环。供应链设计一方面要考虑供应链的运行环境(地区、政治、文化、经济等因素),另一方面要考虑未来环境的变化对实施供应链的影响。

有效的供应链管理总是能够使供应链上的企业获得并保持稳定持久的竞争优势,进而提高供应链的整体竞争力。图 12-5 是一个供应链管理的流程结构。

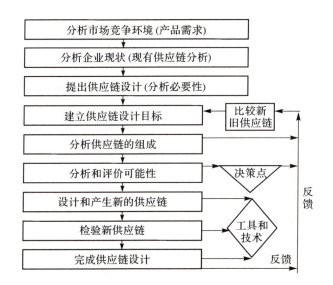

图 12-4　供应链系统的设计步骤

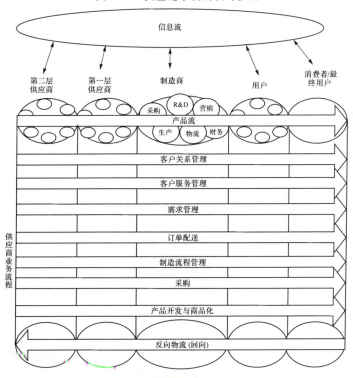

图 12-5　供应链管理的流程结构

第三节　供应链管理下的库存控制方法

供应链管理下的库存控制方法有不少,这里介绍常用的三种方法。

一、供应商管理库存

供应商管理库存(vendor managed inventory,VMI)是一种供应链集成化运营的决策代理模式,它把客户的库存决策权代理给供应商,由供应商代理分销商或批发商行使库存决策的权力,从而打破传统的先产生订单再进行补货供应模式,以实际的或预测的消费者需求作补货的依据,减少了多方预测而导致的重复次优选择,消除了传统方法中需求信息从分销商向供应商传递过程中的放大和扭曲,大大降低了牛鞭效应的影响。

1.基本思想

VMI主要思想就是实施供应厂商一体化,供应商在顾客的允许下设立库存,零售商商品数据的任何变化随时传递给供应商,供应商根据这些数据决定未来的货物需求数量、库存水平和补给策略,拥有库存控制权。借由销售资料得到消费需求信息,供货商可以更有效地计划、更快速地响应市场变化和消费者的需求。VMI是一种战略贸易伙伴之间的合作性战略,它以系统的、集成的管理思想进行库存管理,使供应链系统能够同步优化运行。在供应商管理库存中,信息代替了库存,体现了供应链的集成化管理思想。从某种意义上讲,供应商管理库存是企业实现库存管理成本和风险转移的一种重要途径。

VMI是一种在顾客和供应商之间的合作性策略,以对双方来说都是最低的成本优化产品可获性,在一个相互统一的目标框架下由供应商来管理库存,这样的目标框架被经常性监督和修正以产生一种持续改进的环境。零售商不再决定订购量和订购时机。相反,由供应商决定何时向零售商运送多少货物。如果供应商要负责补货决策,供应商也需要信息。所以在VMI下零售商与供应商要分享需求数据。关键措施体现的原则:合作精神、使双方成本最小、目标一致性原则、持续改进原则。

2.VMI的实施方法

实施VMI策略,首先要改变订单的处理方式,建立基于标准的订单处理模式。供应商和批发商一起确定供应商的订单业务处理过程所需要的信息和库存控制参数,然后建立一种订单处理标准模式,如EDI标准报文,最后把订货、交货和票据处理各个业务功能集成在供应商一边。

3. 供应商管理库存实施步骤

（1）建立顾客情报信息系统。要想有效地管理销售库存,供应商必须能够获得顾客的有关信息。通过建立顾客的信息库,供应商能够掌握需求变化的有关情况,把由批发商（分销商）进行的需求预测与分析功能集成到供应商的系统中来。

（2）建立物流网络管理系统。供应商要很好地管理库存,必须建立起完善的物流网络管理系统,保证自己的产品需求信息和物流畅通。

（3）建立供应商与分销商的合作框架协议。供应商和分销商（批发商）一起通过协商,确定处理订单的业务流程以及控制库存的有关参数（如再订货点、最低库存水平等）、库存信息的传递方式（如 EDI/Internet）等。

（4）组织机构的变革。对于 VMI 的实施,组织机构的变革很重要,要有新的组织模式适应新的商业模式。

二、联合库存

联合库存（joint managed inventory,JMI）是一种基与协调中心的库存管理方法,是为了解决供应链体系中的信息失真,提高供应链的同步化程度而提出的。

联合库存管理是解决供应链系统中由于各节点企业的相互独立库存运营模式导致的需求放大现象,提高供应链的同步化程度的一种有效方法。

VMI 是一种供应链集成化运营的决策代理模式,而 JMI 是一种风险分担的库存管理模式。

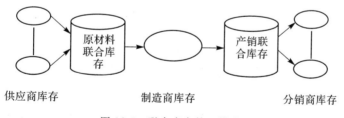

图 12-6　联合库存管理模式

1. 联合库存的优势

（1）为实现供应链的同步化提供了条件和保证。

（2）减少了供应链中的需求扭曲现象,降低了诸如不确定性因素的影响,提高了供应链的稳定性。

（3）库存作为供需双方的信息交流和协调的纽带,可以暴露供应链管理中

的缺陷,为改进供应链管理水平提供了依据。

(4)为实现零库存管理、JIT 采购以及精细供应链管理提供了条件。

(5)进一步实现了供应链管理的资源共享和风险分担的原则。

2. 联合库存的实施

供应链各方应从合作的精神出发,建立供应链协调管理的机制,建立合作沟通的渠道,明确各自的目标和责任,做好联合库存各项工作。

(1)建立供应链共同愿景

供应链各方必须本着互惠互利的原则,建立共同的合作目标,通过协商形成共同的共赢的愿景,为各方长期利益建立联合库存管理模式。

(2)建立联合库存的协调控制方法

联合库存管理中心需要对库存优化的方法进行明确确定,包括库存如何在多个需求商之间调节与分配,库存的最大量和最低库存水平、安全库存的确定,需求的预测等等。

(3)建立利益的分配和激励机制

要有效运行基于协调中心的库存管理,必须建立一种公平的利益分配制度,并对参与协调库存管理中心的各个企业、各级供应部门进行有效的激励,防止机会主义行为,增加协作性和协调性。

(4)建立信息沟通渠道

为了提高整个供应链的需求信息的一致性和稳定性,减少由于多重预测导致的需求信息扭曲,应增加供应链各方对需求信息获得的及时性和透明性。建立一种信息沟通的渠道或系统,以保证需求信息在供应链中的畅通和准确性。要将条码技术、扫描技术、POS 系统和 EDI 集成起来,并且要充分利用 Internet 的优势,在供应链中建立畅通的信息沟通桥梁和联系纽带。

3. 选择合适的联合库存管理模式

供应链联合库存管理有两种模式,即集中库存模式和无库存模式。

(1)集中库存模式

各个供应商的零部件都直接存入核心企业的原材料库中,按核心企业的订单或订货看板组织生产,产品完成时,立即实行小批量多频次的配送方式直接送到核心企业的仓库中补充库存。库存管理的重点在于核心企业根据生产的需要,保持合理的库存量,既能满足需要,又要使库存总成本最小。

(2)无库存模式

供应商和核心企业都不设立库存,核心企业实行无库存的生产方式。供应商直接向核心企业的生产线上进行连续小批量多频次的补充货物,并与之实行同步生产、同步供货,从而实现"在需要的时候把所需要品种和数量的原材料送到需要的地点"的操作模式。这是一种准时化供货模式,所以效率最高,成本最低。由于完全取消了库存,对供应商和核心企业的运营标准化、配合程度、协作精神要求也高,操作过程要求也严格,而且二者的空间距离不能太远。

三、发挥第三方物流系统的作用

现代物流管理的每一个部分都包括信息的管理。在供应链的信息系统中,对物流作业的管理占了很大的一部分,包括保证订货、采购、进货、出货、配送等通讯,对物流各种单据的传输以及物流中心的自动化操作起着很重要的作用。物流的职能,就是将产品由其生产地转移到消费地,从而创造地点效用。物流作为市场营销的一部分,不仅包括产品的运输、保管、装卸、包装,而且还包括在开展这些活动的过程中所伴随的信息的传播。

第三方物流就是利用一家外部的公司完成企业全部或部分物料管理和产品配送职能。

1. 第三方物流的优缺点

(1)优点

①使企业集中自己的核心能力。把库存管理的部分功能代理给第三方物流系统管理,可以使企业更加集中精力于自己的核心业务,第三方物流系统起到了供应商和用户之间联系的桥梁作用,为企业提供诸多好处。②提供技术的灵活性。第三方物流系统使供应链各方都取消了各自独立的库存,增加了供应链的敏捷性和协调性,并且能够大大改善供应链的用户服务水平和运营效率。通过第三方物流整合物流资源,实现物流信息、资源的共享,能更有效地使社会资源得以有效配置。

(2)缺点

第三方物流公司的员工会与企业的客户发生交往,有可能客户信息泄露,从而失去内在控制。另外,第三方物流企业可能没办法提供某些满足客户企业个性化需要的物流服务。这些缺点可以通过完善对第三方物流的建设和规制加以克服。

2. 选定合作者

在决定是否与一个特定的第三方物流公司达成协议时通常应当考虑:弄清自己做的成本;第三方物流公司的专业化特长;第三方物流公司的客户化能力。

第三方物流系统可以为企业带来诸多好处：减少成本、使企业集中于核心业务、获得更多的市场信息、获得一流的物流咨询、改进服务质量、快速进入国际市场。

3. 进行多级库存的优化与控制

多级库存控制的方法有两种：非中心化（分布式）策略，中心化（集中式）策略。

供应链管理，要点是将企业管理超越过本企业的界线，延伸到供应商与客户中去，使一个企业与上下游的供应商和客户间形成一个双赢的"供"、"需"关系。这种关系是企业制胜的法宝，也是供应链管理最重要的基础。

本章小结

供应链管理的重点不在于简单地使某个供应链成员的运输成本达到最小或减少库存，而在于通过采用系统方法来协调供应链成员，以使整个供应链总成本最低，使整个供应链系统处于最流畅的运营中。

供应链管理是指企业通过改善上、下游供应链关系，整合和优化供应链中的信息流、物流、资金流，以获得企业的竞争优势。强调核心竞争力、资源外用、合作性竞争、以顾客为关注焦点、集成性等是供应链管理的主要特点。

供应链的影响因素有供应商的数目、竞争的加剧、产品生命周期、供应商管理库存等。供应链系统的设计，就是要建立以一个重要的企业为核心、联盟上游企业和下游企业的协调系统。

在需求放大效应的影响下，"牛鞭效应"就会产生，信息共享可以有效地减轻牛鞭效应，但不能完全消除它。所以应当做好供应链管理。

供应链管理下的库存控制方法有供应商管理库存、联合库存和第三方物流。

案例分析："加多宝"公司的供应链管理

世界已经进入到供应链竞争时代，谁掌握着供应链，谁就具有第一大竞争力。本文从整条供应链的内向物流和外向物流两方面来了解。

加多宝集团是一家香港独资、以北京为大陆总部的国内大型专业饮料、矿泉水生产及销售企业。集团分别在北京、浙江、福建、广州设立生产基地。加多宝旗下产品包括红色罐装"加多宝"、茶饮料系列。所经营的红色罐装"加多宝"是凉茶行业的第一大品牌,由纯中草药配制,清热降火,功能独特。销售网络遍及中国大陆30多个省、市、自治区,并销往东南亚、欧美等地。

从"加多宝"的内向物流来了解其供应链。"工欲善其器,必先利其器",保证质量是加多宝自始至终的关注重点。"加多宝"的内向物流包括原材料供应商、罐头供应商、物流公司、加工工厂等。"加多宝"采用的是"公司+基地+农户"的模式。

农户、工厂方面,"加多宝"有700多个被认可的种植供应商分布在原料产区,目前已经形成了规模化的种植基地。"加多宝"要求原辅材料供应商经过技术和资质评估、小样试验、中批量试验、观察期、批准五步程序,检验合格后方能进入审核阶段。在这个阶段中"加多宝"还会对供应商的原料质量状况及风险水平进行分级管理,在进入生产流程管理前依旧要通过严格的检验,检验的指标多达70多项。在产品离开工厂后,为确保进一步安全,"加多宝"还建立了先进的可追溯系统,按照国际标准建立,做到每一批产品都有案可查,甚至可以追溯到产品的原材料基地,确保各环节、各工序始终保持受控状态。全员参与,保证质量。

基地方面,以最早的长安基地为例,基地并未像一般意义上的工厂那样机器轰鸣,反而在树荫的掩映下颇具几分宁静,生产有条不紊地进行着。材料供应商将原辅材料送至基地,由基地生产线生产后经物流发送到经销商,降低了公司自己的风险。在基地的管理人员具有更高的警觉与谨慎,"加多宝"加强了对管理人员的培训和鼓励,但压力也增加了,管理人员需要确保生产的任何一个环节都无懈可击,技术方面也具有非常严格的标准,不可以有丝毫的差错。

"加多宝"的红罐提供厂商有很多,比较有名的是中粮集团,合作时间有十余年。"加多宝"公司是中粮包装的重要战略客户,中粮包装与加多宝具有特殊的渊源和关系。"加多宝"与中粮包装是朋友关系,有着十多年的合作与相处,双方建立了深厚的情谊。"加多宝"与中粮包装是合作关系,中粮包装正在建设的武汉公司与武汉加多宝公司仅一墙之隔,将更好地服务加多宝公司,也表明供应商与企业之间的融合趋势。"加多宝"与中粮包装是战略伙伴关系,传统的饮料罐以马口铁制三片包装技术为主,该技术中中粮包装在国内已取得第一位,下一步将引入更先进的环保的铝制两片罐技术,并增设相关生产线,预计下一个年度提升产能一倍多至69亿罐。如此大手笔的投资战略,也支持了"加多宝"的迅速扩张。"加多宝"集团这几年来的飞速发展,也带动了中粮包装的发展,实现了共赢,走上共同发展的道路。"加多宝"与中粮包装是投资股东关系。中粮包装在香港上市，"加多宝"作为基石投资者成为中粮包装的股东，进一步加深了双方的合作关系。在这里，供应商不再只是单纯的低成本交易模式，而是转向参与企业战略决策的长期伙伴。

销量是品牌的保证，但产能是销量的基础，"加多宝"为保证产能，实现全国铺货，起用代工工厂。"加多宝"有50余家生产工厂，100多条生产线，其中20余家属于"加多宝"，并且"加多宝"拥有自己的物流。各基地所在地区，有较大产能的代工工厂都与"加多宝"有协议，并且"加多宝"与供应商之间签署的协议和合同内具有很多的排他性条款。由于存在高额的赔偿，其他公司很难介入他们之间的关系。

事实上，代工工厂与"加多宝"之间除了所谓的排他性协议，合作经营以及感情实际上属于利益绑定，要想打破这种绑定，除非其他公司能够出具更高的利益。更有部分代工厂与"加多宝"供应商、高管之间有着更为密切的利益关系，甚至股权关系。利益导致的合作，在短期内是无法打破的。

"加多宝"的外向物流方面，从"加多宝"与"王老吉"之间的角逐中可以看到，一个具有强大渠道运营能力支撑的新品牌比一个缺乏强势渠道支持的老品牌更具有成长空间。

"加多宝"的营销体系刚开始是完全复制了百事的分级营销体系。按特大、省会及沿海发达地区、地级市、县级市、乡镇五级进行市场划分，将所有的经销商分得很细，即为深度分销。以拥有200亿资产的方式去营销，也表明未来很有可能有200亿的销售额，事实也是。后来"加多宝"又加入了"邮差制"，这也是"加多宝"在2004年后销售火爆的主要推动力。它是由经销商来负责配送，这样基地则减轻了库存，而订单是由"加多宝"深度分销团队完成的，"加多宝"聪明地抓住了销售终端。如今，"加多宝"在镇、县以上市场的覆盖率在90%以上，是唯一可以与可口可乐、雪碧同时出现在各类终端的饮料类产品。当然，这个覆盖率需要庞大的分销商、销售团队、渠道服务人员，更需要产能布局，供应链—物流系统的支持。

（资料来源：总裁学习网，2013-04-12。http://www.taoguba.com.cn//Article//651756/1）

问题：1. 如何认识加多宝的供应链？
2. 加多宝供应链管理的供应商管理有什么特点？

复习与讨论题

1.如何认识牛鞭效应？

2.供应商管理库存实施的程序。

3.企业供应链五阶段。

4.供应链管理的内涵有哪些？

第十三章　先进制造系统管理技术

学习目标

➤理解先进制造系统管理技术

➤熟悉业务流程再造内容

➤理解敏捷制造的原理

➤了解 TOC 理论

引例：海尔的流程再造

2002 年初，海尔物流推进本部决定试点"SBU"，选中了钢板采购这个比较容易量化的岗位，张永劭成为钢板采购经理。

物流推进本部与张永劭签了一份合同，所有钢板采购由他负责。这位不到 30 岁的小伙子，从一无所有的普通职员变成了年营业额近 10 亿元的"公司老板"。

合同刚签订，让张永劭担心的事就发生了：2002 年国际贸易争端导致国内钢板提价。过去，他可以说："没办法，钢板提价，与我无关，你们看着办吧。"但签了合同，他就要自己想办法完成合同。张永劭告诉记者："钢板进港了，以前我只管采购，何时拉货与我关系不大；现在我得赶紧联系拉货，因为晚拉一天就多一天港口费用。拉进物流中心，我又得赶紧将钢板发出去，因为晚发一天，就要多交一天仓储费，这些都是要我自己负担的。"他还主动与国际化分供方合作，开发新型替代材料，既保障了客户利益，也消化了因钢材涨价对自己业务的不利影响。起初钢板因运输等环节的原因屡屡出现瑕疵，事业部索赔找到了张永劭。为了找出钢板损坏的原因，他跟着司机"跑运输"，追踪了所有运输环节，硬是编出了一本《钢板运输、装卸、存储指南》，送到每一个运输工手中，将钢板破损率降到零。既然每个员工都是经理，那么，中层干部的角色如何扮演？海尔物流推进本部的霍胜军告诉记者，把下属经营成像张永劭这样的"SBU"就是我的职责；同时，我还是他的资源，"SBU"在经营过程中遇到方方面面的问题,我必须为他提供支持。

从今年 7 月开始,为解决电子事业部的物料配送存在的问题,海尔物流推进本部负责人霍胜军在现场一盯就是 6 周,目的是让 6 人干 21 人的活。很快,6 个发料经理各就各位,剩下的 15 人进了"休息室"。

"缺料"!"少料"!"错料"! 开始时,报警单刷刷地从生产线发过来,6 个发料经理救火都来不及。莫非真是人手不够? 霍胜军经过考察后认为,是流程不对。他带上配送中心、信息中心的经理,兵分两路改流程。很快,物料周转库上了扫描系统,出入库物料信息及时反馈。他还要求发料经理"投入产出"一致,做到人、订单、收入挂钩。

"SBU"要经营,不要奖罚! 何谓经营? 就是要找出让工人干不错的方法,给工人指出自己工作能增值的路径。他分析整合资源,对货架进行"信息化"改装,发明了"智能货架",生产线上只要缺哪种料,货架上这种料的上方红灯就会亮。到第 6 周,发料经理送料的错误率降为零,而且那位曾被索赔的经理一周内还发现了事业部材料单的 6 次错误,得到了相应的"增值"报酬。6 个人终于干好了 21 个人的活。

（樊泽顺:《青岛时报》,2013-09-11）

先进制造系统管理技术是以计算机为手段,以顾客为中心,对企业的各种要素进行集成,实现柔性化生产,提高企业和市场响应能力,获得尽可能高的经济效益。先进制造系统管理技术有不少,本章主要介绍业务流程再造、计算机集成管理系统、约束理论等,这些理论和方法对企业生产运营管理有一定的指导和促进作用。

第一节　业务流程再造

随着市场内外部环境的不断变化,科学技术的日新月异,主流企业在经历了 100 多年的发展之后,到 20 世纪 90 年代开始面临何去何从的严峻问题。如何强化和提升企业的核心竞争力,使企业在日益激烈的市场竞争中处于有利地位,这是摆在企业中高层管理人员面前的首要任务。他们发现以往的经营方法和市场策略已很难奏效,越来越多的企业决定打破"坛坛罐罐",改变企业原有的运营方式:从大批量刚性生产变为中、小批量的柔性生产,从分工和等级制变为合作与协调,管理的着重点从职能部门转变到"业务流程"上来。从源头开始,再造企业。

一、业务流程再造的产生

现代企业如何才能持久发展？如何有竞争优势？有的从成本入手,有的从质量入手,有的从服务入手。但不少企业都走了不少弯路,没有取得应有的效果。从流程开始是一条有效的途径,企业要下大力气理顺流程,优化流程,再造流程,从而使企业持续改进,走上一条卓越的道路。

自从产业革命以来,传统的企业几乎都建立在亚当·斯密的分工理论、泰罗的科学管理理论、法约尔的一般管理理论基础之上。亨利·福特的大规模生产及其生产方式"流水线"和斯隆的通用汽车公司差异化经营及其组织形式"事业部制"是主流企业发展的两大方向。传统企业强调专业分工和内部组织界限分明,它们以大量制造标准化产品为目标,将整体分解为部件,部件再分解为元件,并通过每个步骤规范化、简单化和各个元件的最优化生产来实现产品整体的最优化和生产成本大幅度下降。

1.业务流程再造产生的外部环境

业务流程再造产生于一定的时代背景,信息技术从 20 世纪 70 年代以来渗透到社会生活的方方面面,对企业的运营方式以及组织结构也产生了影响。先从外部环境分析。

(1)顾客需求多样迫使企业进行变革

进入 20 世纪 80 年代,由于社会的进步,市场的扩展以及信息技术的快速发展,顾客获得企业产品信息的能力大大加强;市场竞争的国际化,大大拓宽了顾客挑选商品的范围,顾客的主动地位日益增强。市场由卖方市场向买方市场转移,对产品和服务整体质量的要求也随之提高,大批量生产模式显然不能满足需求的多样化和个性化。企业如果不了解顾客的这些变化,就会在竞争中处于不利地位。企业必须时刻关注顾客的利益,一种从市场需求到设计到生产到服务的市场驱动和灵活生产的新的企业运作模式诞生了。

(2)市场竞争激烈迫使企业进行变革

市场竞争与以往相比,更为激烈和残酷。①竞争范围扩大了。企业不仅要与本地区本国的企业竞争,更要同全世界的企业竞争。②竞争手段越来越多。传统的竞争手段主要集中在产品和服务的质量、价格两个方面,现在竞争的焦点已经扩展很大。③竞争规则频频改写。竞争规则是在长期的市场竞争中逐步确立起来并被参与者认同的,其形成和发展更新总有一个相当长的过程。④竞争结果空前残酷。现代市场竞争的一个显著特点是结果残酷。不管多大规模的企业,一个决策失误,要重整旗鼓是很困难的。企业要有灵敏的应变能力,才能在竞争中取胜。

(3)环境变化莫测迫使企业进行变革

人们的消费方式、生活方式和思维方式都受技术进步的制约。电的发明、汽车的发明和使用、通讯技术的改进,直至计算机的发明,无不深刻改变整个社会形态。科学的突破性变革会导致生产运营组织和企业管理体制的变革,尤其是目前计算机和互联网的大规模应用,极大地提高了人们获取信息和处理信息的能力,社会信息化必将导致企业的生产方式、组织形式和管理体制彻底性变革。

(4)信息技术的推广是"企业再造"的直接动力

20世纪90年代,计算机网络技术得到很大的发展,它在企业内外延伸和扩展,广大管理人员通过信息库可以共享信息资源,这使得以前没有物质基础支持、无法做到的事情成为现实。为工业社会而设计的以控制职能为主体的传统组织形式,受到了严重挑战。信息化时代的到来为工业化时代的企业流程进行再造提供了契机。

2. 业务流程再造产生的内部环境

管理是有效整合企业组织内的有限资源,以实现既定目标的创造性活动,每当外部环境发生变化,企业内部机制也会随之变革。内部因素主要有以下几方面。

(1)分工理论不能完全适应企业的发展

亚当·斯密的分工理论流行多年,是工业时代的产物。工业革命以来的工作方式是以机器为主体,按照分工原则将一次完整的工作分解成最简单和最基本的活动,由各不相干的不同部门按次序去完成,形成一个工作流程。这种以分工为主的工作方式,适合于稳定的环境、大规模生产方式,它的核心思想是强调劳动分工,把企业分解成一系列简单的、专门化的工序,每个工人只需从事特定的简单的重复劳动。信息社会中,人的需求的多样化和个性化,传递的快捷性以及工作产出的知识性需要企业快速决策,缩短企业与市场的距离,形成以"快"为主的工作流程。

(2)组织僵化形成的科层制束缚发展

分工的深化导致企业结构的逐渐科层化,科层制成为企业组织的主要形态。基于分工理论的组织管理模式,给组织带来种种弊端。由于没有任何人经历并全程负责整个流程,各职能或生产部门的人员通常只对所在部门负责,没有人真正对客户负责,客户及其需求在企业内部踢来踢去,客户满意度非常低。特别是在传统的工业经济时代逐步向知识经济时代转变的过程中,流行

200多年的分工理论已经成为亟须变革的羁绊。再造流程提高企业的核心竞争力便应运而生。

3. 业务流程再造的意义

业务流程再造要求重新检查每一项作业或活动,识别企业的核心业务流程和不具有价值增值的作业活动,简化或合并非增值的部分,剔除或减少重复出现和不需要的流程所造成的浪费,并将所有具有价值增值的作业活动重新组合,优化企业的整体业务流程,缩短交货周期,提高企业运营效率。

业务流程再造摒弃了职能导向的管理思想,确立了以"最大限度满足顾客需求"的流程为核心的组织形式,使员工由被动的服务提供者变为主动的服务创造者,大大提高了员工工作的主动性和积极性,从根本上确保了企业整体服务水平的日趋完美。业务流程再造不仅对流程进行再造,而且要将以职能为核心的传统企业改造成以流程为核心的新型企业。

业务流程再造压缩了科层组织中的管理层级,缩短了高层管理者与一线业务员工、顾客之距离,有助于企业贴近顾客群,直接获取他们对产品的真实反馈意见和新需求信息,准确预测市场动向并及时进行经营决策调整,以提高顾客满意度。

业务流程再造运用先进的管理理论和技术,大幅度消除了传统管理模式下中间环节传递、协调、控制(监控)所带来的成本与风险,降低了人为因素的影响,大幅度压缩了产品开发、制造、销售与储运周期,加快了新产品的更新换代速度,降低了生产制造成本。此外,业务流程再造将市场导向的全面质量管理思想贯穿企业上下,激发了员工自身对确保产品与服务质量这一工作的投入意愿,从而最大限度地保证产品质量的全面提升。

二、业务流程再造理论的提出

1990年,迈克·哈默在《哈佛商业评论》发表了《再造:不是自动化,而是重新开始》一文,标志着企业流程再造正式拉开序幕[①]。他认为"业务流程再造就是对企业的业务流程进行根本性的再思考和彻底性的再设计,从而获得可以用诸如成本、质量、服务和速度等方面的业绩来衡量的剧变性的成就"[②]。

---

① Michael Hammer. Reengineering Work: Don't Automate, Obliterate. Harvard Business Review, July-August 1990

② 迈克尔·哈默,詹姆斯·钱皮. 企业再造. 王珊珊,胡毓源,徐荻洲,译. 上海:上海译文出版社,2007:25.

这一界定包含了业务流程再造的对象、特征和衡量标准。

1. 对象

再造关注的是企业的业务流程,一切"再造"工作全部是围绕业务流程展开的。"业务流程"是指一组共同为顾客创造价值而又相互关联的活动。作为顾客,他们并不关心这一系列活动,他们只关心这一流程的终点,即送到手的商品。但是作为流程运行的主体,企业就必须关注这一系列活动,因为流程会产生时间、物质、人力成本,而且关系到产出和效率。企业要想在竞争中获取优势,就需要优化流程以降低成本和提高效率。

2. 特征

业务流程再造包含三个方面的重要特征,这些特征正是其区别于企业其他管理策略和方式的标志。

(1)根本性

根本性表明业务流程再造所关注的是企业的核心问题,如"我们现在在做什么工作"、"我们为什么要做现在的工作"、"我们为什么要用现在的方式做这份工作"、"为什么必须是由我们而不是别人来做这份工作"等等。通过对这些根本性问题的思考,企业可能会发现自己赖以存在或运转的商业假设是过时的,甚至是错误的,这样才能彻底打破现有的商业假设,一切归零,进行重新设计。

(2)彻底性

彻底性意味着对事物追根溯源,对既定的现存事物不是进行肤浅的改变或调整修补,而是抛弃所有的陈规陋习以及忽视一切规定的结构与过程,创造发明全新的完成工作的方法;它是对企业进行重新构造,而不是进行改良、增强或调整。通过业务流程的重新设计,把被分工理论分割的支离破碎的业务流程合理地组装回去,建立一个扁平化的、富有弹性的新型组织,彻底改善企业的适应性、灵活性和创新性。

(3)剧变性

剧变性强调的是变化的程度很大,对企业流程进行再造,其产生的结果一定非常显著,只要将再造前后的企业进行简单的对比,就能深切感受到再造的彻底。剧变性成就是指通过业务流程再造,企业业绩提升,而且是根本性的扭转和极大的飞跃。显然,业绩的显著长进是业务流程再造的重要特征和最终目标。

业务流程再造的这三个特征相互之间是承前继后的关系。只有对企业的业务流程进行根本性的再思考,推翻以前的商业假设,才能摆脱过往陈旧的观

念、组织和体制束缚,从而放开手脚对企业流程进行彻底性的再设计,这样才有可能使企业产生剧变性的业绩提高,而不仅仅是由于简单修补而带来的业绩略微增加。

3. 衡量标准

对企业进行业务流程再造的效果进行评价,需要同时衡量业务流程的过程和成果。业务流程会产生各种成本,因而评价业务流程再造效果时,要看企业经过再造后是否大幅降低了这些成本,包括缩短时间、减少物质消耗和人力消耗等。同时,顾客关心的是流程成果,如果一个企业经过再造没有提高服务和改进产品质量,那么它的业务流程再造一定是不成功的。迈克尔·哈默和詹姆斯·钱皮提出了用成本、质量、服务、速度等四项指标来衡量业务流程再造效果。

三、业务流程再造的核心原则

再造引发了企业深刻的变革,许多企业管理者在变革之初对变革抱有很大期望和热情,但在变革实施以后发现似乎一切又恢复了老样子,没有达到期望的效果,绝大多数变革不成功的起因在于企业再造的设计者和领导者未能在变革中坚持企业再造的三大原则。

1. 以顾客为关注焦点原则

企业再造,从根本上说,就是站在顾客的立场重组企业。"始于顾客,终于顾客",必须使企业的各级人员都明确要以顾客为关注焦点,企业存在的原因是为顾客创造价值,而价值是由流程创造的,任何流程的设计和实施必须以顾客需求为标准。

(1)顾客满意

在现代社会,企业要赢得长期顾客,就要使顾客满意。企业的流程起于顾客的需要,终于顾客的满意,形成一个闭环的持续改进与创新体系;企业应及时把握顾客的需求,掌握顾客对企业提供商品或服务的整个过程和各个环节是否满意,企业能够动用所拥有的资源,以最有效的途径满足和超越顾客期望,获得顾客的忠诚。

(2)内外顾客满意相统一

这里所指的顾客既可以是外部的,如商场营业员直接面对的消费者,工厂产品的顾客;也可以是内部的,如商场的理货员,他的顾客是卖场的柜台小组,工厂某工序的下道工序。每个人的工作质量由他的"顾客"作出评价,每个人都应与他的"顾客"进行全方位沟通,在一定程度上讲,内部顾客的满意是外部顾客满意的前提。

(3)供应商也是"顾客满意"体系一部分

现代市场竞争不是单一企业与单一企业间的竞争,而是一个企业供应链与另一个企业供应链之间的竞争,这就要求在进行企业再造时不仅要考虑企业内部的流程,还应对客户、企业与供应链中的全部业务流程进行重新设计。这就意味着供应商也应该成为企业整个业务流程的有机组成部分。供应商的产品质量直接影响企业产品的整体质量。

2. 流程的系统优化原则

企业再造的核心是业务流程再造,业务流程再造的关键在于根本地、彻底地改变流程,以达到大幅度提高绩效的目的。企业管理从了解分析流程入手,要对流程进行系统优化。

(1)重流程,而不重部门与职能

企业再造是将企业由过去的以任务为中心改造成以流程为中心。企业再造主张以"流程为中心,而不以一个专业职能部门为中心"进行,企业必须持续集中关注它的流程,能够使流程为顾客创造更多的价值,职能部门的意义逐渐被减弱,多余的部门及重叠的"流程"将被合并。

(2)有效测量和整体最优

对企业再造实际上是系统理论在重组企业业务流程中的具体实施,系统理论强调"整体最优","整体大于部分之和",应注重整体流程的系统优化,而不是局部或单个环节(或作业)的最优。这种优化的测量标准是要理顺业务流程,强调流程中的每一个环节的活动尽可能实现最大化增值,去除或尽量减少不增值或无效的活动。

(3)信息技术的科学利用

信息技术可以在企业业务流程的重新组织上作为一种强有力的沟通手段,促使流程简化和高速化。人们可以快速、方便、实时地共享信息,能够一次性地获取完整信息,促成整个企业分散分布的资源有机联结。再造活动要重视信息技术的力量,利用最新的信息技术成果来实现信息的有效处理与共享使用机制,将串行工作流程改造为并行工作流程,整合业务活动,以集成化管理来全面优化企业的整体业务流程。

3. 以人为本原则

人的状况决定了企业的兴衰,没有足够的人力资本很难完成再造活动,更谈不上巩固再造成果。企业内应形成一个以人为本的环境,让每一个人"人尽其才",发挥积极性和创造性,全方位参与企业事务,实现个人价值,进而实现企业价值。

（1）高层管理者必须直接领导再造

高层管理者必须直接领导再造而不是仅仅参与或管理重组，这是再造取得成功的最根本、最关键的因素。一位好的再造活动领导者应该善于把以人为本的思想和任务导向的目标统一起来。领导者要做大量的规划再造远景，促进成员相互沟通，协调冲突等工作。再造活动的成员喜欢在没有过多约束的条件下独立承担有挑战性的任务。

（2）培养一个综合能力与示范效应强的团体

在企业再造的过程中，再造团队是指承担再造任务的这样一群人，他们负责针对企业各个环节的具体情况，描述、分析和诊断现有的业务流程，提出改进计划或再设计的创意，制订并细化新流程的设计或改造方案，最终落实新方案。通常，再造团队中有领导者、流程负责人、再造小组、（再造工作）指导委员会、再造总监，共五种角色。

（3）决策层次降低与组织扁平化

企业再造强调打破"在'科层制'管理下每个员工被囿于每个部门的职能范围内，评价他们的标准是在一定边界范围内办事的准确度如何，从而极大地抑制了个人能动性与创造性"的局面。强调在再造之后，每个流程业务处理过程中最大限度地发挥每个人的工作潜能与责任心，流程与流程之间则强调人与人之间的合作精神。把人看作"社会人"，突出人的自我实现和成就感。企业组织向扁平化、网络化方向发展。

（4）形成团队合作和并行工作氛围

强调团队合作精神，将个人的成功与其所处流程的成功作为一个整体考虑，提倡并行工作，缩短流程时间，提高工作效率。团队全体成员必须在正被再造的流程、该流程顾客的需求、团队自身三个方面作出贡献[①]。管理思想要创新，面向顾客，团队成员强调一专多能，要求能够比较熟悉团队内在其他工作人员的工作，保证工作协调的顺利进行。

四、基于 BPR 的企业组织结构

业务流程就是把一个或多个输入转化为对顾客有价值的输出的活动。根据各自强调的要点，归纳起来，业务流程的定义主要包含了六个要素：输入资源、活动、活动的相互作用（即结构）、输出结果、顾客和价值。而传统的业务流程主要是以职能部门为中心的，造成企业效率的低下。要提高企业的适应性

---

① 迈克尔·哈默，史蒂文·斯坦顿.改革革命.梅俊杰，译.上海：上海译文出版社，1998：48.

和快速反应能力，需要对流程进行再造。基于 BPR 的企业组织应包括以下几个方面的内容。

(1)企业应是流程型组织。业务流程是企业进行各项业务活动的路线及环节，是把一个或多个输入转化为对顾客有价值的输出的活动。在制定每一项业务流程之前，需要对该流程涉及的各种问题作全面分析和评价，发现真正的问题，找到解决问题的方法。企业应是流程型组织，突出流程，强调以流程为导向的组织模式重组(图 13-1)。再造后企业将由以职能为中心的传统形态转变为以流程为中心的新型流程向导型企业，实现企业组织结构扁平化，同时实现企业经营方式和管理方式的根本转变。流程再造的目的也是要通过对企业和产业流程的梳理、精简，来实施流程化管理。只有在流程经过优化的企业里，实现流程导向，推行流程管理才可能成为现实。

(2)流程经理的作用。流程经理应发挥一定的作用。所有的业务、管理活动都视为一个流程，注重其连续性。再造流程首要的工作是确定流程经理。发挥流程经理的作用。流程经理要将企业再造的远景规划传达到企业的各个角落，使全体员工从被动接受到主动思考和欢迎，从而充分调动员工参与变革的主动性。

(3)职能部门也应存在流程再造。这并不是不要职能部门，而是为流程服务。

(4)现代信息技术的支持作用。强调运用信息工具的重要性，利用信息技术来实现信息的有效处理与共享，这对于企业业务流程十分重要。如根据经销商传送的销售和库存情况，决定什么时候生产多少、送货多少，并不一味依靠的销售部门进行统计，同样，这也就避免了很多协调工作和不必要的流程。

五、业务流程再造的程序

我们可以将业务流程再造的实施结构设想成一种多层次的立体形式，整个业务流程再造实施体系由观念再造、流程再造和组织再造三个层次构成。其中以流程再造为主导，而每个层次内部又有各自相应的步骤过程，各层次也交织着彼此作用的关联关系。实施业务流程再造要与企业的具体情况进行充分结合，业务流程再造是一项复杂的系统工程，涉及方方面面，企业必须树立首先解决主要矛盾的意识，在分析运营流程的基础上，选择存在问题最突出或最核心的环节进行再造。

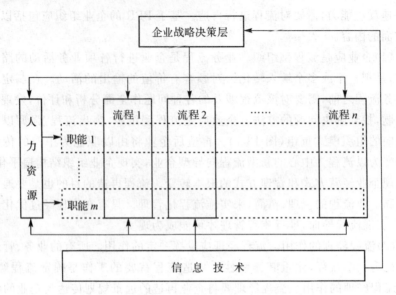

图 13-1　以流程为中心的组织

1. 观念再造

观念再造所要解决的是有关业务流程再造的观念问题，即要在整个企业内部树立实施业务流程再造的正确观念，使企业的员工理解业务流程再造对于企业发展的重要性。观念是业务流程再造实施成功与否的关键，它主要涉及以下三方面的工作。

（1）组建业务流程再造小组

要解决观念问题，首先要成立一个能够解决这一个问题的组织。由于业务流程再造要求大幅度地变革基本信念、转变经营机制、重建组织文化、重塑行为方式和重构组织形式，这就需要有很好的领导和组织的保证。再造流程关键的工作就是如何选择并组织实际参与再造的人，组建再造队伍。再造队伍的整体水平如何决定了再造行动的成败。

（2）设置合理目标和时间表

目标指导着整个业务流程再造的活动。只有客观的、明确的具体目标才会使得再造活动有明确的结果。目标和实施范围步骤必须合理，要考虑企业的经验和物质力量，要基于企业现有的能力的合理的目标对员工产生激励效果，激发他们的创造力和责任心，更好地完成再造目标。

明确的时间表和严格的项目管理也是再造活动能够得以控制的保证，业务流程再造的分析、设计、实施每一个步骤都应该有明确的时间里程牌，防止计划的任意拖延,促使人们全力投入。

(3)前期的宣传准备工作

业务流程再造前期的宣传准备工作非常重要,它可以帮助企业的员工从客观的和整个企业发展的角度,来看待并理解业务流程再造及其对本企业带来的重要意义,以避免由于员工的不理解,造成的企业内部的人心恐慌和对业务流程再造的抵触情绪。前期的宣传一般包括建立危机意识和描绘共同远景两个方面。

2. 流程再造

流程再造是指对企业的现有流程进行调研分析、诊断、再设计,然后重新构建新的流程的过程。它主要包括以下三个环节。

(1)流程的分析与诊断

这是流程再造的第一步,目的是要对企业现有的业务流程进行描述,分析其中存在的问题,并进而给予诊断。关于对流程的分析本书已经在上一章做了较为详细的讨论,这里就不再重复。

至于业务流程的诊断,可以从三个问题着手:①流程的主要问题是什么;②问题出在某个流程内部还是出在流程之间的关系上;③管理流程与经营流程是否协调一致。

在诊断过程中,要站在企业总体的高度,不仅要看到经营流程中的问题,还要看到管理流程与经营流程是否动态一致,判断流程存在的问题是否会是管理流程与经营流程之间的障碍造成的。

(2)业务流程的再设计

针对前面分析诊断的结果,重新设计现有流程,使其趋于合理化。业务流程的再设计是一个系统而且专业的工程,涉及很多影响因素以及专业知识。

①将几道工序合并,归一人完成;

②将完成几道工序的人员组合成小组或团队共同工作,构造新流程;

③将连续和(或)平行流程改为并行工程。

(3)业务流程再造的实施

这一阶段是将重新设计的流程真正落实到企业的经营管理中来。执行改进流程,剔除或减少重复出现和不需要的流程所造成的浪费,将所有具有价值增值的作业活动重新组合,优化企业的整体业务流程。

(4)评估业务流程再造实施的效果

与事先确定的绩效目标进行对照,评价是否达到既定的目标,如在时间、成本、质量等方面的改进有多少,流程信息管理的效率如何。

3.组织再造

业务流程整合后,还精简了组织行政管理费用。由于整合后的流程中的员工负责保证及时地、无差错地满足客户的需要,因此,他们不需要过去那样多的控制①。组织再造的目的,是要给业务流程重组提供制度上的维护和保证,并追求不断改进。这些工作主要包括以下几方面。

1. 建立长期有效的组织保障

这样才能保证流程持续改善的长期进行。具体可以包括:建立流程管理机构,明确其权责范围;制定各流程内部的运转规则与各流程之间的关系规则,逐步用流程管理图取代传统企业中的组织机构图。

2. 文化与人才建设

企业必须建立其与流程管理相适应的企业文化,加强团队精神建设,培养员工的主人翁意识。同时新的业务流程也对员工提出了更高的要求,这也要求企业注重内部的人才建设,以培养出适应流程管理的复合型人才。坚持以人为本的团队式管理,企业从领导到员工,形成非常稳定的管理团队,团队的信仰是以人为本,而不是以钱为本或以物为本。

3. 企业形态的根本转变

组织结构的再造是流程再造后的必然趋势。在网络经济时代,信息传递的迅捷快速要求组织结构向扁平化发展,以减少管理幅度,提高消息上传下达和横向传递速度和准确度,减少信息失真,从而为组织结构再造提供很好的条件。

企业的管理应该是流程驱动的管理,一贯实施流程管理而且管理得比较得当的企业,可以在日常的管理过程中,适时对流程进行修正、调适,所以,这种企业的流程往往适应性比较强,流程的设置和运行也要科学得多,但这并不意味着,它们就不需要对流程进行再造。如果客户的需求和市场发生了巨大的变化,企业的生意模式要实现根本性的变革,流程就必须要再造。

第二节　计算机集成制造系统

要全面实现从生产决策、产品设计到销售的整个生产过程的自动化,特别是管理层次工作的自动化,这样集成的一个完整的生产系统就是计算机集成制造系统(CIMS)。

---

① 迈克尔·哈默,詹姆斯·钱皮.企业再造.王珊珊,胡毓源,徐荻洲,译.上海:上海译文出版社,2007:44.

一、计算机集成制造系统的概念

二十世纪七八十年代，企业一方面寻求如准时生产制、最优生产技术等更好的生产运作管理技术，另一方面积极探索新的制造技术和生产组织方法，计算机集成制造系统(computer integrated manufacturing system，简称CIMS)就是其中典型的管理技术。1974年，美国的约瑟夫·哈林顿(Joseph Harrington)博士在 *Computer Integrated Manufacturing* 一书中首次提出计算机集成制造的概念。

CIMS是在计算机技术、信息处理技术、自动控制技术、现代管理技术、柔性制造技术基础上，将企业的全部生产、经营活动所需的各种分散的自动化系统，经过新的生产运营管理模式，把企业生产全部生产过程中有关的人、技术、经营管理三要素及其信息流与物料流有机地集成起来，以获得适用于多品种、中小批量生产的高效益、高柔性、高质量的制造系统。

当一个企业按CIM原理组织整个企业的生产经营活动时，就构成了计算机集成制造系统(图13-2)。CIMS是信息技术和生产技术的综合应用，也是生产组织的一种哲理、思想和方法。

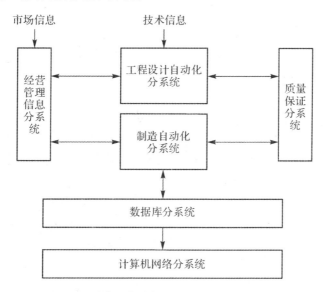

图13-2　计算机集成制造系统功能组成示意图

二、CIMS 的功能

CIMS 是以计算机为工具,以集成为主要特征的自动化系统。通常认为,CIMS 由管理信息系统(MIS)、工程设计自动化系统(CAD/CAM)、制造自动化系统(柔性自动化系统,FMS)、质量保证系统(CAQ)以及计算机网络(NET)和数据库(DB)系统 6 个部分有机集成起来的,其中,MIS、CAD/CAM、FMS 和 CAQ 称为功能分系统,NET 和 DB 称为支撑分系统。图 13-2 所示为 CIMS 组成框图。

CIMS 的功能,主要有以下四方面。

(1)经营管理功能。此功能通过对经营信息及管理控制层的业务性信息进行管理,来控制和协调企业的生产活动。管理信息系统是 CIMS 的神经中枢,它以 MRP II 为核心,从制造资源出发,考虑了企业进行决策的战略层、中短期生产计划编制的战术层、车间作业计划与生产活动的操作层,其功能覆盖了企业的各项活动,以各项计划与控制为主体形成闭环的一体化生产经营与管理信息系统。

(2)设计自动化。工程用以支持产品的设计和工艺准备。工程设计自动化系统由 CAD、CAPP、CAM 三部分组成,它在包括产品的概念设计、工程与结构分析、详细设计、工艺设计与数控编程等产品开发过程中引入计算机技术,使产品开发高效、优质、自动地进行。工程设计自动化系统是 CIMS 主要信息源头之一,它为管理信息系统和制造自动化系统提供物料清单和工艺规程等信息。

(3)制造自动化。主要用以支持企业的制造功能。制造自动化系统是 CIMS 中信息流与物料流的结合点,它以柔性制造系统 FMS 为基础,是 CIMS 最终产生效益的集聚地。制造自动化系统的目标是实现多品种、中小批量产品生产的柔性化、自动化,实现高质量、短周期、低成本、高效率生产,为生产人员创造舒适而安全的劳动环境。

(4)质量控制系统。此功能主要控制产品生产全过程的质量,实现质量目标。质量控制系统主要是采集、存储、评价、处理存在于设计、制造过程中与质量有关的大量数据,构成一系列控制环,并通过这些控制环有效促进产品质量的提高,提高产品在市场中的竞争能力。

四个功能中主要的技术支撑为计算机网络和数据库。计算机网络提供 CIMS 各功能分系统信息互通的硬件支撑,它是 CIMS 信息集成关键技术之一。数据库及数据库管理系统是保证 CIMS 各功能应用系统之间信息交换和共享的基础,它是一个逻辑上统一、物理上分布,保证数据一致性、安全性、易维护性的数据管理系统。

三、CIMS 技术结构

CIMS 的主要特征是集成化和智能化。集成化反映了自动化的广度,把系统空间扩展到市场、设计、加工、检验、销售、顾客服务等全过程;而智能化则体现了自动化的深度,即不仅涉及物料流的自动化,还包括了信息流自动化。CIMS 的技术结构示意图如图 13-3。

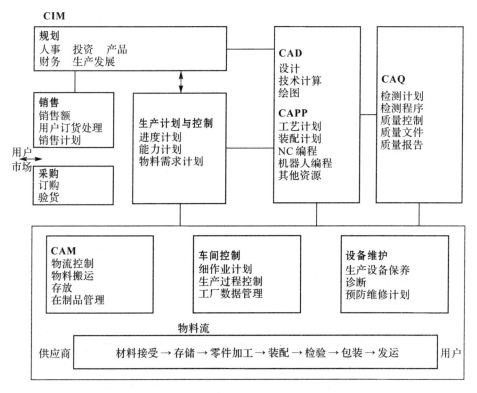

图 13-3 CIMS 技术结构示意图

四、实施 CIMS 给企业带来的效益

在工厂设计自动化方面,采用现代化工程设计手段,如 CAD/CAPP/CAM,可提高产品的研制能力,缩短设计周期,提高产品更新换代速度。

从加工制造方面来说,FMS、FMC、DNC 的应用,可提高柔性与质量,提高设备利用率,缩短产品制造周期,增强生产能力。

从经营管理方面来讲，CIMS使企业的经营决策与生产运营管理科学化程度大大提高。

（1）在功能上，一个制造企业的全部生产和经营活动，从市场预测、产品设计、加工制造、经营管理到售后服务是一个不可分割的整体，要全面地、系统地加以考虑；

（2）在信息上，整个生产过程实质上是一系列数据采集、传递和处理决策的过程，最终形成的产品，可以看做是数据（信息）的物质表现。

第三节　敏捷制造

敏捷制造是美国为恢复其在世界制造业的领先地位而在1998年提出的一种生产方式，被称为是21世纪的制造战略。它将制造系统的空间扩展到全国乃至全世界，通过全美或全球工厂网络建立信息交流的高速公路，以便企业在设计某一新产品时，可以通过这一网络在全国和全球范围内寻找合适的设计师；并且简化过程，不断改进过程。用分散决策代替集中控制，用协商机制代替递阶控制机制；提高经营管理目标，精益求精、尽善尽美地满足顾客的特殊需求，同时达到大批量生产那样的低成本。

一、敏捷制造的概念

1998年美国通汽车公司（GM）和利海大学的艾柯卡（Iacocca）研究所正式发表《21世纪制造企业的战略》一书，标志着敏捷制造战略的诞生。由敏捷制造战略引申出的生产运营管理模式即敏捷制造模式，综合了LP、MRPⅡ等先进的生产管理模式的优点，能全面系统地满足高效、低成本、高质量、多品种、迅速及时、动态适应等现在看来难以由一个统一生产系统来实现的生产管理目标要求，因而它代表着现代生产管理模式的最新进展。

敏捷制造（AM—Agile Manufacturing）或称灵敏制造，敏捷制造中所谓"敏捷"的含义是：①是仿人的、有活力的；②对多变的市场需求响应灵敏度高；③对顾客要求的反应时间短；④能够有效满足顾客需求。

制造企业的敏捷性可从四个方面加以定义：①基于价值的报价政策；②提高竞争力的合作；③从组织结构上响应变化；④调节人员和信息的冲击。企业实施敏捷制造必须不断提高自身能力，包括企业的应变能力、先进制造技术、企业信息网、信息技术。其中关键的因素是企业应变能力，企业能在纷繁复杂的市场环境中能够以最快的速度、最好的质量和最低的成本迅速、灵活地响应市场及顾客的需求,从而赢得更多的市场份额和效益。因此,企业需要从组织结构、管理策略、决策方法、产品设计到生产销售的全过程进行革新,提高其敏捷性。尤其需要注意的是企业应把经营重点放在满足顾客需求、采用开放式信息环境以及供应链的合作上。

二、敏捷制造的内涵和特点

1. 敏捷制造的内涵

敏捷制造利用人工智能和信息技术,以先进的柔性制造技术为基础,通过企业内、外的多功能项目组,组建虚拟公司(Virtual Cooperation)。这一多变的动态组织结构可以把全球范围内的各种资源集成在一起,实现技术、管理和人的集成,从而能在整个的产品生命周期中最大限度满足顾客需求,提高企业的竞争能力。敏捷制造的目标是快速响应市场的变化,在尽可能短的时间内向市场提供适销对路的产品,获取长期的经济效益。

2. 敏捷制造的主要特点

(1)新型的企业合作关系。"虚拟企业"或"虚拟公司"以竞争能力和信誉为依据选择合作伙伴组成动态公司,进行企业大联合,共担风险,共享收益。

(2)大范围的通讯基础结构。在数据交换和通讯联系方面,必须有一个能够将正确的信息在正确的时间传送给合适的人的"准时信息系统"。敏捷制造企业随时根据市场变化来改进生产,这要求企业不但要从用户、供应商、竞争对手那里获得足够信息,还要保证信息的传递快捷,以便企业能够快速抓住瞬息万变的市场。

(3)为订单而设计及制造的生产方式。敏捷制造系统的产品功能和性能可以根据顾客的需要进行改变。丰富的通讯资源和软件资源使顾客可以很容易地自行设计产品,进行产品性能和制造过程的仿真。敏捷制造企业可以通过将一些重新编程、可重新组合、可连续更换的生产系统结合成为一个新的、信息密集的制造系统,

(4)"高质量"的产品。敏捷制造的质量观念是保证在整个产品生命周期内的顾客满意,企业的这种质量跟踪将持续到产品报废为止,甚至包括产品的更新换代。

(5)人是企业成功的关键因素。在敏捷企业中,认为解决问题靠的是人。这里的人是掌握先进的科学技术和专业知识的人,有良好的企业文化,雇佣关系和谐,组织学习能力强。全体员工都能意识到为了长远的利益而和睦相处。

三、敏捷制造系统及其体系结构

1. 敏捷制造系统

敏捷制造系统的开发系统结构,从开发角度来说主要模块有战略、系统、技术和人力。从基础设施角度来分析有多元化交通运输系统、集成通信网络、商业与服务支持和知识中心,这是支持敏捷制造系统的四个基本要素。敏捷制造企业必须具有高度柔性的动态组织结构。根据产品不同,采取内部团队、外部团队(供应商、用户均可参与)与其他企业合作或虚拟公司等不同形式,来保证企业内部信息达到瞬时沟通,又能保证迅速抓住企业外部的市场,从而进一步做出灵敏反应。

2. 敏捷制造系统的框架体系结构

敏捷制造系统的构造与实施,被称为敏捷化工程,是将 AM 的概念变为现实的过程,也是实现 AM 价值的关键步骤。框架体系结构如下。

(1)CAMS

CAMS 是 CIMS 应用发展的高级阶段,而 CIMS 则是以系统集成为核心的信息工程在制造企业成功实施的结晶。因此,基于 CIMS 应用模式的系统集成运行框架是整个敏捷制造模式的企业信息化基础设施,它将为敏捷制造企业提供一个集成化的总体运行支撑环境。CIMS 各单元技术作为并行化工具,以支持目标产品设计及其相关过程的同时性互操作,实现并行化管理、并行化设计和并行化制造全过程的协同工作方式优化与过程持续改善。敏捷制造运行框架有特定的模式特征,包括敏捷企业目标、客户满意产品结构、敏捷化管理、捷化设计、捷化制造等功能构成,以及敏捷员工结构等要素。

(2)TAE(敏捷化工程趋势,trend to agile engineering)

敏捷工程(AE)实施的技术路线应覆盖由 CIMS 向 CAMS 发展的全过程,这一过程按信息化工程、并行化工程和敏捷化工程三大阶段展开。基于敏捷工程目标(AEO)的信息化工程是以系统集成为核心的 CIMS 工程,并行化工程是以并行设计为核心的人机协同工程,敏捷化工程则是以企业竞争战略及重构工程方法为核心的目标优化工程。具有上述技术特征的技术路线描述过程命名为 TAE 模型。

敏捷制造模式作为一种全新的生产管理模式,正日益受到全球企业界的关注,在管理理念上要求具有创新和合作的突出意识,不断追求创新。

第四节　TOC 理论

约束理论(TOC，theory of constraints)。它是一种生产计划与控制的方法，通过最大化流程中瓶颈的利用率来达到使作业排序最优化的目的。提出了在制造业经营生产活动中定义和消除制约因素的一些规范化方法，以支持持续改进(continuous improvement)。

约束理论(TOC)是以色列物理学家、企业管理顾问高德拉特(Eli Goldratt)在他开创的优化生产技术(optimized production technology，OPT)基础上发展起来的管理思想及方法，该理论探求有存在约束条件和瓶颈的前提下，如何找到最经济、最适应的解决方案。TOC 也是对 MRP Ⅱ 和 JIT 在观念和方法上的发展。

高德拉特创立约束理论的目的是想找出各种条件下生产的内在规律，寻求一种分析经营生产问题的科学逻辑思维方式和解决问题的有效方法。可用一句话来表达 TOC，即找出妨碍实现系统目标的约束条件，并对它进行消除的系统改善方法。

一、TOC 理论的要点

TOC 理论核心在于：整个系统的绩效通常总由少数因素决定，这些因素就是系统的制约因素。TOC 指导工厂企业人员如何找出运作上的制约及如何尽量利用自己手上有限的资源(资金、设备、人员等)，令企业在极端时间内，以及无需大量额外投资下，达到运作及盈利上的显著改善。其要点如下：

(1)企业是一个系统，其目标应当十分明确，那就是在当前和今后为企业获得更多的利润。

(2)一切妨碍企业实现整体目标的因素都是约束。

(3)为了衡量实现目标的业绩和效果，TOC 打破传统的会计成本概念，提出了三项主要衡量指标，即有效产出、库存和运营费用(图 13-8)。TOC 认为只能从企业的整体来评价改进的效果，而不能只看局部。库存投资和运行费用虽然可以降低，但是不能降到零以下，只有有效产出才有可能不断增长。

(4)鼓—缓冲—绳法(Drum-Buffer-Rope Approach，DBR 法)和缓冲管理法(Buffer Management)。

(5)定义和处理约束的决策方法(因果关系法、驱散迷雾法、苏格拉底法)。

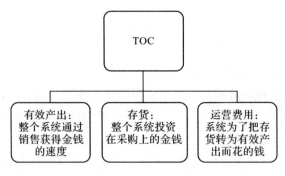

图 13-8　TOC 的衡量指标

二、OPT 系统的作业排序过程

TOC 认为,任何系统至少存在着一个约束,否则它就可能有无限的产出。因此要提高一个系统的产出,必须要打破系统的约束。任何系统可以想象成由一连串的环所构成,环与环相扣,这个系统的强度就取决于其最弱的一环,而不是其最强的一环。

OPT 系统的作业排序过程如下:

(1)识别系统的瓶颈和次瓶颈资源;

(2)最优化次瓶颈资源;

(3)通过作业排序使瓶颈的负荷达到最大能力;

(4)对瓶颈之前的流程进行倒推式作业排序;

(5)对瓶颈之后的流程进行前进式作业排序。

三、OPT 的 9 条基本原则

(1)平衡物流,而不平衡能力;

(2)非瓶颈资源的利用程度不是有其自身潜力所决定的,而是由系统中的约束来决定的;

(3)资源的利用与活力不是同义词。利用是指资源应该利用的程度,而活力是指资源能够利用的程度;

(4)瓶颈损失 1 小时则是整个系统损失 1 小时;

(5)非瓶颈上节约 1 小时是毫无意义的;

(6)瓶颈制约了系统的产出率和库存;

(7)转运批量可以不等于,而且在大多数情况下不应该等于加工批量;

（8）加工批量不是固定的，应该随时间而不变化；

（9）作业计划的编制应同时兼顾所有的约束，提前期是作业计划的结果，而不是预定期。

四、充分利用决定有效产出的瓶颈资源

对待一个问题，TOC 强调思维应更聚焦性。应聚焦现状：理清现状，识别系统限制；聚焦目标：改变不等于改善，只有有助于目标达成的改变才能称之改善；聚焦限制：改善，持续改善，打破瓶颈。一定要把眼光放在整个组织上，而不能仅仅着眼于局部效益，解决问题要围绕目标抓住关键点。

在确立了企业目标和相应作业指标以后，则应该对企业的一切活动和行为准则进行重新审视，即重新评价这些活动或准则在多大程度上促进或者妨碍了这一目标的实现。TOC 根据瓶颈资源和能力约束资源的可用能力来确定企业的最大物流量，在所有瓶颈和总装工序前要保留物料储备缓冲，以保证充分利用瓶颈资源，实现最大的有效产出。必须按照瓶颈工序的物流量来控制瓶颈工序前道工序的物料投放量。

本章小结

企业流程再造的特点有根本性、彻底性、剧变性。以顾客为关注焦点、流程的系统优化和以人为本是企业流程再造的原则。流程再造的程序主要有观念再造、流程再造、组织再造。

CIMS 是将企业的全部生产、经营活动所需的各种分散的自动化系统，经过新的生产管理模式，把企业生产全部生产过程中的要素有机地集成起来，以获得适用于多品种、中小批量生产的高效益、高柔性、高质量的制造系统。

敏捷制造的目标是快速响应市场的变化，在尽可能短的时间内向市场提供适销对路的产品，获取长期的经济效益。

约束理论的主题是把企业看成是一个系统，从整体效益出发来考虑和处理问题。

复习讨论题

1. 如何理解 CIMS 的功能？

2. CIMS 实施的效益有哪些？

3. 敏捷制造的基本思想有哪些？

4. 约束理论 TOC 五大核心步骤。

5. 企业流程再造的特点有哪些？

6. 流程再造的步骤。

参考文献

1. 余菁. 企业再造:重组企业的业务流程. 广州:广东经济出版社,2000.

2. 马士华,崔南方,周水银,林勇. 生产运作管理. 北京:科学出版社,2005.

3. 孙永波. 生产与运作管理. 北京:科学出版社,2005.

4. (美)马克·M.戴维斯,尼古拉斯·J.阿奎拉诺,理查德·B.蔡斯. 运营管理基础. 汪蓉,等,译. 北京:机械工业出版社,2004.

5. 吴建伟,祝宝一,祝天敏. ISO9000:2000 认证通用教程. 北京:机械工业出版社,2002.

6. 上海质量管理科学研究院. 质量竞争力. 北京:中国标准出版社,2006.

7. 焦叔斌,陈运涛,主编. 质量管理学. 武汉:武汉大学出版社,2004.

8. (英)唐纳德·沃尔斯特. 库存控制与管理. 李习文,李斌,译. 北京:机械工业出版社,2005.

9. 陈荣秋. 生产运作管理习题及案例. 北京:机械工业出版社,2005.

10. 黄卫伟. 生产与运营管理. 北京:中国人民大学出版社,2006.

11. 陈志祥,李丽. 生产与运作管理. 北京:机械工业出版社,2009.

12. (美)尼古拉斯·J.阿奎拉诺,理查德·B.蔡斯,F.罗伯特·雅各布斯. 运营管理. 任建标,译. 北京:机械工业出版社,2007.

13. 施礼明. 生产与作业管理. 北京:中国财政经济出版社,2000.

14. 张仁侠. 生产与作业管理. 北京:中国财政经济出版社,2007.

15. (美)杰拉德·卡桑,克里斯蒂安·特维施. 运营管理. 任建标,译. 北京:中国财政经济出版社,2006.

16. 闻邦椿,刘树英,李小彭. 产品的主辅功能及功能优化设计. 北京:机械工业出版社,2008.

17. (美)奈杰尔·斯莱克,迈克尔·刘易斯. 运营战略. 刘晋,李军,向佐春,译. 北京:人民邮电出版社,2004.

18. 蒋俊,周听祥,肖佩. 工业企业生产管理. 天津:南开大学出版社,1999.

19. 岳刚,赵建坤,等.卓越绩效模式理解与实施指南. 北京:中国标准出版社,2007.

20.(日)门田安弘.新丰田生产方式.王瑞珠,等,译.石家庄:河北大学出版社,2006.

21.王世良,等.生产与运作管理教程——理论、方法、案例.杭州:浙江大学出版社,2002.

23.雷代芳,张树军,申海波.质量管理学.北京:光明日报出版社,2001.

24.魏士洲.质量管理学.北京:光明日报出版社,2008.

25.陈瑛.生产与作业管理自学考试题解.北京:中华工商联合出版社,2001.

26.朱水莲.生产与作业管理.北京:光明日报出版社,2009.

27.中华人民共和国国家质量监督检验检疫总局,中国国家标准化管理委员会发布.质量管理体系——要求.2008.

28.朱桂平.基于核心竞争力的业务流程再造研究.北京:中国商务出版社,2009.

29.盛亚,朱桂平.企业新产品开发管理.北京:中国物资出版社,2002.

30.任建标.生产与运作管理.北京:电子工业出版社,2006.

31.王玉荣.流程管理(第2版).北京:机械工业出版社,2007.

32.(以色列)艾利·高德接特,杰夫·科克斯.目标.齐若兰,译.北京:电子工业出版社,2006.

33.陈荣秋,马士华.生产运作管理(第3版).北京:机械工业出版社,2009.

34.(美)托马斯·福斯特.质量管理——集成的方法(第2版).何桢,译.北京:中国人民大学出版社,2006.

35.(加)罗伯特·库伯.新产品开发流程管理.刘崇献,刘延,译.北京:机械工业出版社,2003.

36.马士华,林勇.供应链管理(第2版).北京:机械工业出版社,2006.

37.(美)唐纳德·鲍尔索克斯,等.供应链物流管理.李习文,王增东,译.北京:机械工业出版社,2004.

38.(美)迈克尔·哈默,詹姆斯·钱皮.企业再造.王珊珊,胡毓源,徐荻洲,译.上海:上海译文出版社,2007.